Carsten Germann

football's home
Geschichten vom englischen Fußball

W0020900

Carsten Germann

football's home

Geschichten vom englischen Fußball

VERLAG DIE WERKSTATT

Für Elias Giuliano Carsten

Bibliografische Information der Deutschen Bibliothek
Die Deutsche Bibliothek verzeichnet diese Publikation in der
Deutschen Nationalbibliografie; detaillierte bibliografische Daten
sind im Internet über http://dnb.ddb.de abrufbar.

2. Auflage 2008
Copyright © 2007 Verlag Die Werkstatt GmbH
Lotzestraße 24a, D-37083 Göttingen
www.werkstatt-verlag.de
Alle Rechte vorbehalten.
Satz und Gestaltung: Verlag Die Werkstatt
Druck und Bindung: Fuldaer Verlagsanstalt

ISBN 978-3-89533-557-0

Inhalt

Vorwort von Fredi Bobic: „Du spürst den Kult" 11

Einleitung: Sehnsucht nach dem Spiel. Fußball in England
Die englische Fußballkultur befindet sich im Wandel. Loyale Fans und schillernde
Helden aus der „Working Class" erinnern an alte Traditionen, zunehmende Kommerzialisierung und der Einfluss internationaler Geldgeber künden von einer
neuen Fußballwelt. Ein Einblick in ein einzigartiges Spannungsfeld. 13

Kanonen im Vorgarten. Der FC Chelsea und sein Milliardär
Mit der Übernahme des Londoner Traditionsklubs FC Chelsea durch
Roman Abramowitsch begann das neue Fußball-Zeitalter in England. 30

Danke für Nichts. England im Elfmeterschießen
Seit 1990 scheitert England in schöner Regelmäßigkeit bei großen
Turnieren im Elfmeterschießen. Ein nationales Psycho-Drama mit
vielen Protagonisten. 40

Alle Spiele, alle Tore. Die Geschichte des Anstreichers Gary Edwards
Seit 1968 hat Gary Edwards kein einziges Spiel von Leeds United mehr
verpasst. Seine einmalige Fankarriere stellte er, in Anlehnung
an seine Vereinsfarben, unter das Motto: „Paint it white". 49

Wen die Götter zerstören. Die Legende des Paul Gascoigne
Paul Gascoigne war der populärste englische Spieler der frühen
neunziger Jahre. „Gazza" pendelte stets zwischen den Extremen,
war Clown und Held in einer Person. Seine Streiche und Alkoholexzesse
sind so legendär wie sein kraftvolles Spiel. 55

Regenbogen über Molineux. Der Weg der Wolverhampton Wanderers
Die Wolverhampton Wanderers wurden nach fast 20 Jahren Abstinenz
in der höchsten englischen Liga 2004 zum „sympathischsten
Tabellenletzten" der Premier League. 65

Nahaufnahmen vom Flankengott. David Beckham hinter den Kulissen
Kein anderer britischer Spieler hat jemals derartig die Massen
bewegt und polarisiert wie „Becks". Seine Autobiografie *My Side*
wurde zum erfolgreichsten Fußballbuch in der Geschichte
Großbritanniens. Jetzt will er als Missionar in die USA. 72

Grüße vom Holodeck. Roy Essandoh, Torjäger per Annonce
Es ist eine der verrücktesten Geschichten im modernen britischen Fußball.
Der Nordire Roy Essandoh bewarb sich auf eine Internetanzeige des
Drittligisten Wycombe Wanderers, erhielt einen Vertrag und wurde durch
den Siegtreffer in einem FA-Cup-Spiel über Nacht zum Helden. 81

Krieg im Megastore. Der Fan-Aufstand von Manchester
Das „IMUSA Takeover Meeting" in Manchester im September 1998
war das größte Fantreffen in der Geschichte Großbritanniens.
Die Fans von ManU verhinderten die Übernahme ihres Klubs durch
den australischen Medienmogul Rupert Murdoch und kämpften
auch 2005 verzweifelt gegen die Kommerz-Pläne des US-Milliardärs
Malcolm Glazer. 89

Power-Play im Traum-Theater. Die Scherze des Karl Power
Karl Power ist der Spaßmacher unter den Fans von Manchester United.
Mit seinen verrückten Streichen narrt er weltweit die Sicherheitskräfte.
Immer wieder schmuggelt er sich hautnah an seine Helden heran. 102

Rummelplatz der bösen Buben. Skandale in der Premier League
Roy Keane, Manchester Uniteds „Hardman", brachte sich mehrfach
durch Skandale in die Schlagzeilen. Auch sonst kennt die Premier League
so manches rüde Foul abseits des grünen Rasens. 107

Der Tag, an dem Bill Nicholson starb. Wenn England trauert
Am 23. Oktober 2004 trug Tottenham Trauer. Der legendäre Trainer
Bill Nicholson starb im Alter von 85 Jahren. Die Anteilnahme
englischer Fans um ihre wahren Helden trägt ganz eigene Züge. 116

Regentage im Reebok. Fredi Bobic bei den Bolton Wanderers
Premier-League-Aufsteiger Bolton Wanderers setzte auf
ausgemusterte Bundesliga-Stars, um die Erstklassigkeit zu halten.
Mit unterschiedlichsten Folgen. 123

Geheimnis einer Teufelsmaske. „Fred, the Red" und andere Maskottchen
Alle in Old Trafford lieben „Fred, the Red", das Profi-Maskottchen
von Manchester United. Fred hat eine Sekretärin und ein eigenes
Büro und gehört beim jährlichen Wettstreit der Fußball-Maskottchen
zu den Stars. 130

Die Tränen des Mohammed. Al-Fayed und sein FC Fulham
Als der ägyptische Multi-Millionär Mohammed al-Fayed 1997
den maroden FC Fulham übernahm, wollte er von der britischen
Öffentlichkeit anerkannt werden und Fulham zum besten Team
der Premier League machen. Beides misslang. 134

Kung-Fu im Kristallpalast. Eric Cantona auf dem Sprung
Kein Foto erschütterte Englands Fußball mehr als dieses:
Manchester Uniteds Enfant terrible Eric Cantona trat 1995 nach
einem Platzverweis bei Crystal Palace den Zuschauer
Matthew Simmons. Für beide hatte das seltsame Konsequenzen. 139

In der Endlosschleife. Die Sheffield Wednesday und England Supporters Band
Im Jahr 1996 wurde die England Supporters Band gegründet,
die zuvor ihrem Stammklub Sheffield Wednesday den Marsch
geblasen haben. Seitdem verpassten John Hemmingham und seine
Musiker kein England-Länderspiel. Die Band kann über
130 Fußball-Melodien auswendig spielen. 148

High Noon in Highbury – Showdown in Old Trafford.
FC Arsenal versus Manchester United
Die Rivalität zwichen dem FC Arsenal und Manchester United,
getragen von ihren charismatischen Trainern Arsène Wenger und
Sir Alex Ferguson, prägte ein ganzes Jahrzehnt im englischen Fußball. 153

Zittern am Radio. Dramatische Abstiegsentscheidungen
2005 spielten der FC Southampton, Norwich City, Crystal Palace
und West Bromwich Albion den dramatischsten Abstiegskampf
seit 1993/94, als der große FC Everton in einer unglaublichen
Aufholjagd noch die Wende schaffte. 163

Verrückte Deutsche in der Stadt. Eine Fan-Reise von Hamburg nach Ipswich
Mit einem Überraschungsbesuch beim englischen Zweitligisten
Ipswich Town verblüfften deutsche Fans aus Düsseldorf und
Hamburg Anfang Januar 2006 die beschauliche Grafschaft Suffolk.
Ein ungewöhnlicher Fußball-Trip. 173

Heilsbringer aus dem Pub. Der Höhenflug des Wayne Rooney
„Wild Wayne" Rooney debütierte mit 17 Jahren in der englischen
Nationalmannschaft und war damit der jüngste Spieler, der bis dahin
für die „Three Lions" gespielt hatte. Schon bald löste er David Beckham
in seiner Rolle als Hoffnungsträger des englischen Fußballs ab.
Bis jetzt blieb es bei der Hoffnung. 178

Importiertes Weißbier. Dietmar Hamann beim FC Liverpool
Mit bayerischer Bierruhe verhalf Dietmar Hamann dem großen FC Liverpool zu
alter Stärke zurück und war maßgeblich am hochdramatischen Gewinn
der Champions League 2005 beteiligt. Auch Markus Babbel und Christian Ziege
kamen in Liverpool zu Erfolg und Ehren. 188

Vorsicht, fliegende Fische. Grimsby Town versus Scunthorpe United
Beim Nordsee-Derby zwischen den beiden unterklassigen Klubs
Scunthorpe United und Grimsby Town gelten eigene Gesetze.
Und der Fisch ist bei den derben Schmährufen, Fan-Gesängen und
Wortspielereien allgegenwärtig. 197

Murmeltiertag in Anfield. FC Liverpool versus Newcastle United
Es war das Spiel, das es zweimal gab: Im Duell der Traditionsklubs
FC Liverpool und Newcastle United 1995/96 und 1996/97 siegten die
„Reds" zweimal in letzter Minute mit 4:3. 1996 verdarben sie damit
Newcastle die erste Meisterschaft in der Premier League. 203

Am Ende der Straße. Maine Road, Manchester

Im Jahr 2003 verließ Manchester City sein traditionsreiches Stadion
an der Maine Road. Bevor es abgerissen wurde, konnten die Fans
Teile des Stadions bei einer melancholischen Auktion ersteigern. 210

Turbulenzen in der Firma. Cass Pennant, die Hool-Legende

Hooliganismus geißelte den englischen Fußball seit den siebziger Jahren.
Rivalisierende Gruppierungen, die „Firms", hinterließen bei vielen Spielen
eine Spur der Verwüstung. Cass Pennant gehörte jahrelang zu den
führenden Akteuren der Szene. Die einstige Galionsfigur von
West Ham Uniteds „Inter City Firm" wurde später zum Bestseller-Autor. 217

Die letzte Mission – Der lange Abstieg des George Best

Der Nordire war eigenwilliges Genie, Enfant terrible und erster
Popstar des britischen Fußballs. Seine Alkoholexzesse, Eskapaden und
Skandale schockierten die Öffentlichkeit – bis zum bitteren Ende am
25. November 2005. Bei seiner Beerdigung gaben ihm
Hunderttausende das letzte Geleit. 229

Literatur 238

Der Autor 240

Fotonachweis 240

Fredi Bobic.

Fußball auf der Insel –
„Du spürst den Kult"

Liebe Leser,

zunächst einmal muss ich sagen, dass es eine wunderbare Idee ist, ein Buch wie *football's home* mit Geschichten vom englischen Fußball zu schreiben.

Ich hatte das Glück, als Profi selbst im Mutterland des Fußballs spielen zu dürfen und in Bolton diesen Kult hautnah miterleben zu können.

Was macht den Fußball auf der Insel so besonders? Ganz einfach: seine Ehrlichkeit. Es ist diese ursprüngliche Anziehungskraft des Spiels, dieser raue Wind. Das reißt dich einfach mit – egal, ob als Spieler, als Reporter oder als Fan.

Die Zuschauer in England haben unwahrscheinlich viel Herz. Sie lieben den Fußball und sie leben für ihren Klub. Vor internationalen Finanzjongleuren schrecken sie zurück. Sie wollen, wie in der lesenswerten Story vom Kampf der Fans um Manchester United beschrieben, den Kult nicht dem Kommerz opfern.

Wenn die englischen Zuschauer spüren, dass du dich als Spieler für den Klub zerreißt, dann verzeihen sie dir alles. Verrückte Typen wie George Best, Paul Gascoigne oder Wayne Rooney, deren turbulente Geschichten in diesem Buch erzählt werden, genießen wohl auch deshalb höchsten Respekt beim Publikum. Aber diesen Respekt musst du dir verdienen. In West Ham habe ich mir einmal eine Platzwunde am Kopf zugezogen, weil man mir vorher erzählt hatte, dass man „den Kopf überall hineinhalten" soll. Danach hatte ich bei den Fans einen Stein im Brett, auch wenn mir der Schädel mächtig gebrummt hat.

Alles geht schneller in England: Zwei Ballkontakte und ab die Post. Das hat mir wahnsinnig imponiert. Es ist der Geruch von zu salzigen Pommes frites und angebrannten Hamburgern und von

Schweiß und Maloche, den du an jedem Wochenende rund um die Stadien einatmen kannst. Bis hinunter in die fünfte Liga.

Fußball in England ist ein eigene Welt mit Stars und Sternchen, mit stimmungsvollen Arenen, verrückten Fans, die für ihr Team um die halbe Welt reisen, und mit schüchternen Milliardären, die ein Vermögen ausgeben, um an dieser Leidenschaft aktiv teilnehmen zu können. *football's home* gibt Einblicke in diese Welt - mit viel Liebe zum Detail.

Wenn Sie dieses Buch mit seinen vielen großen und kleinen Geschichten gelesen haben, werden Sie diese Begeisterung verstehen und teilen.

Cheers und viel Spaß beim Lesen!

Ihr Fredi Bobic

Fredi Bobic, geb. 1971, spielte 37-mal für Deutschland. Er war Europameister und Bundesliga-Torschützenkönig 1996. Bobic spielte in der Bundesliga für den VfB Stuttgart (1994-1999), Borussia Dortmund (1999-2002), Hannover 96 (2002-2003) und Hertha BSC (2003-2005) sowie in Kroatien bei NK Rijeka (2006). In der englischen Premier League war er 2002 bei den Bolton Wanderers am Ball und erzielte in 16 Spielen vier Tore.

Weitere Informationen finden Sie unter www.fredibobic.de.

Sehnsucht nach dem Spiel
Fußball in England

Am liebsten wäre er direkt in das Meer hineingesprungen. Ab – mitten rein in diese wogende Masse aus hüpfenden Menschen, die dick eingepackt in Thermojacken und Wollmützen die Fäuste nach oben reckten. An einem kalten Sonntagnachmittag im Februar 2007 genießt der irische Stürmer Robert „Robbie" Keane das für einen Fußballer exzeptionelle Gefühl eines Torerfolges in vollen Zügen. Dieses lang gezogene „Yes" beim Torschrei aus Tausenden von Kehlen.

Im Londoner Derby in der fünften Runde des FA Cup beim FC Fulham siegen die Tottenham Hotspurs im etwas nostalgisch wirkenden Stadion Craven Cottage mit 4:0. Robert Keane, genannt „Keano", gelingen dabei zwei sensationelle Tore per Direktabnahme, und der 1980 geborene Ire lauscht dem Sprechgesang der stimmgewaltigen Spurs-Fans: „There's only one Keano" – „Es gibt nur einen Keano."

Fangesänge wie dieser sorgen auch bei neutralen Beobachtern für Gänsehaut, für das „Thrilling Feeling", das für viele Fans und Spieler das Faszinosum des englischen Fußballs bildet. Fangesänge in England huldigen Superstars wie Thierry Henry oder Steven Gerrard und ehrlichen Fußball-Arbeitern wie dem Norweger John Arne Riise, sie können aber auch voller beißender Ironie sein: „Park, Park, wherever you will be, will be, you eat dogs in your own country", rufen Fans von Manchester United ziemlich uncharmant ihrem koreanischen Offensivspieler Park Ji-Sun zu.

Robert David Keane stammt aus einem Dubliner Arbeiterviertel und vertritt in der Premier League in Zeiten fußballerischer Globalisierung den archaischen Spielertypen des „Working Class Hero", des einfach gestrickten Jungen aus der Arbeiterklasse, der es bis ganz nach oben geschafft hat. Keane steht mit diesem Image in einer Reihe mit Spurs-Legende Paul Gascoigne, Robbie Fowler oder

Wayne Rooney. Die Fans lieben Typen wie Keane, und sie verzeihen einem wie ihm schon mal kleinere und größere verbale Peinlichkeiten. Weil er einer aus ihrer Mitte ist und für viele stellvertretend deren eigene Bolzplatzspiele von einst fortsetzt. Kraftvoll, leidenschaftlich, aber immer auch ein bisschen naiv und unbeholfen im Umgang mit den Medien.

Keane plaudert gerne auch über Details aus dem Leben seiner Mitspieler. Wenn es darum geht, was sein Nationalmannschafts-Zimmerkollege Richard Dunne im Bett trägt, spart Keane ebenso wenig mit Details wie bei der Frage, wer bei den Spurs am längsten unter der Dusche steht. Weitaus knapper fällt sein Kommentar zur Frage nach der Faszination des Insel-Kicks aus: „Der Fußball in England ist der beste der Welt", sagt Keane. Beim Nachhaken fügt er hinzu: „Du spielst mit den besten Spielern der Welt und hast die leidenschaftlichsten Fans der Welt. Das ist alles."

Ist das wirklich alles, was den Fußball in England ausmacht? Wer die Fernsehbilder vom Tottenham-Erfolg in Fulham sieht, ist geneigt, Robbie Keane Recht zu geben. Doch England als Insel fußballerischer Glückseligkeit anzusehen, würde die Gesamtsituation im Mutterland dieses Spiels romantisch verklären. Der Fußball in England, dem Autoren wie Nick Hornby *(Fever Pitch)*, Ronald Reng *(Der Traumhüter)* oder Tom Watt *(The End)* wunderbare literarische Denkmäler gesetzt haben, ist spätestens mit dem Beginn des 21. Jahrhunderts in ein Spannungsfeld zwischen Kult und Kommerz geraten.

Frischer Wind im alten Treibhaus

Mit der Gründung der Premier League im Jahr 1992 bricht ein neues Fußball-Zeitalter in England an. In den Jahren davor siecht der Fußball in seinem Mutterland dahin. Die 1888 gegründete First Division ist zum Treibhaus der Traditionen geworden. Sinkende Zuschauerzahlen, veraltete und unkomfortable Stadien, Hooliganismus, ins Ausland abwandernde Stars wie Gary Lineker (FC Barcelona) und Ian Rush (Juventus Turin) sowie die Europacup-Aussperrung der englischen Klubs nach 1985 sorgen für Tristesse und lassen den Ruf nach einer Neuordnung bei den führenden Vereinen laut werden.

Bei den Zuschauerzahlen und TV-Einnahmen rangiert die First Division weit hinter der italienischen Serie A und der spanischen

Primera Division. Erste Anzeichen zur Wende gibt es 1990: Die englische Nationalmannschaft sorgt mit sympathischen Auftritten bei der Weltmeisterschaft in Italien für ein verbessertes Image, wird am Ende Vierter. Gleichzeitig hebt die UEFA die Sperre für die englischen Teams auf.

Die nach 1990 landesweit modernisierten Stadien sorgen für die optimalen Rahmenbedingungen. Die Premier League wird Europas neue Super-Liga. Der Fernsehsender *BSkyB* erwirbt 1992 für umgerechnet 286 Mio. Euro die Rechte. „Der Appetit der Fans auf die neue Liga" rechtfertigt nach Ansicht von *BSkyB* diesen immens hohen Preis. Viele Klubs, darunter u. a. Manchester United und Tottenham Hotspur, gehen an die Börse und sorgen so für einen zusätzlichen Geldregen. Zu Beginn der neunziger Jahre wird der europäische Transfermarkt mit den Premier-League-Millionen überschwemmt. Waren bis dahin Schotten, Iren oder Skandinavier die am stärksten vertretenen ausländischen Spielerfraktionen, so finden jetzt Stars aus aller Welt den Weg auf die Insel.

Der exzentrische Franzose Eric Cantona wird der erste Superstar und die erste Galionsfigur der Premier League. Die Spielerkader lesen sich spätestens ab dem Ende der neunziger Jahre wie ein „Who is Who" des internationalen Spitzenfußballs. Der FC Arsenal nimmt u. a. den Brasilianer Gilberto Silva und die französischen Welt- und Europameister Thierry Henry, Robert Pires und Patrick Vieira unter Vertrag. Eine ganz besondere Ehre verdient sich der wegen seiner Flugangst („The Non-Flying Dutchman") in ganz Europa zur Legende gewordene Niederländer Dennis Bergkamp (315 Spiele und 87 Tore zwischen 1995 und 2006): Sein Abschiedsspiel am 22. Juli 2006 ist das erste Match im neuen Emirates Stadium. Dänemarks Europameister Peter Schmeichel und der niederländische Rekord-Stürmer Ruud van Nistelrooy gehören zu den schillernden Figuren bei Manchester United. Ihr Landsmann Ruud Gullit und der Franzose Didier Deschamps sind ab Mitte der neunziger Jahre die prominentesten Namen der ersten Investitionsoffensive des FC Chelsea unter Ken Bates. Selbst das italienische Quartett Pierluigi Casiraghi, Roberto di Matteo, Gianluca Vialli und Gianfranco Zola wechselt vom Lire-Paradies nach London.

Klinsmann – vom „Diver" zum Darling

Auch die Deutschen sind mit von der Partie. Mehr als 30 deutsche Profis und Nachwuchsspieler suchen ab 1992 ihr Fußball-Glück auf der Insel. Welt- und Europameister Jürgen Klinsmann muss bei Tottenham Hotspur zunächst gegen das Vorurteil ankämpfen, ein „Diver", ein „Schwalbenkönig", zu sein. Als er seine ersten Tore macht, segelt der Schwabe demonstrativ im Sturzflug über die Grasnarbe – ein neuer Jubelkult ist geboren. Selbst die strengen Kommentatoren des noblen *Guardian* müssen ihre Urteile über Klinsmann innerhalb von nur zwei Monaten revidieren. Klinsmann (30 Tore in 56 Spielen für Tottenham, 1994/95 und 1998) wird zum „Eisbrecher" und führt lächelnd und mit beinahe spielerischer Leichtigkeit alle sich bis dahin hartnäckig haltenden, tumben Weltkriegsklischees über die Deutschen ad absurdum. Im Jahr 1995 wird Klinsmann „Fußballer des Jahres" in England. Vor Klinsmann war der legendäre Torhüter Bernd „Bert" Trautmann 1956 der erste Deutsche, dem diese Ehrung zuteil wird. Die Geschichte von Trautmann („Traut, the Kraut") und weiterer namhafter deutscher Profis bei Manchester City im Stadion an der Maine Road ist eine eigene. Auch das deutsche Liverpool-Trio Markus Babbel, Dietmar Hamann und Christian Ziege setzt mit den „Reds" beim Gewinn des UEFA-Pokals (2001) und der Champions League (2005) seine eigenen Meilensteine.

Die Engländer schätzen vor allem Torhüter-Qualität „made in Germany". Neben Bernd Trautmann und Eike Immel hinterlässt auch der ehemalige Dortmunder Jens Lehmann beim FC Arsenal Spuren. Lehmann braucht lange, um sich in die Herzen der „Gunners"-Fans zu spielen. Zwar wird er 2004 mit Arsenal als erster deutscher Spieler überhaupt englischer Meister, doch im Jubelchaos – Arsenal feiert den Titel ausgerechnet an der White Hart Lane beim Erzrivalen Tottenham – ergreift Lehmann die Flucht, schließt sich ein. Ende 2004 droht er seinen Stammplatz zu verlieren, doch spätestens als er gegen den Engländer Paul Scholes von Manchester United 2005 im FA Cup-Finale in Cardiff einen Elfmeter hält, ist er gesetzt. Lehmann schätzt vor allem das Fair Play auf der Insel: „Die englischen Fans halten auch zu dir, wenn es mal nicht so gut läuft."

Französische Revolution und Offensive in Fernost

Mit dem internationalen Personal kommen auch ausländische Top-Trainer in die Liga. Der Franzose Arsène Wenger wechselt 1996 zum FC Arsenal und sorgt mit einem modernen, von seinen kickenden Landsleuten kultivierten Kurzpass-Spiel und ungewöhnlichen Trainingsmethoden für eine „französische Revolution" in der Premier League. Mit „One Touch"-Football, schnellem, direktem Tempofußball, schüttelt der FC Arsenal das jahrzehntealte Image vom „Boring Arsenal", vom langweiligen Arsenal, ab und sichert sich mehrmals die Meisterschaft in der Premier League. „Das ist die Zukunft des Fußballs", kommentiert 1998 der *Guardian* den Wenger-Stil, der bald auch die Fußballkultur der Konkurrenz beeinflusst. Auch andere ausländische Trainer – der Franzose Gérard Houllier beim FC Liverpool oder der Schwede Sven-Göran Eriksson als Nationalcoach – fördern den Modernisierungsschub und die Attraktivität des englischen Fußballs.

Im Jahr 2007 verdienen Profifußballer nirgendwo mehr als in der englischen Premier League. Mehr als 4,1 Milliarden Euro an Fernsehgeldern werden bis 2010 an die Klubs verteilt, in der Bundesliga müssen die Vereine mit 1,3 Milliarden Euro wirtschaften. Das Gesamteinkommen der Vereine ist 2005 mit fast zwei Milliarden Euro beinahe 40 Prozent höher als die Umsätze in der italienischen Serie A. Die Premier League ist 2007 die populärste Liga der Welt. Separate Fernsehverträge bringen den Insel-Kick in 195 Länder. Und die Engländer tun etwas für ihre Fans in Fernost. Einladungsturniere wie der seit 2003 ausgespielte „Asian Cup", bei dem es drei Premier-League-Teams mit der malaysischen Nationalmannschaft aufnehmen, besitzen zwar einen fragwürdigen sportlichen Wert, sorgen aber für Zusatzeinnahmen in zweistelliger Millionenhöhe und Vorfreude beim asiatischen Publikum. Auch „Robbie" Keane darf mit Tottenham 2005 beim in Südkorea ausgetragenen „Peace Cup" im WM-Stadion von Seoul jubeln. „Das Produkt englischer Fußball erzielt vor allem deshalb höhere Preise, weil es sich besser verkauft. An den Wochenenden schauen sich weltweit bis zu einer Milliarde Menschen die Spiele von ManU, Chelsea und Co. an. Allein in China sollen zwischen 100 bis 350 Mio. Fußballfans mitfiebern. Auch die Auslastung der Stadien ist in den vergangenen

Jahren rasant gestiegen. Die Heimspiele der führenden Klubs sind trotz deutlich höherer Preise als in der Bundesliga stets ausverkauft", schreibt Peter Herkenhoff im Januar 2007 in der *Welt*.

Die Suche nach der Seele

„Der Fußball war noch nie reicher, wurde nie mehr gehypt und war nie zentraler für die englische Kultur als heute. Und trotzdem war er nie in größerer Bedrängnis", heißt es im Klappentext zu *The beautiful Game? – Searching the Soul of Football* von David Conn. Ein Buch aus dem Jahr 2005, eine kritische Bestandsaufnahme der englischen Fußballkultur. Auch die deutschen Autoren Martin Endemann, Ingo Partecke und Maik Thesing stellen in ihrem Feature „You're not singing anymore" im *Stadionwelt*-Magazin (April/Mai 2006) ernüchtert fest: „Viele Entwicklungen der letzten Jahre haben dem Spiel schlicht die Seele geraubt und die Fans vor einen Haufen Probleme gestellt."

Diese muten mitunter skurril an. So stellten sich Fans des FC Arsenal 2002 angesichts der ersten Umzugspläne ihres Vereins vom altehrwürdigen Highbury in das nahe gelegene, supermoderne Emirates Stadium die Frage, wohin der vereinsnahe Funeral Service bitteschön künftig die Asche verstorbener Arsenal-Fans verstreuen sollte. Die war bislang auf dem heiligen Highbury-Rasen verteilt worden. Da das legendäre Stadion ab Sommer 2006 in eine exklusive Wohnanlage verwandelt wird, entfällt diese Sonderform der Bestattung.

Taylor-Report als Wendepunkt

Andy Lyons, Begründer und Mitherausgeber des englischen Fanmagazins *When Saturday Comes (WSC)* sieht den Taylor-Report von Januar 1990 als den entscheidenden Wendepunkt an. In den achtziger Jahren zwangen der überbordende Hooliganismus und verheerende Stadion-Katastrophen die britischen Behörden zum Handeln. Der Brand einer Holztribüne kostete am 11. Mai 1985 in Bradford 56 Menschen das Leben, am 29. Mai 1985 starben vor dem Europacupfinale der Landesmeister zwischen dem FC Liverpool und Juventus Turin im Brüsseler Heyselstadion 39 Menschen bei einer von Liverpooler Anhängern ausgelösten Massenpanik. Am

15. April 1989 wurden 96 Liverpool-Fans beim FA Cup-Halbfinale gegen Nottingham Forest im Hillsborough-Stadion in Sheffield zu Tode gequetscht.

Der von der Regierung beauftragte Richter Peter Murray Taylor untersuchte in der Folgezeit alle Fußballstadien und legt anschließend einen Report vor, der die englische Fußballkultur nachhaltig verändern sollte. Kernpunkt: die Abschaffung der Stehplatztribünen. In ihnen sehen die Behörden das größte Gefahrenpotenzial. 200 neue Tribünen und 30 komplett neue Stadien werden daraufhin als „All Seaters" konzipiert. Außerdem beschließt man ein generelles Alkoholverbot auf den Rängen. Auch bei exzessivem Fluchen und rassistischen Beleidigungen droht künftig der Rauswurf. Zwar erhöhen diese und andere Maßnahmen die Sicherheit in den Stadien und sorgen vielerorts für fast familiäre Atmosphäre, doch als soziale Schmelztiegel haben die „Terraces" damit ausgedient.

„In den achtziger Jahren, unter der Thatcher-Regierung, wurde der Fußball hauptsächlich als soziales Problem gesehen. Als Fußballfan war man eine minderwertige Spezies", erzählt Andy Lyons im Januar 2007 dem österreichischen Fußballmagazin *ballesterer fm*. „Diese Ansicht wurde bestärkt durch die Ereignisse in Heysel." Deshalb, so glaubt Lyons, stehen auch die harten Maßnahmen der Thatcher-Regierung gegen die eigene Arbeiterklasse im engen Zusammenhang mit den Restriktionen in Fußballstadien. „Die reinen Sitzplatzarenen", so Lyons, „sind dafür eine schöne Entsprechung. Man konnte das Publikum austauschen und die Preise anziehen. Auch die Klubs erkannten, dass sie mit den All-Seaters ihr Publikum erneuern konnten." Die Zuschauer werden damit zu passiven Konsumenten des Spiels. „Früher", so Lyons, „waren die Zuschauer aktiver Teilnehmer des Spektakels."

Ein teurer Spaß ist es geworden. So kostet im Jahr 2006 beispielsweise beim FC Chelsea das billigste Eintrittsticket 45 Pfund (ca. 65 Euro), Dauerkarten für das architektonisch anspruchsvolle Emirates Stadium des FC Arsenal sind ab 895 Pfund (1.300 Euro) zu haben. Das Kreditinstitut Virgin Money ermittelt im September 2006, dass eingefleischte Fans in ihrem Leben (Richtwert: 52 Jahre) rund 150.000 Euro nur für Fußball ausgeben. Dauerkarteninhaber, die englische Teams auch auswärts begleiten, zahlen pro Saison im

Schnitt rund 2.800 Euro. Andy Lyons: „Da in vielen Stadien der Großteil der Sitzplätze mit Abos ausverkauft ist, ist es auch nicht so einfach, am Spieltag Karten zu bekommen. Die Abos kosten heute 500 bis 600 Pfund. Wenn man eventuell noch seine Kinder mitnehmen will, sind das enorme Summen, die man nicht einfach so schnell im Vorhinein ausgeben kann." Eingefleischte Fans wie Paul Drew aus Romford werden zwangsläufig zu Selektivsehern: „Ich muss mir genau überlegen, für welche Spiele ich mich um Karten bemühe, schaue mir dann lieber mal ein Spiel im Pub an. Da kann ich wenigstens Fußball sehen und gleichzeitig ein Bier trinken."

Schlechte Zeiten für Kritiker

Trotz des Unmuts ist es für kritische, vereinsübergreifende Fan-Initiativen wie *Supporters Direct, Football Supporters Federation* oder *Stand up, sit down* schwer, die breite Masse zu erreichen. Dass der überwiegende Teil der Zuschauer nicht an einer kritischen Analyse der Situation und erst recht nicht an Veränderungen interessiert ist, spiegelt sich auch in der Entwicklung bei den Fanzines wider. Den Machern wie Andy Lyons oder Kevin Whitcher vom Arsenal-Fanzine *The Gooner* mangelt es nicht an originellen Layouts, Ideen und Themen. Und doch kann man über witzige Fotomontagen wie Arsenal-Trainer Arsène Wenger als James Bond auf der Rückseite des *Gooner* vom Januar 2007 nicht wirklich lachen. Denn die Mission der Fanzines ist in England mittlerweile ähnlich kompliziert wie die von Superagent 007.

Insgesamt werden in England rund um die 92 Profivereine immer noch etwa 100 Fanzines veröffentlicht. Allein *When Saturday comes* erreicht 2006 pro Ausgabe eine Auflage von bis zu 22.000 verkauften Exemplaren. Doch die guten Zeiten sind längst passé. Von den einstmals rund 300 Titeln, die ab dem Beginn der neunziger Jahre den Markt mit kritischer, aber auch verehrender Berichterstattung und einem breit gefächerten Themenspektrum belebten, sind zwei Drittel entweder eingestellt worden oder erscheinen nur noch online. Kevin Whitcher sieht die größer gewordene Bedeutung des Internets als Hauptgrund für den Niedergang. „In Fanforen und Webblogs lassen sich Proteste und Fanzusammenschlüsse besser organisieren, und es kann aktueller über die Probleme der Vereine diskutiert und Dampf abgelassen werden. Wer gibt dann samstags am Stadion noch bis zu vier Pfund aus, um Beiträge und Meinungen zu lesen, die er während der Woche schon online gelesen hat?", klagt Whitcher. „Auch das Publikum hat sich verändert. Es gibt zu viele gut betuchte Leute, die zum Fußball gehen und sich nur für Spektakel interessieren. Sie wollen nichts wissen von Leuten, die sich über ihren eigenen Verein beklagen."

In manchen Klubs waren Fanzines über Jahre hinweg die einzigen Publikationen, die auf Fehlentwicklungen hinwiesen. „Fanzines haben beinahe über ein Jahrzehnt lang eine elementare Stellung eingenommen, wenn es darum ging, Fans bei bestimmten Anliegen rund um ihren Verein zusammenzuschweißen", weiß Kevin Whitcher. So musste West Ham United zu Beginn der neunziger Jahre aufgrund massiver Proteste, die auf Berichterstattung in den „Hammers"-Fanzines zurückgehen, die geplante Einführung einer „Premium-Mitgliedschaft" für Dauerkarteninhaber aufgeben. Ein anderes Beispiel: Charlton Athletic bekam 1992 von der zuständigen Kommune keine Genehmigung zur Rückkehr ins eigene Stadion „The Valley". Anhänger aus dem Umfeld der Fanzines der „Addicks" gründeten daraufhin ihre eigene, 13.000 Mitglieder starke Partei und holten so die notwendigen Stimmen.

Aber das sind Erfolge aus der Vergangenheit. Der aktuelle Niedergang der Fanzine-Subkultur wirft die Frage auf, ob die Fans in England zu unkritisch mit ihrer Situation umgehen. Immerhin sind seit der Gründung der Premier League nicht nur viele Fan-Magazine eingestellt worden, sondern es gingen seit 1991 auch 22 Klubs in die Pleite, darunter auch der 1862 gegründete Notts County FC, der älteste Fußballklub der Welt. „Engländer sind oft unkritisch oder tendieren dazu, alles zu akzeptieren", sagt Dave Boyle von *Supporters Direct* im *Stadionwelt*-Interview. „Die Idee, dass schon immer alles schlecht war und Veränderungen sowieso nichts bringen würden, ist weit verbreitet. So sind wir eben. Hier gab es nie eine Revolution. Die Vorstellung, Dinge verändern zu wollen, gilt als unenglisch."

Andy Lyons sieht dennoch einen Weg zur Wende: „Wenn die Zuschauerzahlen sowohl im Stadion als auch im Fernsehen sinken würden, weil der Ausgang in der Premier League mit den seit jeher dominanten Mannschaften FC Arsenal, Manchester United und FC

Chelsea seit Jahren vorhersehbar ist, dann könnten die Interessen der Fans wieder stärker berücksichtigt werden. Was allerdings die Dominanz der Liga durch Klubs betrifft, die weder von Zuschauereinnahmen noch von Fernsehgeldern abhängig sind, weil sie von internationalen Milliardären finanziert werden, würde das allerdings auch nichts nützen. Denn auf legalem Weg kann man die wohl nicht beseitigen."

Übernahme-Welle: Kauf dir deinen Lieblingsklub

Durchaus möglich. Denn die Übernahme englischer Fußballvereine ist im internationalen Jet-Set zum Trend geworden. Einer der wenigen *britischen* Prominenten, der als großzügiger Gönner eines Fußballklubs von sich reden macht, ist Sir Elton John. Der Popsänger war zwischen 1977 und 2002 Finanzier beim Londoner Vorstadtklub FC Watford und konnte u. a. die englische Vizemeisterschaft 1983 als Erfolg verbuchen. Auch der Stahlmagnat Jack Walker (1929-2000) führte mit den Blackburn Rovers einen Außenseiter zum Erfolg. Erst ließ er bei seinem Einstieg 1991 das marode Stadion Ewood Park sanieren, dann holte er Liverpool-Legende Kenny Dalglish als Trainer und investierte lohnend in Stars wie Alan Shearer oder Chris Sutton. Das Team durchbrach 1995 die Phalanx der Großkopferten von Manchester United und Arsenal und gewann sensationell die Meisterschaft in der Premier League, Walker riss am Ende der entscheidenden Begegnung im Liverpooler Stadion an der Anfield Road jubelnd die Meistertrophäe in die Höhe.

„Während der Fußball in den achtziger Jahren dahinsiechte und von Hooliganismus und Stadionkatastrophen heimgesucht wurde, floss in den neunziger Jahren ein Vermögen in das Spiel, und die Klubs wurden auch für die Reichen interessant", schreibt Andrew McKenzie im Februar 2007 in einem *BBC-Special*. „Von den ‚großen Fünf' aus den Anfangszeiten der 1992 gegründeten Premier League, Arsenal, Everton, Liverpool, Manchester United und Tottenham, wechselten vier in knapp 15 Jahren den Besitzer."

David Dein wird zum Hauptaktionär des FC Arsenal, Alan Sugar kauft die Tottenham Hotspurs für beinahe lächerliche 12 Mio. Euro, und Peter Johnson sichert sich die finanzielle Kontrolle über den FC Everton. Die größten Proteste unter der Anhängerschaft ruft die Übernahme von Manchester United durch den greisen US-Milliardär Malcolm Glazer im Mai 2005 hervor. Glazer hievt seine drei erwachsenen Söhne in den ManU-Vorstand und sorgt u. a. dafür, dass die Ticketpreise durch die Decke gehen.

FC Chelsea: neue Dimensionen

Mit der Übernahme des FC Chelsea durch den russischen Milliardär Roman Abramowitsch im Sommer 2003 erreicht das neue Gesellschaftsspiel eine völlig neue Dimension, insbesondere in Sachen Transferpolitik. Über 150 Mio. gibt der stille Russe („Ich tue das, weil ich den Fußball liebe") allein im ersten Jahr für neues Personal aus. Im Sommer 2006 sind es bereits 480 Mio. Euro. Die Geschichte des FC Chelsea unter Abramowitsch und seine Intention, den Erfolg mit der finanziellen Brechstange erzwingen zu wollen, bildet wie der ManU-Kauf durch Glazer ein eigenes Kapitel im modernen englischen Fußball. „Chelsea zerstört mit seiner aggressiven Transferpolitik den Wettbewerb – nicht nur in England", schimpft Steven Powell von der *Football Supporters Federation*, „denn sie kaufen Spieler oft nur, um sie davon abzuhalten, zur Konkurrenz zu wechseln."

Nach Abramowitsch entdeckt mit dem Milliardärssohn Alexandre Gaydamak im Januar 2006 ein weiterer Russe seine Liebe zum englischen Fußball. Zwar ist bis heute nicht geklärt, wie groß das Interesse des Russen an einem wenig bekannten Verein wie dem FC Portsmouth tatsächlich ist, aber Gaydamaks Vater ringt dem Serben Milan Mandaric für 48 Mio. Euro die Herrschaft über die „Pompeys" ab. Und der amerikanische Geschäftsmann Randy Lerner beendet 2006 mit einem Angebot über 93 Mio. Euro die 24-jährige Ära von Doug Ellis als Besitzer von Aston Villa.

Die Geschichte des kleinen FC Fulham und seines ägyptischen Mäzens Mohammed Al-Fayed, der 1997 im noblen Londoner Südwesten eine neue Fußball-Großmacht aus dem Boden stampfen will, ist schließlich schon aufgrund ihres grandiosen Scheiterns ein Kapitel für sich. Weder konnte Al-Fayed dem Verein Erfolge noch sich selbst gesellschaftliche Anerkennung erkaufen.

Weniger Imageprobleme verfolgen Eggert Magnusson. Der isländische Geschäftsmann steigt Ende November 2006 bei West Ham

United als neuer Eigentümer ein. Magnusson ist Mitglied im UEFA-Exekutivkommittee und Präsident des Fußballverbandes in seinem Heimatland. Für den Erwerb des Hauptaktienpakets der „Hammers" zahlt er 131 Mio. Euro. Die Reaktionen der Fans sind durchweg positiv. Warmer Applaus brandet auf, als der barhäuptige Magnusson sich erstmals mit einem West-Ham-Schal auf dem Rasen zeigt. Der schöne Traum vom großen Wohltäter aus dem Ausland scheint in West Ham in diesem Moment perfekt.

Araber gegen Amerikaner: Feilschen um den FC Liverpool

Die „Reds" aus Liverpool sind neben dem Branchenriesen Manchester United lange der begehrteste Klub für internationale Finanzjongleure. Fast scheint es zwischen 2004 und 2007 so, als würden sich die Verantwortlichen um Geschäftsführer Rick Parry und Präsident David Moores in Ruhe anschauen, wer da mit ihnen flirtet. Doch als eine Firmengruppe aus den Vereinigten Arabischen Emiraten Anfang 2007 um Liverpool buhlt, wird es doch noch ein Wettrennen um den englischen Rekordmeister.

Moores und Parry treffen sich am Rande der Partie bei West Ham United Ende Januar 2007 mit den amerikanischen Milliardären George Gillett und Tom Hicks, weil sie das Gefühl haben, dass ihnen „die Araber die Pistole auf die Brust setzen". Und wer mag das schon in Zeiten, in der die tapferen Briten an der Seite der USA im „Krieg gegen den Terror" mitmarschieren? Gillett und Hicks haben sich bis dahin im Sportsponsoring in den USA einen Namen gemacht, u. a. durch den Kauf der Eishockeyteams Dallas Stars und Montreal Canadiens (2000) sowie durch eine bessere Vermarktung des US-Wintersports im Ski-Mekka Vail (Colorado). Ihr Geld haben sie in der Medienbranche und in der Lebensmittelindustrie verdient. Sie erwerben den FC Liverpool am 6. Februar 2007 für rund 750 Mio. Euro. Ihre Message ist klar: „Alles, was unsere Fans wollen, sind Pokale und Investitionen, die dies ermöglichen", sagt George Gillett.

Bei den Fans der „Reds", von denen nur die älteren beim letzten Meistertitel im Jahr 1990 schon dabei waren, kann der Mann aus Wisconsin damit punkten. „Im Großen und Ganzen wird sich die Übernahme durch Gillett und Hicks positiv für den Verein auswirken", glaubt Liverpool-Fan Paul Wise, „denn wenn sie ihr Versprechen einhalten und den Klub so führen, dass er um Titel mitspielt, dann werden wir in Anfield bald wieder die absoluten Topstars haben. Allerdings fürchte ich auch, dass die Eintrittspreise erhöht werden." Sein Kumpel Paul Morris ist beim ersten Auftritt der neuen Machthaber von deren „Ehrlichkeit" beeindruckt. „Das Erbe des Vereins scheint ihnen sehr wichtig zu sein, auch haben sie sich selbst als Treuhänder und nicht als Eigentümer bezeichnet."

Spanien als Vorbild

Steven Powell von der Supporters Federation will die Schuld an den tiefgreifenden Veränderungen im englischen Fußball nicht allein auf die ausländischen Investoren schieben. „Es geht nicht darum, woher diese Leute kommen", erklärt Powell, „denn England ist ein multikulturelles Land. Es geht den Fans vielmehr darum, dass diese Investoren eben nicht nur ihren Schnitt machen wollen, sondern sich für die Belange ihres Vereins einsetzen." Powell verweist auf Fehlentwicklungen in anderen europäischen Top-Ligen: „In Italien haben einzelne Vereinsbosse mit ihrer Großmannssucht und die jahrzehntelange Bagatellisierung gesellschaftlicher Probleme wie den latenten Faschismus auf den Rängen den Fußball in den Ruin getrieben."

Als „vorbildlich für England" sieht Powell die spanische Liga an: „Hier gehören die meisten Vereine noch ihren Mitgliedern." Allerdings, so glaubt Powell, seien die stolzen Spanier zu träge, um ihren Klubs bei internationalen Spielen einen anständigen Auswärtssupport zu bieten. Die Engländer sind da anders. Sie schätzen außerhalb der Insel, insbesondere in Deutschland, vor allem die modernen Stadien, die günstigeren Eintrittspreise und natürlich das preisgünstigere Bier. Im August 2002 beispielsweise reisen 3.500 Anhänger von Manchester City unter dem Motto „Invasion of Hamburg" zu einem Freundschaftsspiel beim HSV, den Champions-League-Auftritt des FC Arsenal beim HSV verfolgen im September 2006 mehr als 3.000 „Gunners"-Fans in der AOL-Arena.

Der Fußball in England ist zu einem Riesengeschäft geworden. Dennoch ist die Leidenschaft geblieben. Und sie nötigt auch knallharten Geschäftsleuten wie dem in London ansässigen TV-Rechtevermarkter Richard Dorfman Respekt ab: „Solche Fans gibt es nirgendwo sonst. Allein in London gibt es unzählige Vereine. Alle haben völlig verrückte Fans. Das sind Leute, die in den Farben ihrer Mannschaft aufwachsen. Die ganze Familie geht ins Stadion."

Sehnsucht nach Ursprünglichkeit

In Deutschland mögen viele Fans den englischen Fußball nicht nur wegen seines hohen Tempos auf dem Rasen und seiner charakteristischen Fangesänge. Es ist die Sehnsucht nach der Ursprünglichkeit des Spiels und nach der Ehrlichkeit, die bei allem Hype auch in der Premier League nach wie vor vielerorts zu spüren ist. In der Bundesliga droht dieser ursprüngliche Charakter inmitten von Eventbühnen, marktschreierischen Stadionsprechern, drittklassigen Chart-Bands mit ungelenken Darbietungen im Vollplayback und sinnfreien Gewinnspielen verloren zu gehen. Deshalb England. „An Stätten wie der Anfield Road ist die Stimmung noch immer einzigartig", schreibt der Autor Christoph Biermann, „weil die Fans nirgendwo sonst so leidenschaftlich mit ihrer Mannschaft mitgehen."

Und auch anderorts spürt man den Kult, sei es in Manchester beim Aufeinandertreffen von United und City, beim Nordsee-Derby mit Grimsby Town und Scunthorpe United, bei den Stadtduellen in Bristol oder beim „M1 Derby" zwischen dem FC Watford und Luton Town. Die Faszination geht bis in die unteren Ligen: Auch Klubs wie Ipswich Town oder der FC Brentford sind in den letzten Jahren beliebte Reiseziele für deutsche Fans geworden.

In Deutschland und Österreich gibt es nicht wenige „Inselnarren", für die der englische Fußball sogar den Lebensinhalt bildet. Wie für den Duisburger Eberhard „Ebby" Kleinrensing, der seit 1978 die Spiele von Nottingham Forest besucht. Von seiner Aufnahme in Nottinghams „Hall of Fame" hat er via Handy beim Einkaufsbummel erfahren. „Ebbys" Pendant in Österreich ist der Wiener Gerhard „Ferl" Bauer, der seit 1977 mit Manchester United reist und bei seiner ersten England-Tour vor dem Klassiker Arsenal gegen ManU sogar drei Nächte in einer Telefonzelle verbrachte.

Beinahe alle großen englischen Klubs haben eine organisierte Anhängerschaft im deutschsprachigen Raum. „Mein Interesse am englischen Fußball wurde durch die regelmäßigen, kurzen Ausschnitte von Spielen der englischen Liga in der ARD-Sportschau der 1980er Jahre geweckt", schreibt Dirk Unschuld auf der Homepage der German Villans, dem deutschen Fanklub von Aston Villa. „Es ist mir aber auch wichtig, dass der jeweilige deutsche Lieblingsverein unserer Mitglieder und Freunde völlig egal ist. Was zählt, ist die Liebe zu Aston Villa. Logisch, dass wir bei unseren Fahrten nach Birmingham als Verfechter ungesunder Lebensweise immer in Hotels mit deftigem englischem Frühstück übernachten."

Für Thomas Tigges vom deutschen West-Ham-Fanklub Sauerland Hammers liegt die Faszination darin, dass man „mehr Fußball in 90 Minuten" sieht. „Es wird nicht so viel abgepfiffen, man lässt das Spiel eher laufen und die Stimmung in den Stadien ist grandios. Auch wenn das Spiel nicht sehr gut ist, wird gesungen, das beginnt schon zwei Stunden vorher in den Pubs. Und ich denke, dass sich viele mit dem Verein völlig identifizieren und dass es Hardcore-Fans gibt, die ihr Leben für ihren Verein geben würden." Leute wie Gary Edwards beispielsweise, der seit 1968 kein einziges Spiel seines Klubs Leeds United verpasst hat und darüber selbst zum Star wurde.

Es sind, frei nach „Robbie" Keane, eben die leidenschaftlichsten Fans der Welt.

Der „Kop", Liverpools berühmte Fan-Tribüne an der Anfield Road, feiert einen ihrer Helden (hier John Arne Riise, 2006).

Kanonen im Vorgarten
Der FC Chelsea und sein Milliardär

Die Frage musste ja kommen. Chris Hutchins und Dominic Midgley wurden im Sommer 2005 von ihren Kritikern gefragt, ob sie denn unbedingt etwas auf die Fresse haben wollten. Aber was hatten die beiden Journalisten verbrochen? Nun, sie waren mutig genug, eine der ersten englischsprachigen Biografien über den heimlichen Herrscher ihrer Fußballwelt vorzulegen.

Ihr Buch *Der Milliardär aus dem Nichts* beleuchtet das Leben des Roman Arkadjewitsch Abramowitsch, geboren am 24. August 1966 in Saratow an der Wolga, einen der reichsten Männer Russlands. Ein Neureicher der Putin-Ära. Wirtschaftsfachblätter wie das *Forbes Magazine* beziffern sein Privatvermögen auf 13,3 Milliarden Dollar. Der stille Russe mag ausgewaschene Jeans, Turnschuhe und Blousons und ist dennoch nicht kommod genug, Midgley und Hutchins einen Hausbesuch zu gestatten. Auch Abramowitschs Mitarbeiter und Freunde verweigern hartnäckig Auskünfte – „Njet".

„Mister Chelski", wie die beiden Journalisten Abramowitsch nennen, hat die Biografie von Midgley und Hutchins, die das *Handelsblatt* „atemberaubend" nennt, nicht autorisiert. Den Engländern droht Ärger.

Der Milliardär, der aus der Kälte kam

Auch David Dein, Vorstandsvorsitzender des FC Arsenal, ahnt nichts Gutes, als Roman Abramowitsch am 1. Juli 2003 nach London kommt. Mit einer Unterschrift und einem Handschlag verändert Abramowitsch an diesem Tag den englischen Fußball nachhaltig. Der russische Geschäftsmann kauft Ken Bates für umgerechnet 215 Millionen Euro den Premier-League-Klub FC Chelsea ab. Ganz nebenbei investiert Abramowitsch noch weitere 158 Millionen Euro in neues Spieler-Personal. David Dein sieht sich urplötzlich übermächtiger Konkurrenz aus der unmittelbaren Nachbarschaft gegenüber: „Abramowitsch hat eine Kanone in unserem Vorgarten geparkt und feuert nun mit 50-Pfund-Noten auf uns." Und er wildert in den Führungsetagen der Konkurrenz. Peter Kenyon, den bisherigen Vorstandsvorsitzenden von Liga-Krösus Manchester United, kann Abramowitsch ebenso abwerben wie Frank Arnesen, einen der renommiertesten Spieler-Scouts Europas, der bis Sommer 2005 noch für den Londoner Lokalrivalen Tottenham Hotspur arbeitet.

Abramowitsch-Vorgänger Bates hatte den zu diesem Zeitpunkt hoch verschuldeten, von den Aktivitäten seiner Hooligans („Headhunters") geplagten und zwischenzeitlich vor dem Sturz in die 3. Division stehenden Renommierklub im Jahr 1982 für die symbolische Summe von einem Pfund gekauft. Wer Bates' Wirken im noblen Londoner Südwesten als umstritten bezeichnet, ist dem Mann mit dem weißen Vollbart noch wohlgesonnen. Neun Trainer, von denen einige unter dubiosen Umständen ihren Hut nehmen müssen, kommen und gehen in seiner Amtszeit, Ron Harris und Peter Osgood, Chelseas erfolgreiche Recken aus den siebziger Jahren, werden ausgesperrt, und obendrein hat Bates die wenig romantische Idee, lästige Fans durch elektrisch aufgeladene Zäune am Betreten des Spielfelds zu hindern. In der letzten Phase seines Schaffens gelingt es Bates, italienisches Flair an die Stamford Bridge zu holen: 1996 kommen Gianluca Vialli aus Turin und Gianfranco Zola aus Parma nach London. Dennoch will es angesichts einer stetig wachsenden Schuldenlast von 120 Mio. Euro nicht so recht klappen mit dem Sprung in die Spitze der neuen Premier League. Den bislang einzigen Meistertitel hat der FC Chelsea im Jahr 1955 geholt.

Nun ist Abramowitsch da. Er erwirbt die Aktienmehrheit des Vereins und wird faktisch zum neuen Besitzer. Chelsea ist innerhalb von Sekunden schuldenfrei. Der Rubel rollt. Von den zehn teuersten Transfers in Fußball-Europa vor der Saison 2003/04 werden fünf vom FC Chelsea getätigt. Der Ire Damien Duff wechselt von den Blackburn Rovers für 24,5 Mio. Euro an die Stamford Bridge, der Argentinier Hernan Crespo kommt für 24,2 Mio. Euro von Inter Mailand, der Franzose Claude Makélélé von Real Madrid ist für 24 Mio. Euro zu haben. Adrian Mutu aus Rumänien tauscht das Trikot von Juventus Turin für 22,75 Mio. Euro mit dem des FC Chelsea, und der argentinische Mittelfeldspieler Juan Sebastian Veron von Manchester United kostet 21,6 Mio. Euro. Nur Real Madrid, das für

David Beckham 35 Mio. Euro an Manchester United überweist, und der FC Barcelona, der sich für 30 Mio. Euro die Dienste des in Paris spielenden Brasilianers Ronaldinho sichert, zahlen noch mehr.

„FC Chelski" lähmt die Konkurrenz

„Der ‚FC Chelski‘, wie die Zeitung *The Sun* den Klub taufte, war plötzlich das neue Spielzeug eines Superreichen", erinnert sich der Marketingexperte Edward Freedman, der jahrelang für Manchester United und später für den ukrainischen Club Schachtjor Donezk tätig war, im *Spiegel*, „die Einkaufspolitik des Vereins wurde nicht von wirtschaftlichem Kalkül gelenkt, sondern von der Prestigesucht seines Finanziers."

Der zahlenden Kundschaft im Stadion Stamford Bridge ist das egal. Bei den Chelsea-Spielen dröhnt das russische Volkslied „Kalinka" durch die Lautsprecher – egal, ob Abramowitsch gerade anwesend ist oder nicht. Und von den Rängen gibt es Schlachtgesänge wie diesen:

> *„Wenn ihr die Besten wollt*
> *Dann stellt keine Fragen*
> *Denn Roman ist unser Mann*
> *Wo's alles herkommt, ist ein Rätsel*
> *Sind es Waffen? Sind es Drogen*
> *Ist es Öl aus dem Meer?"*

Englischer Humor. Tatsächlich ist Abramowitschs kometenhafter Aufstieg zum reichsten Mann Russlands nicht einfach nachzuverfolgen. Abramowitsch stammt aus einer jüdischen Familie und ist nicht einmal drei Jahre alt, als er Vollwaise wird. Er wächst bei einem Onkel in Uchta in Sibirien und bei seiner Großmutter in Moskau auf. Bereits 1992, mit 26, steigt Abramowitsch in den Ölhandel ein. Sein Startkapital, so munkelt man, sollen 5.000 Tonnen Heizöl gewesen sein, die er sich angeblich mit Hilfe gefälschter Dokumente angeeignet hat. Über die Handelsfirma RUNICOM zieht er bald größere Öldeals mit Raffinerien über die Bühne, vor allem mit der größten russischen Raffinerie im sibirischen Omsk. Diese wird später das Kernstück des von Abramowitsch kontrollierten Sibneft-Konzerns bilden. Als Partner des bis dahin mächtigsten russischen Tycoons Boris Beresowski baut Abramowitsch in den neunziger Jahren ein weit verzweigtes Firmengeflecht auf. Im Jahr 2000 gilt Abramowitsch längst als wichtigster Oligarch im System des Präsidenten Wladimir Putin und damit als Wegbereiter für den Machtwechsel von Boris Jelzin zu Putin. Dominic Midgley und Chris Hutchins behaupten in ihrer Biografie gar, Abramowitsch habe sämtliche Mitglieder der ersten Regierung unter Putin einer persönlichen Prüfung unterzogen, bevor diese für ein Amt in Frage kamen.

Trotz seiner blendenden Kontakte zur Regierung Putin lebt der „Kassenwart des Kreml" lieber in London als in Moskau. Abramowitschs Begründung ist simpel: „Weil sich in England jeder Mensch wohlfühlen kann." Und weil es hier sicherer ist. Denn einer wie Abramowitsch hat viele Gegner.

Fall Litwinenko: Abramowitsch wechselt den Koch aus

Der Tod des ehemaligen russischen Agenten Alexander Litwinenko, der im November 2006 in London mit radioaktivem Polonium vergiftet wird, nachdem er zuvor in einem japanischen Restaurant weilte, schreckt Abramowitsch auf. Sämtliche externen Cateringdienste erhalten auf seine Anordnung hin die sofortige Kündigung, und Sushi für die Vorstandssitzungen bei Chelsea gibt es nur noch von Abramowitschs eigenem Koch. Auch die Sandwiches, die in Abramowitschs exklusiver VIP-Lounge an der Stamford Bridge gereicht werden, kommen seither nur noch vom eigenen Chefkoch. Sicher ist sicher. Nachdem russische Geheimdienstleute hinter dem Mord an Litwinenko vermutet werden, sieht sich Abramowitsch in Gefahr.

Dennoch braucht er sich nur bedingt Sorgen um seine Sicherheit zu machen. Es ist schwer, ihm auf der Spur zu bleiben. Sein letztes Interview gibt er 2003 der *Sunday Times*. Wenn er in London ist, bewegt er sich lautlos und unsichtbar. Fast so, als sei er hier zuhause. Peter Floyd vom Café Chocolate Society glaubt, ihn auf der Elizabeth Street und unweit von Abramowitschs Luxus-Apartment mit seiner Frau Irina gesehen zu haben. Aber schriftlich hat er das auch nicht. Abramowitschs Familien-Residenz findet sich in Sussex, gut eine Autostunde von London entfernt. Auf dem 19,5 Mio. Euro teuren

Schloss haben ihn nur wenige Menschen je gesehen. Beschützt wird der fünffache Familienvater von zehn Ledernacken und einem Dutzend Typen mit Maßanzügen und Haarschnitten, die davon künden, dass die Ölkrise in Russland eben doch keinen Einfluss auf die Herrenfrisuren nahm. Sein Schiff, die Mega-Yacht Pelorus, hat er auf der in Bremen beheimateten Werft Lürssen in Auftrag gegeben – für 254 Mio. Euro, ehe er 2004 für die Kleinigkeit von 12 Mio. Euro noch ein paar kleinere Änderungen vornehmen lässt. Der Kahn muss dringend neu lackiert werden. „Abramowitsch ist ein bisschen verrückt, aber ich mag solche Leute sehr", sagt der rumänische Chelsea-Angestellte Adrian Mutu.

Erste Investitionsoffensive ohne Erfolg

Auch der portugiesische Trainer José Mourinho, einst bei Sporting Lissabon Übersetzer des großen Sir Bobby Robson, stellt sich im Sommer 2004 vor Monaco auf der Yacht Abramowitschs vor. Der erste Kaufrausch der Saison 2003/04 ist vorbei, jetzt wird Bilanz gezogen. Chelsea ist in der Premier League hinter Arsenal nur Zweiter geworden und im Halbfinale der Champions League am AS Monaco gescheitert.

In der Beliebtheitsskala der englischen Fans ist der Klub direkt mit der Übernahme durch Abramowitsch ans Tabellenende gerutscht. „Alle wollten Chelsea verlieren sehen", erinnert sich der österreichische Torhüter Jürgen Macho, der auch beim 1. FC Kaiserslautern spielte und 2003 Reservekeeper beim FC Chelsea ist. „Für die Medien war das alles ein gefundenes Fressen. Abramowitsch hatte Millionen investiert und wollte Erfolge sehen."

Als diese im ersten Versuch ausbleiben, lacht sich England ins Fäustchen. Mourinho dagegen ist gerade im Finale in Gelsenkirchen mit dem vergleichsweise armen FC Porto Champions-League-Sieger geworden. Vorher hat er im Achtelfinale mit Porto noch Manchester United ausgeschaltet. In den Taschen seines Armani-Mantels aus Kaschmir hat José Mourinho stets die Faust geballt. Seine Philosophie, wonach jeder Spieler sein Ego bedingungslos der Mannschaft unterzuordnen hat, gefällt Roman Abramowitsch. Mourinho präsentiert dem wortkargen und schlecht Englisch sprechenden Russen einen auf Langfristigkeit ausgelegten Plan. Das Ziel:

die Herrschaft über die Fußballwelt. Die Tage des Italieners Claudio Ranieri, dessen Vokabular sich auf dem Trainingsplatz auf schlichte Sätze wie „This is fucking bullshit" beschränkt, als Trainer des FC Chelsea sind gezählt.

Der Portugiese Mourinho, dessen Familie zur Oberschicht gehört und einst in der Heimat von der Salazar-Diktatur profitierte, gilt nicht zuletzt wegen seines unbescheidenen Credos („Erst kommt Gott, dann komme ich") in der Trainergilde der Premier League als Emporkömmling. „Mr. Arrogant", wie ihn die britischen Boulevardmedien nennen, soll Abramowitsch endlich den Erfolg bringen. Geld spielt keine Rolle und deswegen wird weiter eingekauft: Der Niederländer Arjen Robben wechselt für 18 Mio. Euro vom PSV Eindhoven nach London, die portugiesischen Verteidiger Ricardo Carvalho und Ferreira kosten zusammen schlappe 50 Mio. Euro. Der Ivorer Didier Drogba, der für 35 Mio. Euro aus Marseille geholt wird, ist der bis dahin teuerste Stürmer im englischen Fußball.

Meister der Herzlosen

Der erste Titel lässt nicht mehr lange auf sich warten. Abramowitschs Star-Ensemble gewinnt nach 50 Jahren endlich wieder den englischen Meistertitel. Am 30. April 2005 ist es so weit. Die mitgereisten Fans kokettieren auf den Tribünen des Reebok Stadium in Bolton mit der Einmaligkeit des Moments. „Schon mal Chelsea als Meister gesehen?", fragen sie auf einem Plakat. Frank Lampard erlöst die Chelsea-Familie und schießt die „Blues" mit zwei Toren zum Meistertitel. Die Bilanz lässt der Konkurrenz nur wenige Argumente: Vier Spieltage vor Saisonende hat der FC Chelsea 88 Zähler auf dem Konto. Man hat nur eine einzige Niederlage (bei Manchester City) kassiert und den Titelverteidiger FC Arsenal zwischenzeitlich mit 14 Punkten Vorsprung auf Distanz gehalten.

Doch Roman Abramowitsch, der mit einem dunkelblauen Sakko, hellblauem Hemd und Jeans in Bolton auf der Ehrentribüne sitzt, applaudiert noch vorsichtig, als sein russischer Landsmann Alexej Smertin in der 88. Minute für Claude Makélélé aufs Feld kommt. Beim Schlusspfiff steht auch der Berliner Robert Huth auf dem Platz. Er hat 2002 als 18-Jähriger für Chelsea sein Debüt gegeben. Als Huth und seine Kollegen in der Kabine feiern, geschieht etwas

Erstaunliches. Roman Abramowitsch lässt jede Form der Zurück-haltung fallen und hakt sich bei seinen Spielern, die fröhlich Kasa-tschok tanzen, einfach unter. Sein Jackett ist von Champagnerfon-tänen durchnässt. Er strahlt wie ein kleiner Junge, der gerade den Erwachsenen einen Streich gespielt hat. Dann zupft er verlegen die Jacke zurecht und verschwindet. Den *SkySports*-Reportern, die ebenfalls völlig durchnässt in die Kabine eingefallen sind, will er nichts sagen. Er lässt andere sprechen. Wie den Isländer Eidur Gudjohnsen: „Roman ist wie ein kleiner Junge, er gibt nicht nur das Geld, sondern er liebt den Fußball über alles und hat diesen Erfolg absolut verdient."

Roman Abramowitsch ist auf den Geschmack gekommen. Im Mai 2005 gewinnt die ebenfalls von ihm finanziell unterstützte Elf von ZSKA Moskau in Lissabon den UEFA-Pokal. Einen ähnlichen internationalen Erfolg will der ehrgeizige Geldgeber auch mit dem FC Chelsea. Und zwar schnell. Alleine 38 Mio. Euro blättert der neue Krösus der Liga im Sommer 2005 für den Ghanaer Mickaël Essien von Olympique Lyon hin, und auch der englische National-spieler Shaun Wright-Phillips von Manchester City ist für 31,5 Mio. Euro wechselwillig. Bayern Münchens Manager Uli Hoeneß, 2005 mit dem deutschen Rekordmeister im Champions-League-Vier-telfinale an Chelsea gescheitert, muss grantig zusehen: „Für die ist das ein Spiel ohne Grenzen", schimpft er, „und solange wir Idioten von dieser Rohölmafia mit ihren manipulierten Ölpreisen ausge-nommen werden, dreht sich dieses Karussell weiter."

Der Meistertitel ist fast schon eine lästige Pflichtübung geworden: Mit acht Punkten Vorsprung hat der FC Chelsea 2006 den einstigen Serien-Meister Manchester United abgehängt, die Wachablösung scheint vollzogen.

Auf europäischer Ebene jedoch noch nicht. Schon im Achtelfi-nale ist für Chelsea gegen den neuen Dauer-Rivalen FC Barcelona Schluss, den man im Vorjahr in zwei unvergessenen Champions-League-Spielen ausschalten konnte. Der alte Moskauer Trick, vor dem Hinspiel tonnenweise Sand auf den Rasen an der Stamford Bridge zu schütten und die ballsicheren Katalanen damit aus dem Rhythmus zu bringen, zieht nicht. Chelsea verliert 1:2.

Ballack in London: Nur die Zeitung fehlt

Im Sommer 2006 ankert die Pelorus vor Lübeck. Touristen, die sich mit Motorbooten zu nahe an die Yacht von Roman Abramowitsch heranwagen, werden höflich, aber bestimmt vom Ordnungspersonal an Deck zurückgewiesen. Bitte keine Fotos. Es ist Fußball-Weltmeisterschaft in Deutschland. Abramowitsch hat an der Ostsee vorübergehend Quartier bezogen. Er will seinen Neueinkauf Michael Ballack sehen, der die deutsche Nationalmannschaft als Kapitän bis auf Rang drei führt.

Ballacks Poker mit dem FC Bayern München beschäftigt ab Spätsommer 2005 die Sportjournalisten der großen deutschen Zeitungen und wird zu einem Verwirrspiel, das phasenweise an den Komödienstadl erinnert. Erste Anzeichen für einen Ballack-Wechsel von München nach London gibt es schon im November 2003. Ballacks Berater Dr. Michael Becker, den nichts mehr ärgert als angetrunkene Engländer, die sich auf der Kaiserslauterer Pressetribüne als „ManU"-Scouts ausgeben, erklärt in *Bild:* „Chelsea hätte großes Interesse." Gut zwei Jahre später wird es ernst: Zunächst treffen sich Ballack, Becker und die Bayern-Bosse im Oktober zum Mittagessen mit Rinderfilet und Rotwein, doch eine Entscheidung bleibt aus. Am 14. November 2005 zieht der FC Bayern sein Angebot an Ballack über 36 Mio. Euro für vier weitere Jahre zurück. Für ein Wochengehalt von 150.000 Euro wechselt Michael Ballack im Mai 2006 zu Chelsea und ist damit der am höchsten dotierte deutsche Fußballer aller Zeiten. Zum Einstand, so will es der Brauch beim FC Chelsea, muss er sich bei seiner ersten Begegnung mit den neuen Mitspielern auf einen Stuhl stellen und ein Liedchen anstimmen. Ballack hält sich an populäres Liedgut aus dem Alpenraum und schmettert kurz „Du entschuldige, I kenn Di" von Peter Cornelius.

In Wimbledon findet Ballack mit seiner Familie ein neues Zuhause. „Ich mag den Kleinstadt-Flair hier", erklärt Ballack der Zeitschrift *BRAVO Sport.* Deutsche Zeitungen kann er in Wimbledon zunächst nicht entdecken. Auch mit seinem Chef Roman Abramowitsch hat Ballack anfangs nur „ein bisschen Smalltalk" gehalten.

Von der Haustür bis zum Trainingszentrum in der Kleinstadt Cobham sind es für Ballack 30 Autominuten. In Cobham, am Flüsschen Mole, haben sich 14 seiner Mitspieler häuslich niedergelassen. Doch nicht alle in Cobham sind erfreut über die berühmten Nachbarn. „Die Ankunft der Chelsea-Spieler hat die Menschen in Cobham an die Toleranzgrenze geführt", sagt Chris Tarrant, ein Nachbar des englischen Nationalspielers John Terry, „die Reaktionen schwanken zwischen snobistischer Geringschätzung und totaler Irritation." Beispiele aus dem Alltag gibt es genügend. So parkt Frank Lampard seinen Ferrari beinahe täglich provokant in der Busspur, und John Terry erhielt bereits eine Beschwerde wegen Ruhestörung, als er das gesamte Team inklusive Betreuerstab zu einem feucht-fröhlichen Play-Station-Turnier eingeladen hatte. Um längerfristige Zaunstreitereien zu vermeiden, lässt Terry seinen Nachbarn Schokolade in die Briefkästen legen.

System Chelsea: doch ein Segen für den Fußball?

Der Ukrainer Andrej Schewtschenko ist im Sommer 2006 ebenfalls neu beim FC Chelsea. Er liebt es nostalgisch und intoniert zum Einstand „We are the Champions", jenen Song von Queen, der auch in England bei Meisterfeiern bis hinunter in die unterste Klasse inflationär geträllert wird. Schewtschenko hat bislang beim AC Mailand gespielt. Er gilt als enger Freund von Roman Abramowitsch. Und er weiß, wie man die Champions League gewinnt. Als er Milan 2003 in Manchester zum Gewinn der Champions League geschossen hat, will ihn Abramowitsch nach London lotsen. Das gelingt erst im Sommer 2006. Für die Wahnsinns-Summe von 51 Mio. Euro. Der Marktwert des Chelsea-Spielerkaders, so hat das Internetportal Transfermarkt.de errechnet, liegt mittlerweile bei 410 Mio. Euro – Spitzenwert im Weltfußball. Es hat den Anschein, als ob Abramowitsch, der seit seiner Ankunft beim FC Chelsea etwa 600 Mio. Euro für Spieler investiert hat, den absoluten Erfolg mit der finanziellen Brechstange erzwingen will. Der *Spiegel* spricht im Zusammenhang mit Chelsea und seinem System von „Kommunismus mit Geld".

Und Bayerns Manager Hoeneß schimpft: „Ich wäre nicht stolz darauf, die Champions League zu gewinnen, wenn ich dafür wie der FC Chelsea letztes Jahr 204 Millionen Euro Verlust machen würde." Wenn diese Verluste denn etwas genützt hätten. Aber 2005 (das Jahr, von dem Hoeneß spricht) gewinnt der ehrwürdige FC Liverpool den europäischen Titel. Und im Jahr 2006 dringt Lokalrivale Arsenal ins Finale vor (in dem er Barcelona unterliegt), während Chelsea erneut in Schulden badet, dieses Mal 120 Mio. Euro.

Mourinhos System mit den vier Erfolgssäulen Disziplin, Gehorsam, Kreativität und Leidenschaft bröckelt im Herbst 2006. Sportlich gesehen ist nun auch in der Premier League mit Manchester United ein längst besiegt geglaubter Gegner wieder aufgetaucht. Am 20. Januar 2007 gibt es nach einem 0:2 beim FC Liverpool Ärger mit dem Ausrüster Adidas, der dem FC Chelsea für acht Jahre Vertragslaufzeit 150 Mio. Euro zahlt. Denn Torhüter Petr Cech hat drei Monate nach einem in Reading erlittenen Schädelbruch mit einem Rugby-Schutzhelm der neuseeländischen Marke Canterbury gespielt, deren Logo nun statt der Adidas-Streifen den Kopf des Keepers ziert. Auch der anfangs von der in London herrschenden „Radikalität des Erfolgsdenkens" beeindruckte Michael Ballack muss sich einiges anhören. *Bild* nennt ihn nach der Pleite in Anfield eine „Lachnummer". Und auch Andrej Schewtschenko ist sauer. In Fankreisen erzählt man sich, der seiner Form hinterherhechelnde Ukrainer sei nur nach London gekommen, weil seine Ehefrau, das amerikanische Fotomodell Kristin Pazik, dort eindeutig bessere Einkaufsmöglichkeiten gesehen hätte als zuvor in der Mailänder City.

Das alte Vorurteil, wonach Geld keine Tore schießt, scheint Chelsea in diesen Tagen einzuholen, das System Chelsea droht zu kippen. Aber es gibt auch andere Sichtweisen auf den Verein und seinen merkwürdigen Mäzen. Der niederländische Trainer Guus Hiddink, Weltenbummler mit WM-Erfolgen, der im Sommer 2006 durch einen Kontakt zu Roman Abramowitsch russischer Nationaltrainer wird, setzt einen Gegenpol: „Als Abramowitsch bei Chelsea einstieg, war natürlich auch ich nicht frei von Ressentiments", sagt er im Februar 2007 in einem *Welt*-Interview. „Ein russischer Milliardär und Nobody in der Fußballszene kauft einen Premier-League-Verein. Da ist doch alles klar: Der kommt, macht ein bisschen Rambazamba, zum Schluss die Kasse und hinterlässt einen Trümmerhaufen. Als ich Roman dann persönlich kennenlernte, war ich überrascht, wie viel Interesse und Sachverstand er bezüglich des Fußballs zeigte. Ich habe den Eindruck, er liebt diesen Sport. Leute wie Abramowitsch haben dem Fußball immer gut getan."

Danke für Nichts
England im Elfmeterschießen

Tony Blair war optimistisch. Als der britische Premierminister kurz vor Beginn der Weltmeisterschaft 2006 nach seinem Favoritentipp gefragt wurde, war der bekennende Fan von Newcastle United vor dem Turnier in Deutschland fest vom zweiten Titelgewinn Englands nach 1966 überzeugt: „Im Finale", ließ er Sportreporter wissen, „gewinnen wir mit 2:1 gegen Brasilien." Sorgen, so Blair weiter, bereite ihm nur die Aussicht auf ein eventuelles Elfmeterschießen: „Dies ist wahrlich keine Spezialität englischer Fußballgötter."

Die Angst des Engländers vorm Elfmeter – sie liegt spätestens seit 1990 bleiern über Albion. War England 1986 in Mexiko im Viertelfinale noch das Opfer der „Hand Gottes" des Diego Maradona geworden, so ist das Halbfinale 1990 das erste Elfmeter-Drama in einer langen Reihe. England und die Elfer – The same procedure as every year.

WM 1990: Beginn eines Taumas

Ebenfalls fest verwurzelt in der englischen Psyche ist der Wunsch nach einem Motivationsschub für das ganze Land durch den Fußball. Das galt schon vor der Weltmeisterschaft 1990 in Italien. Seinerzeit stand die „eiserne Lady" Margaret Thatcher, die 1979 als erste Frau britischer Premier wurde, massiv unter Druck. Ihr hartes Vorgehen gegen innerparteiliche Kritiker hat Thatcher in der konservativen Partei eine nicht gerade kleine Zahl von Feinden eingebracht, die Inflation ist hoch. Mit den landesweiten Protesten gegen das neue, Ende der achtziger Jahre eingeführte Kommunalsteuersystem (Poll Tax) zeichnet sich das Ende der Ära Thatcher ab. Ein sportlicher Erfolg bei beim WM-Turnier in Italien käme der Lady gerade recht.

Doch zunächst läuft es nicht gut für das englische Team. Nur ein kümmerlicher Sieg in der Vorrunde gegen Ägypten (1:0), und gegen Belgien im Achtelfinale rettet David Platt mit seinem Tor in der 120. Minute England soeben noch vor dem Elfmeterschießen. Ein hartes

Stück Arbeit wird auch das Viertelfinale gegen Kamerun: 3:2 in der Verlängerung durch zwei Elfmetertore von Gary Lineker. Trainer Bobby Robson muss sich in dieser Phase jede Menge Kritik gefallen lassen und lässt schließlich das Mannschaftsquartier für alle Journalisten sperren. Weltmeister Bobby Charlton ist dennoch sicher: „Wartet ab, wir werden uns noch steigern."

Das gelingt ausgerechnet gegen die Lieblingsfeinde aus Deutschland, auf die die Engländer am 4. Juli 1990 im Halbfinale im Stadio delle Alpi in Turin treffen. Die Boulevardpresse läuft vor dem Spiel zur Höchstform auf: „Wir haben sie 1945 geschlagen, wir haben sie 1966 geschlagen und nun die Schlacht von 1990", titelt die *Sun*. Auch Stürmerstar Gary Lineker, der bis dahin in 55 Länderspielen 35 Tore erzielt hat, zieht mit: „Gute Nacht, Mister Kohler", lässt er seinem deutschen Gegenspieler Jürgen Kohler über die Medien ausrichten, „ich bin zu schnell für Sie."

Die Deutschen, die in Erba ein feudales Quartier gefunden haben, lassen sich von diesen Schlagzeilen kaum beeindrucken. „Auch ihn kann man stoppen", sagt der Pfälzer Jürgen Kohler und nippt auf der Hotelterrasse genüsslich an seinem Orangensaft. Die „Schlacht von Turin" sehen 30.000 Deutsche und 20.000 Engländer. Sie geht nach Toren von Andreas Brehme und Gary Lineker beim Stand von 1:1 nach 120 Minuten ins Elfmeterschießen. Hier treffen zunächst Gary Lineker, Peter Beardsley und David Platt für England. Andreas Brehme, Lothar Matthäus und Karlheinz Riedle verwandeln für Deutschland. Dann läuft Stuart Pearce, der wegen seiner Nervenstärke den Spitznamen „Psycho" trägt, langsam auf den erst 23 Jahre alten deutschen Keeper Bodo Illgner zu. „Ich spürte, dass Pearce nervös war, irgendetwas hat mit ihm nicht gestimmt", diktiert Illgner hinterher den Journalisten in die Blöcke. Er wehrt den Schuss von Pearce mit dem Knie ab. Danach trifft Olaf Thon für die Deutschen. Chris Waddle dagegen setzt den letzten Elfmeter der Engländer über das Tor. Während Deutschland noch den Final-Einzug bejubelt, stellt Englands Trainer Bobby Robson nach dem Spiel klare Forderungen: „Wir sollten das Elfmeterschießen abschaffen."

So weit kommt es nicht. Stattdessen beginnt das englische Elfmeter-Trauma. Und am 22. November 1990 wird „Maggie" Thatcher zurücktreten.

EURO 1996: „England go home"

Sechs Jahre später kommt der Fußball nach Hause. „Football comes home", lautet das viel sagende Motto bei der EURO 1996 in England. Erstmals seit 30 Jahren richtet man auf der Insel wieder ein großes Turnier aus. Die Politik hofft wieder auf einen Doppelpass mit dem „Three Lions"-Team. Diesmal ist es der konservative Premierminister John Major, der am Scheideweg steht. Sein Versuch, die Macht nach einem Rücktritt als Parteichef zurückzugewinnen, ist schiefgegangen. Bis zum Ende seiner Regierungszeit am 2. Mai 1997 ist Major im Parlament auf die Stimmen der nordirischen Unionisten angewiesen. Dazu kommen die aufgeregten Meldungen vom grassierenden Rinderwahnsinn, die in ganz Europa Furore machen. Man hat es nicht leicht als britischer Premier.

Die Europameisterschaft soll dem Königreich also aus dem Stimmungstief verhelfen. Die Vorzeichen scheinen günstig. Sogar gegen eine Elfmeter-Lotterie sieht man sich in England gerüstet, denn schließlich hat man mit dem neuen Nationaltorhüter David „Pony" Seaman vom FC Arsenal endlich auch einen echten Elfmetertöter. Im Halbfinale des Europacups der Pokalsieger 1995 hat er bei Sampdoria Genua drei Elfmeter pariert. Und das trotz zweier gebrochener Rippen, aus diesem Stoff müssen Helden sein.

Seinen Ruf als Elfmeter-Killer unterstreicht Seaman bei der EURO '96 schon im zweiten Vorrundenspiel gegen Schottland (2:0), als er in der 75. Minute beim Stand von 1:0 gegen Gary McAllister pariert. In London lassen ausgelassene Fans nach dem 4:1 im letzten Vorrundenspiel gegen die hoch eingeschätzten Niederländer die U-Bahnen wackeln, der Brunnen am Trafalgar Square wird trotz einer Wassertemperatur von nur sieben Grad zum beliebtesten Badeort im Land. „England 4ever", titeln die Boulevardblätter. Nun geht es im Viertelfinale gegen Spanien.

Dort darf auch Stuart Pearce wieder mitspielen. Die Punkmusik von den Sex Pistols, die ihm seine mittlerweile wesentlich jüngeren Teamkameraden vor den Länderspielen in der Kabine um die Ohren donnern, hasst er immer noch, und auch an seinen verschossenen Elfmeter von 1990 denkt er immer noch. Zu viel hat er danach einstecken müssen. Inbrünstig und mit hochrotem Kopf singt er die

Nationalhymne derart laut mit, dass sich sogar sein Mitspieler Darren Anderton ein Lächeln nicht verkneifen kann.

Als Pearce nach 120 torlosen Minuten in Wembley als dritter englischer Schütze nach Alan Shearer und David Platt zum Elfmeterpunkt läuft, hört er plötzlich die Stimme seiner Frau. „Oh nein, nicht schon wieder du", sagt sie. Stuart Pearce entschließt sich, in diesem Augenblick nicht auf seine Frau zu hören und trifft für England. Als David Seaman in seinem durchaus modischen, blaugelb gemusterten Torwartsweater gegen den Spanier Miguel Nadal pariert, ist England im Halbfinale. Seaman scheint zu wissen, wie es geht: „Beim Elfmeterschießen geht es nur darum zu raten", erklärt er grinsend, „und ich habe einmal richtig geraten." Am Trafalgar Square wird wieder gefeiert. Und jetzt sollen ausgerechnet die Deutschen den Engländern diese Mega-Party verderben? Die Boulevardblätter wollen rechtzeitig gegensteuern und erklären den teutonischen Spaßbremsen den Krieg. „For you Fritz, the Party is over", titelt der *Daily Mirror*. Stuart Pearce liefert ihnen noch mehr Munition und ledert los: „Meinen Fehlschuss von Turin will ich auch im Halbfinale wiedergutmachen. In Wembley sind wir unschlagbar."

Das Halbfinale am 26. Juni 1996 ist kein Spiel für Herzpatienten. Nach 120 Minuten steht es 1:1 durch Tore von Alan Shearer und Stefan Kuntz, in der dritten Minute der Verlängerung hat Darren Anderton den Pfosten getroffen und damit das erste „Golden Goal" der Fußballgeschichte verpasst, in der 99. Minute ist Paul Gascoigne um eine Zehenlänge an einer scharfen Rechtsflanke von Steve McManaman und am Geschichtsbuch vorbeigerutscht. Als Schiedsrichter Sandor Puhl aus Ungarn zum Elfmeterschießen bittet, fassen sich viele Zuschauer entsetzt an die schmalen Krempen der rot-weißen Plastikhüte, die die *Sun* zur EURO herstellen ließ. Erinnerungen an die WM 1990 werden wach.

Und es kommt wie damals in Turin. Nach zehn verwandelten Elfmetern verliert Gareth Southgate die Nerven. Der deutsche Torhüter Andreas Köpke kann parieren, Andreas Möller schießt die Deutschen mit dem nächsten Ball ins Finale. Während die mitgereisten deutschen Fans auf der Tribüne das unvermeidliche Plakat „England go home" entrollen und der verletzte Jürgen Klinsmann den Pechvogel Gareth Southgate tröstet, schlägt die Stunde des

Kabaretts. „Wie komme ich am besten aus dem Wembleystadion?",
lautet in diesen Tagen ein gängiger Witz auf der Insel. „Benutzen Sie
das South-Gate", ist die Antwort.

WM 1998: Same procedure

Vor der Weltmeisterschaft 1998 in Frankreich verzeichnet das Königreich eine politische Sensation. Der neue Premier Tony Blair hat mit
der Unterzeichnung des Karfreitagsabkommens am 10. April 1998
die seit Jahrhunderten verfeindeten Konfliktparteien in Nordirland
einander näher gebracht und mit dieser historischen Waffenstill-
standsvereinbarung den Weg für einen langfristigen Frieden frei
gemacht. Am 26. November 1998 wird er als erster britischer Premierminister im irischen Parlament sprechen. Blairs „New Labour",
in der Wählergunst weit oben angesiedelt, fehlt eigentlich nur noch
ein Erfolg auf dem grünen Rasen zum ganz großen Glück. Eine neue
Generation junger Fußballer soll es richten: die „Spice Boys" um
David Beckham, Paul Scholes und Michael Owen.

Doch David Beckham und Co. versagen genauso wie ihre Vorgänger. Nach den üblichen Startschwierigkeiten mit einem unansehn-
lichen 2:0 über Tunesien, einer 1:2-Pleite gegen Rumänien und einem
2:0-Erfolg über Kolumbien wartet im Achtelfinale in St. Etienne mit
Argentinien ein neuer Gegner aus jener Kategorie, in der auch die
Deutschen rangieren: „liebster Feind". Es wird die nächste schwarze
Nacht für England. Nach einem 2:2 nach Verlängerung geht es wieder
ins Elfmeterschießen. Trainer Glenn Hoddle tut sich zunächst schwer
bei der Suche nach Freiwilligen für den „Shootout", ehe sich mit
David Batty von Newcastle United einer meldet, der noch nie zuvor
in seiner Karriere einen Elfer geschossen hat. Das rächt sich prompt:
Nachdem bereits Paul Ince an Argentiniens glänzend aufgelegtem
Torhüter Carlos Roa von Real Mallorca gescheitert ist, vergibt auch
Batty – und England ist wieder mal draußen. „Ich habe positiv gedacht
und mich sicher gefühlt", meint Batty hinterher achselzuckend. Nach
dem dritten K. o. im Elfmeterschießen will Sportminister Tony Banks
endlich handeln. Er schlägt die Gründung einer „National Penalty
Academy" vor, einer Eliteschule für Elfmeterschützen.

Ähnliche Gedanken hat zu diesem Zeitpunkt auch der Liverpooler Mathematiker Dr. David Lewis. Er erklärt inmitten des eng-

lischen Elfmeter-Desasters Alan Shearers Schuss gegen Argentinien zum „perfekten Elfmeter" und widmet sich weiteren, intensiven Studien.

EURO 2004: Provokation auf Portugiesisch

Auch bei der EURO 2004 in Portugal kann Dr. Lewis Fakten sammeln. Schon David Beckhams Ausrutscher bei einem Elfmeter im letzten Qualifikationsspiel gegen die Türkei in Istanbul (0:0) lässt nichts Gutes erahnen. Dann verschießt Beckham im ersten Vorrundenspiel gegen Frankreich (1:2) in Lissabon erneut. Die Wolken werden dunkler. Erst recht am Abend des 24. Juni 2004, an dem England im Viertelfinale in Lissabon auf Gastgeber Portugal trifft. Wayne Rooney bricht sich den Mittelfuß, Sol Campbell erzielt in der Nachspielzeit ein Tor, das nicht anerkannt wird. Und am Ende gibt's Elfmeterschießen. David Beckham rutscht aus und verzieht – sein zweiter verschossener Elfmeter im Turnier.

Zweiter Unglücksrabe bei den Engländern ist Darius Vassell, der an Portugals Torhüter Ricardo scheitert. Der Portugiese treibt die Provokation auf die Spitze. Er trägt keine Handschuhe, verwandelt den letzten Elfmeter zum 8:7 höchstpersönlich und schickt England – sehr zur Freude von 10,5 Millionen Portugiesen – nach Hause. Auf der Suche nach Gründen für das Desaster wird Englands schwedischer Trainer Sven-Göran Eriksson schnell fündig: „Ich habe mich bei der UEFA mehrfach über den schlechten Zustand der Elfmeterpunkte beschwert", wettert er nach dem Spiel. Die *Zeit* wandelt angesichts der neuerlichen englischen Elfmeterpanne sogar den legendären Spruch von Gary Lineker ab: „Fußball ist ein Spiel, bei dem 22 Leute dem Ball hinterherlaufen, und wenn es ans Elfmeterschießen geht, fliegt England raus."

Ratschläge und Zauberformeln

Wer kann jetzt noch helfen? Doch wohl nur Mark Williams vom *Research Institute for Sport and Exercise Sciences* an der John Moores University Liverpool. Der Wissenschaftler präsentiert im Juni 2006 überraschende Ergebnisse. Williams hat herausgefunden, dass erfahrene Torhüter signifikant besser als Anfänger einschätzen können, in welcher Ecke ihres Tores der Ball landet. Den Grund dafür hat

Williams ebenfalls ermittelt: „Sie können die versteckten Signale des Torschützen beim Torschuss besser lesen und somit seine Absichten und die richtige Ecke erraten." Williams bilanziert weiter: „Gute Torhüter erkennt man an ihren Augenbewegungen. Elfmeter sind kein Glücksspiel, sondern eine Frage des Trainings. Die Forschungsergebnisse könnten dazu führen, dass Elferschützen ihren Torschuss mit noch mehr Täuschung durchführen – oder den Torhütern, sie noch besser abzuwehren." Ah, ja.

„Die Wissenschaft rät sowohl Elferschützen als auch Torhütern zum Training, um den Einfluss des Glücks zu minimieren", so Williams in der Online-Ausgabe des Wissenschaftsmagazins *Nature*.

Auch Dr. David Lewis, der nette Mathematiker von der John Moores University in Liverpool, will helfen. Im Auftrag des Wettbüros Ladbrokes errechnet er die perfekte Formel für das Elfmeterschießen. Dr. Lewis hat alle englischen Elfmeter bei großen Turnieren seit 1962 unter die Lupe genommen. Mit der Formel $(((X+Y+S)/2)x((T+I+2B)/4))+(V/2)-1$ will er den Elfmeterfluch für alle Zeiten bannen. Lediglich sieben Variablen müssen dafür stimmen: die Fluggeschwindigkeit des Balles (Velocity/V), die Zeit (Time/T) zwischen dem Aufsetzen des Balles auf dem ominösen Punkt und dem Schuss, die Zahl der Schritte (Steps/S) beim Anlauf des Schützen, die Fallzeit des Torhüters (Initiatives Dive/I). Und natürlich müssen die vertikale (Y) und die horizontale (X) Platzierung des Balles vom Boden und von der Tormitte aus ebenso stimmen wie die Haltung des Schussfußes (B). Absolut wahrscheinlich.

Dr. Lewis hat sogar noch mehr Erfolgsfaktoren errechnet: „Die ideale Zeit, um einen Elfmeter erfolgreich zu verwandeln, liegt bei unter drei Sekunden", erklärt Lewis, „und es ist dabei umso hilfreicher, abzuwarten, bis der Torwart sich bewegt hat." Allerdings: „Wartet ein Spieler länger als 0,41 Millisekunden, so halbiert sich damit die Wahrscheinlichkeit, zu treffen", so Dr. Lewis.

WM 2006: Raus ohne Applaus
Mathematisch gesehen kann eigentlich nichts mehr schiefgehen. Doch was sagt das Stimmungsbarometer im Juni 2006? Tony Blairs Labour-Party steht nach einer Umfrage der *Times* bei den Wählern so niedrig im Kurs wie zuletzt 1992, nach zehn Jahren Wirtschafts-

Wieder einmal ziehen sie geschlagen von dannen: Carragher, Beckham, Trainer Eriksson, Lampard und Crouch (von links) nach dem verlorenen Elfmeterschießen gegen Portugal im Viertelfinale der WM 2006.

boom sind in Großbritannien die Wachstumsraten auf europäischen Durchschnitt gesunken, und die Verschuldung der Privathaushalte ist so hoch wie nie zuvor. Die Politik braucht in diesen Tagen – ähnlich wie die große Koalition in Deutschland – einen „big point". Blair, den laut Ansicht des Politologen Fenton vor Turnierbeginn „nur noch der Fußball retten kann", sieht seine Chance in der WM und gibt sich ebenso volksnah wie optimistisch. „Viele meiner Landsleute", mutmaßt er in einem Interview, „werden sich wahrscheinlich die teuren Endspiel-Tickets nicht leisten können."

Dennoch finden mehr als 100.000 englische Fans den Weg nach Deutschland. Wer keine Karten für die Spiele der „Three Lions" bekommt, macht es sich auf den Fanfesten in den Spielorten der Engländer in Frankfurt, Nürnberg, Köln, Stuttgart und Gelsenkirchen bequem. Für Bier und Frikadellen ist bestens gesorgt. Vor dem letzten Gruppenmatch gegen Schweden (2:2) am 20. Juni 2006 sind es am Deutzer Ufer in Köln allein 40.000 Engländer, die das entscheidende Spiel um den Gruppensieg auf zwei riesigen Videoleinwänden verfolgen.

Im Viertelfinale in Gelsenkirchen warten am 1. Juli 2006 die „neuen Deutschen" auf die Engländer: Portugal. Das letzte Duell mit den Portugiesen und ihrem bärbeißigen brasilianischen Trainer Luiz Felipe Scolari ist fast auf den Tag genau zwei Jahre her. David Beckhams Busenfreund Gary Neville will davon nichts mehr wissen: „Ich bin sicher, dass dies unser großer Moment wird", sagt der Verteidiger von Manchester United, als er die letzte Pressekonferenz des englischen Teams vor dem Spiel beendet.

Nach 120 relativ unspektakulären Minuten steht es auf Schalke 0:0, und den englischen Fans schwant Bitterböses. Beim Elfmeterschießen ist David Beckham diesmal allerdings nicht dabei. „Captain Fantastic" muss, da bereits ausgewechselt, von der Bank aus miterleben, wie seine Kollegen auch diesmal ihre Angst auf den Punkt bringen. Auch Wayne Rooney hat sich schon verabschiedet – Platzverweis. Die Übrigen scheinen die Studie des Mister Williams aus Liverpool unaufmerksam oder überhaupt nicht gelesen zu haben, und einen Spickzettel mit der magischen Formel des Dr. Lewis haben sie auch nicht im Stutzen stecken. Die Scharfschützen aus der Premier League verballern allesamt: erst Frank Lampard, dann Steven Gerrard, nach ihm Jamie Carragher. Lediglich Owen Hargreaves vom FC Bayern München schafft es zwischendurch, wenigstens einen von vier englischen Elfmetern im Tor unterzubringen. Portugal gewinnt trotz zweier verschossener Elfmeter mit 3:1 und jubelt erneut.

Bei so viel Pech bleibt Gary Neville nur noch die Flucht in die Ironie: „Irgendwann werden wir Engländer wieder einen großen Titel feiern. Und wenn es erst 2086 ist." Die Zeitung *The Guardian* befand radebrechend, Eriksson und seine „verwöhnten Spieler" hätten genau das bekommen, was sie verdient hatten: „Absolutely nichts."

Der *Berliner Tagesspiegel* hingegen sah bei den englischen Losern „drei gar nicht mal schlecht geschossene Elfmeter". Stimmt. Nur drin waren sie eben nicht.

Alle Spiele, alle Tore

Die Geschichte des Anstreichers Gary Edwards

Es war eigentlich kein besonderer Tag in Leeds. Die Saison ruhte noch, es war Mitte Juni. Was also bitteschön wollte der Mann mit dem weißen Trikot und den Blue Jeans auf der Nordtribüne des Stadions an der Elland Road? Auf der schmucken, doppelstöckigen Tribüne „Revie Stand" stieg der einsame Mann die Stufen empor. Bis zum Sitzplatz mit der Nummer 58 in der Reihe N.

Beim näheren Hinsehen sah man, dass er neben dem weißen Leeds-Trikot auch noch einen Farbeimer und einen Pinsel mitgebracht hatte. Was um alles in der Welt wollte dieser Typ damit?

Hauptakteur dieser an ein studentisches Happening erinnernden Szene war Gary Edwards, geboren 1955, den sie in Leeds nur „die Schlange" nennen. Gary ist eine Legende. Nicht nur in Leeds. Seit dem 17. Januar 1968 hat er kein Spiel der „Whites" mehr verpasst, ein einsamer Rekord auf der britischen Insel. Gary hatte sich an diesem Tag nicht in das menschenleere Stadion begeben, weil er einen falschen Spieltermin notiert hatte. So etwas würde ihm nie passieren. Nein, Edwards war für ein Foto-Shooting zu seinem Buch *Paint it white* ins Stadion gekommen. Drei Utensilien, die seinen Alltag bestimmen, hatte er gleich mitgebracht: Farbe, Pinsel und Leeds-Trikot. Denn Gary Edwards aus Kippax bei Leeds ist von Beruf Maler. Und außerdem bei Leeds United nicht wegzudenken.

Süchtig nach Leeds

An seine allererste Begegnung mit den „Weißen" erinnert sich Gary noch ganz genau: „Es war in der Saison 1965/66, ich war zehn Jahre alt und sah Leeds in einem Liga-Spiel gegen Blackpool." Dieses Spiel war für Gary Edwards der Beginn einer ganz besonderen Liebe. „Ich liebte Leeds United vom ersten Moment an, sah das Spiel gegen Blackpool und wusste: Das ist es."

Dass seine Liebe zu Leeds allerdings 35 Jahre später reif sein würde für die Fußball-Geschichtsbücher, das konnte Gary zu diesem frühen Zeitpunkt seiner Obsession noch nicht ahnen. Doch durch seine absolute Leeds-Leidenschaft, die ihn kein einziges Spiel seiner Mannschaft versäumen lässt, wurde er fast zwangsläufig zum Medienstar. Bereits 1988 erschien eine TV-Reportage über ihn, und auch das offizielle *UEFA Champions League Magazin* wurde 2001, als Leeds bis ins Halbfinale der Königsklasse vordrang, auf ihn aufmerksam. „Es war nie geplant, alle Spiele zu besuchen, es hat sich einfach so ergeben. Irgendwann war es dann wie eine Sucht, der ich immer wieder nachgeben musste."

Süchtig nach Leeds ist Gary Edwards spätestens seit dem 17. Januar 1968. Seit dem Halbfinalspiel im FA Cup gegen Derby County hat er kein Leeds-Spiel mehr verpasst. Wie viel Geld er seitdem in seine Fußball-Reisen rund um den Globus investiert hat, vermag er nicht zu sagen, ebenso kann Edwards die Zahl der besuchten Spiele nur schätzen: „Ich denke, dass es pro Saison etwa 65 Spiele waren, die ich gesehen habe", sagt er. Hochgerechnet sind es mehr als 1.900 Ligaspiele, Pokalbegegnungen, Europacup-Duelle und Freund-schaftsspiele, bei denen der Mann mit dem grauen Drei-Tage-Bart live im Stadion war.

Gary Edwards wurde zum Fußball-Globetrotter. Seine Welt-reise mit Leeds United führte ihn in nahezu alle Länder Europas, nach Kanada, in die USA, nach Thailand, Malaysia, Südafrika und Hongkong. Drei Meisterschaften (1969, 1974, 1992), einen Erfolg im FA Cup (1972) und zwei UEFA-Cup-Siege (1968, 1971) erlebte er komplett mit. Nach Deutschland kam Edwards des Öfteren und durfte u. a. bei den Gastspielen in Hannover (1969), Dresden (1971), Jena (1973) und bei 1860 München (2000) immer auch ein Weiterkommen von Leeds feiern. Ganz besondere Erinnerungen hat Gary Edwards vor allem an das wohl berühmteste Duell zwi-schen Leeds und einem deutschen Team: 1992 musste gegen Stutt-gart nach einem Einwechsel-Fehler von VfB-Coach Christoph Daum ein drittes Spiel her, um einen Sieger zu ermitteln. Für Gary Edwards kein Problem: Mittwochsabends ging es mal eben kurz nach Barcelona, wo Leeds United 2:1 gewann und die Schwaben in tiefe Depression stürzte.

In Barcelona feierten Edwards und Leeds aber noch einen weiteren, ganz großen Triumph. Im Europapokal-Halbfinale der Meister 1975 erzwangen die Engländer in Nou Camp gegen die Weltklasse-Elf um den niederländischen Fußball-König Johan Cruyff ein 1:1 und zogen damit ins Finale gegen Bayern München ein. „Ein phantastischer Tag", erinnert sich Gary, „alles hat gepasst. Eine herrliche Stadt, ein tolles Spiel und eine gigantische Atmosphäre."

Aber Gary Edwards hat mit den „Weißen" aus Leeds auch schwarze Stunden erlebt. Das Finale in Paris gegen den FC Bayern (0:2) bescherte Leeds eine zweijährige Europacup-Sperre, weil einige der 10.000 mitgereisten Fans durchdrehten und im Prinzenparkstadion sowie nachts im noblen Hotel Auteuil randaliert hatten.

Und dann kam der 5. April 2000 in Istanbul. Es war die Nacht vor dem UEFA-Cup-Halbfinale bei Galatasaray. In einem Café am berühmten Taksim-Platz von Istanbul, wo sich viele der zahlreichen mitgereisten Leeds-Anhänger aufhielten, kam es zu einer Messerstecherei zwischen 15 Engländern und einer Gruppe von Türken.

Bei der „Blutnacht im Eurocup" *(Bild)* starben zwei englische Fans, sechs wurden teilweise schwer verletzt, es gab 25 Verhaftungen. Die übrigen Engländer wurden von der türkischen Polizei wie eine wilde Horde durch die Straßen getrieben. Mittendrin in dieser gespenstischen Szenerie: Gary Edwards. „Es war deshalb so schlimm, weil wir unbeteiligten Fans von der türkischen Polizei überhaupt keine Hilfe erhalten haben", sagt er mit trauriger Stimme, „stattdessen haben sie uns gejagt und beim Spiel sogar Panzer vor dem Stadion anrollen lassen." Ans Aufhören hat er nach der Skandalnacht von Istanbul aber „keine Sekunde" gedacht.

Viermal die Hochzeit verschoben

„Leeds ist mein Leben", erklärt Edwards nicht ohne Stolz, „ich will es machen, solange ich es kann. Auch für eine Million Pfund würde ich nicht damit aufhören." Persönlich angegriffen wurde er von gegnerischen Fans noch nie. Das liegt vor allem an seinem ständigen Begleiter: Stewart „Big Webby" Web begleitet Gary Edwards seit Jahren zu den Spielen von Leeds, und im Windschatten des 100 Kilo schweren Glatzkopfs fühlt sich Gary sicher: „Es ist klar, dass es in so vielen Jahren immer wieder mal Ärger gibt, aber mit Webby an meiner Seite kann mir eigentlich nichts passieren."

Gary („Ich bin nicht abergläubisch") und Webby haben vor ihrem Aufbruch an die Elland Road, die im Zentrum der nordenglischen Industriestadt liegt, stets das gleiche Ritual. In ihren Lieblingskneipen Moorgate und Vireducks trinken sie vor dem Aufbruch jeweils einen „Jägermeister". Gary hat dieses Getränk bei einem Ausflug auf die berühmte Reeperbahn in Hamburg kennen gelernt. Allerdings nicht im Anschluss an ein Leeds-Match, sondern nach einem Konzert seiner Lieblingsband Alice Cooper. Die Besuche der Auftritte vom Alt-Rocker mit der Boa Constrictor ist Garys zweites Hobby neben Leeds United. Soweit es geht, versucht er, auch alle Alice-Cooper-Konzerte zu besuchen. So kam er auch zu seinem Spitznamen „die Schlange".

Früher war Gary zudem ein großer Fan der legendären Doors und ließ, bis zur Auflösung der Band, ebenfalls kein Konzert aus. Ein Mann eben, der seine Leidenschaften auslebt.

Dass der Fußball der natürliche Feind aller geregelten Arbeitsverhältnisse ist und jedem halbwegs pflichtbewussten Vorgesetzten ein Dorn im Auge sein kann, merkte Gary Edwards relativ früh. Bereits 1975, mit 19 Jahren, gründete er seinen eigenen Malerbetrieb und hat somit jederzeit Einfluss auf die Koordination seiner Fußballreisen: „Ich arbeite quasi um Leeds herum." Für die in seiner Abwesenheit anfallenden Aufgaben hat er längst einen Vormann eingesetzt. Sein Freund Bob leitet den Betrieb, während Gary in den Stadien sitzt. „Bob hat zwei Riesen-Vorteile: Er ist kein Fußball-Fan und er ist Abstinenzler", feixt Gary. Auch seiner Familie – Frau und Tochter – bescheinigt er in Sachen Leeds eine hohe Toleranzgrenze. Gary: „Meine Familie meint es sehr gut mit mir. Sie wissen, was Leeds United für mich bedeutet." So nahm es ihm seine Ehefrau nicht einmal übel, dass der Hochzeitstermin im Jahr 1978 gleich viermal verschoben werden musste, weil der Gang zum Traualtar zeitlich einfach nicht mit den Spielen von Leeds United in Einklang zu bringen war.

Denn Leeds ist Gary und Gary ist Leeds. Und Gary ist ein kluger Anstreicher. Seine Erlebnisse auf seinen zahllosen Fußballreisen, die er stets im riesigen Tross des Fanklubs *The Kippax* antritt, vermarktet er nicht unclever. „Ein paar Leute kamen auf mich zu und fragten mich: ‚Hey, hast du nicht Lust, deine Abenteuer in einem Buch zu veröffentlichen?‘ Und ich meinte: ‚Na gut, warum nicht?‘“ Die erste Auflage wurde – nicht zuletzt aufgrund der hohen Popularität von Leeds United und seines großen Anhängerstammes in Großbritannien – zu einem Publikumsrenner. Gary ging auf große Promotionstour und hielt bei verschiedenen Fanklubs von Leeds Lesungen, u. a. in Wales und Nordirland. Seitdem ist er Dauergast in den Medien. Er gab zahlreiche Radio-Interviews, wirkte bei Shows mit und stand im Mittelpunkt einer großen TV-Dokumentation.

Die Veröffentlichung des zweiten Teils von *Paint it white* im Herbst 2005 war eine logische Folge. „Gary Edwards hat seine Leser schon im ersten Teil Tränen lachen lassen, aber es sieht beinahe so aus, als ob *Paint it white* nur eine Art Unterhemd für das zweite Buch war“, heißt es in der Verlagsankündigung für *The Second Coat* („Der zweite Anstrich“). Der Erfolg dieses zweiten Teils ist nachhaltig. „Es gibt in Großbritannien wohl kaum ein Pub, in dem mich die Leute nicht fragen, ob ich sie in meinem nächsten Buch erwähne“, sagt Gary, „ich antworte dann immer nur: Mal schauen.“

„Die Schlange“ außer Kontrolle

Gary Edwards’ Bücher sind voller lesenswerter Anekdoten rund um Leeds United. Moderne Schelmenromane. Gary erzählt in seiner humorigen Art von seinen Begegnungen mit den Stars von Leeds. So hatte er während eines Trainingslagers 1991 Gelegenheit, mit Gary McAllister, wie Edwards ebenfalls ein Fußball-Weltreisender, an der Theke „den ein oder anderen Drink“ zu sich zu nehmen. Mit den Leeds-Größen Vinnie Jones, David Batty und Andy Gray verbindet ihn seit Jahren eine persönliche Freundschaft. „Allerdings“, sagt Gary, „ist es in den letzten Jahren immer schwieriger geworden, mit den Spielern in Kontakt zu kommen. Das war früher anders.“ Und wenn es nicht läuft bei Leeds, kann Gary auch wild werden: 1996 jagt er Carlton Palmer in der Halbzeit eines unterirdischen Freundschaftsspiels bei einem Drittligisten durch den Spielertunnel und versetzt ihm einen Tritt in den Allerwertesten.

In der Saison 2003/04 muss Gary nahezu hilflos mit ansehen, wie sein Verein zum zweiten Mal nach 1990 in Richtung First Division treibt, der (trotz ihres Namens) zweiten Liga in England. Die „Boy Group" von Leeds United (jüngste Elf der Premier League) steht am Tabellenende. Zudem drücken den Verein mit dem besten Auswärtssupport der Liga Schulden in Höhe von 120 Mio. Euro. Trotz all dieser Schwierigkeiten hält Gary zu diesem Zeitpunkt nichts von der angeblich geplanten Übernahme der „Whites" durch den ugandischen Immobilien-Millionär Michael Ezra: „Einfach Stuss." Letztlich rettet Ende 2004 ein Konsortium finanzkräftiger Gönner den Verein vor dem Kollaps und sorgt dafür, dass Gary auch weiterhin mit Leeds auf große Fahrt gehen kann. Zwar nur noch nach Barnsley, Hull oder Wolverhampton, aber das ist Gary eigentlich egal.

Weiße Farbe fürs Feuerwehrauto

Diese Klubs können ihn nicht aus der Fassung bringen. Ganz im Gegensatz zu den Erzrivalen von Leeds United: Manchester United und FC Liverpool. Es genügt der bloße Anblick der Farbe Rot. Diese ist, wie Insel-Experten wissen, die Primärfarbe der „Red Devils" und der „Reds" aus Anfield, die in der Beliebtheitsskala von Gary Edwards noch weit hinter dem Zahnarztbesuch zu finden sind. So schreibt Gary in *Paint it white:* „Wenn ich mal Zeit zum Ausruhen habe, genieße ich nichts mehr, als manchester united zu hassen. Ich bringe es nicht mal fertig, ihren Namen in Großbuchstaben zu schreiben. So wie ich Leeds von ganzem Herzen liebe, ist auch meine Abneigung gegen sie ein Full-Time-Job."

Als Maler hat er die Farbe Rot aussortiert. Von Feuerwehrleuten muss er eines Tages mit Gewalt zurückgehalten werden, als er versucht, ein Feuerwehrauto weiß zu streichen.

Ein anderes Mal, so erzählt er, habe er von einem nach Australien ausgewanderten Kollegen einen sehr günstigen, allerdings roten Lieferwagen gekauft. „Bevor ich das Ding überhaupt fahren konnte, musste es erst einmal komplett weiß überstrichen werden." Das nennt man konsequent.

Wen die Götter zerstören
Die Legende des Paul Gascoigne

Er flüchtete wie ein Verbrecher. Unerkannt, durch den Hintereingang. Als Paul Gascoigne sich an einem kalten Oktoberabend im Jahr 2003 mit einer signalgelben Ordnerjacke über den breiten Schultern das kleine Stadion Aggborough im nordenglischen Kidderminster verlässt, hat er es ziemlich eilig. Er will nach Hause.

Das Knie tut ihm weh, und er hat trotz des 3:1-Erfolges mit der Reserve-Elf der Wolverhampton Wanderers im Duell mit dem Erzrivalen West Bromwich Albion keine Lust, die Fragen der wartenden Journalisten zu beantworten. Gascoigne weiß in diesem Moment, dass er sich endgültig verabschieden muss. Sein Körper hat nach den ersten drei Pflichtspielen auf der britischen Insel seit über zwei Jahren Warnsignale gesendet, die der ehemalige Profi nur allzu gut kennt. Die über 30 Operationen, die er in 18 Jahren über sich ergehen ließ, haben ihn hellhörig gemacht.

Es ist vorbei. Paul Gascoigne wird nie wieder näher an die einzigartige Atmosphäre der Premier League herankommen als an diesem Abend. Über die traditionsreiche und nicht selten hochkarätig besetzte Reserverunde wollte er allen zeigen, dass er mit seinen 36 Jahren noch nicht zum alten Eisen gehört. Entsprechend laut ist sein Tamtam, nachdem ihm sein alter Kumpel Dave Jones, Trainer beim Premier-League-Aufsteiger Wolverhampton Wanderers, grünes Licht für sein x-tes Comeback gegeben hat. Nach seinem ersten von insgesamt drei Auftritten in der zweiten Garnitur der „Wolves" tönt Gazza in altbekannter Manier: „Ich bin besser, als einige Leute denken. In zwei Wochen bin ich fit für die Premier League." Es ist beim Wollen geblieben.

Clown und Held

Sie haben sich immer gefreut, wenn er wieder da war, Clown und Held in einer Person. Wenn er nach einem weiteren peinlichen Gastspiel im Ausland zurückgekehrt war. Denn die Engländer lieben Gascoigne und seine Possen. Und auch bei den deutschen Legionären auf der Insel hat er einen bleibenden Eindruck hinterlassen. „Paul ist der lockerste Typ, mit dem ich je gespielt habe", sagt Christian Ziege, der mit Gascoigne 1998/99 beim FC Middlesbrough zusammen kickte, „er ist ein verrückter Kerl im positiven Sinne und immer für einen Spaß gut." Der deutsche Rangers-Star Jörg Albertz, der mit Gascoigne zwischen 1996 und 1998 in Glasgow zusammenspielte, erinnert sich: „Während wir trainiert haben, saß Paul oft in seinem Stamm-Pub oder besuchte ein Konzert seiner Lieblingsband Bon Jovi."

Im Sommer 2004, nach fast acht Monaten Müßiggang, presst der Fußball-Exzentriker gemeinsam mit dem Sportjournalisten Hunter Davies fast 20 Jahre Gazza in seiner Autobiografie *My Story* („Meine Geschichte") zwischen zwei Buchdeckel. Eine 390 Seiten dicke Lebensbeichte, ein „Offenbarungseid", wie die *Berliner Zeitung* schreibt, aber auch eine Fundgrube für alle Gazza-Fans und Freunde skurrilen Humors.

„Ich wollte eine ehrliche Geschichte über mein Leben schreiben und über die Dämonen, denen ich in meinem Leben begegnet bin", schildert Gascoigne die Beweggründe für sein Buch. Es müssen verdammt viele Dämonen gewesen sein.

Zu viel Ruhe in China

Dämonen gibt es auch in Fernost. Wenige Wochen vor dem Comeback-Versuch von Wolverhampton ist Gascoigne erst aus China zurückgekehrt, wo er ein mehr als holpriges Gastspiel beim Zweitliga-Team Gansu Tianma hingelegt hat. Schon nach einem Monat und nur vier Spielen haben die Chinesen genug von Gascoigne, dem es im Reich der Mitte einfach zu ruhig ist. Gascoigne vermisst in China wohl die Atmosphäre der englischen Pubs und seine Kumpels Tony Adams und Teddy Sheringham, die früher ja immer dabei waren, wenn es galt, einen sicherzustellen.

Und überhaupt passen Gascoigne und die Zurückhaltung des Fernen Ostens irgendwie nicht zusammen. Wie auf der Ostasien-Reise des englischen Nationalteams im Sommer 1996. Am Abend vor dem Rückflug aus Hongkong haben Paul Gascoigne und Teddy Sheringham mal wieder gezecht wie die Amtmänner. Als die Stimmung auf dem Höhepunkt ist, lehnen sie sich im Sessel zurück, spielen „Zahnarztstuhl" und kippen sich wechselseitig hochprozentige Getränke direkt in den Rachen. Das erfrischt richtig. Wenige Stunden später, im Flugzeug, zerlegt Gascoigne ohne viel Federlesen die Inneneinrichtung der Maschine. Nur dank des beherzten Eingreifens der Flugbegleiter können schlimmere Turbulenzen verhindert werden. Englands Fußball-Verband muss – peinlichst berührt – eine Entschuldigungsnote nach Hongkong senden. Gascoigne nimmt es locker: „Das Programm im Bord-Fernsehen hat mir nicht gefallen. Außerdem wollte ich schlafen."

Gascoigne als populärster Spieler der Liga

Das Programm muss passen. Und das Programm heißt Gazza. Bis Mitte der neunziger Jahre ist Gascoigne der populärste Spieler der englischen Liga. Er ist genialer Spielgestalter, Torjäger, Spaßmacher und Rüpel in einer Person. „Es gab einen Gazza auf dem Platz, den die Fans geliebt haben, und es gab Paul Gascoigne abseits des grünen Rasens. Außerhalb des Stadions wollte ich immer Gazza sein, aber das ging nicht. Deswegen habe ich getrunken, damit ich glücklich bin. Damit ich Gazza bin", erzählt Gascoigne 2004 dem Klubmagazin *Rangers News*.

Erste Gerüchte um seine Alkoholabhängigkeit gibt es schon vor der Weltmeisterschaft 1990 in Italien. Hier ist Gascoigne für viele Engländer in den bewegenden Minuten nach dem Halbfinale unsterblich geworden. Nach dem K.o. im Elfmeterschießen gegen den Erzrivalen Deutschland weint er in Turin bittere Tränen in sein England-Trikot. Ein Foto, das um die Welt geht und sich am Londoner Trafalgar Square wenige Monate später auf den T-Shirts der Straßenhändler wiederfindet: „There'll always be an England", lautet der dazugehörige Spruch. Es wird immer ein England geben.

In der englischen First Division hat ihn eine andere Szene schon unvergessen gemacht. Im Jahr 1988 trifft er für Tottenham im Londoner Derby gegen den FC Arsenal mit nur einem Schuh.

Die Zeit bei Tottenham ist Gascoignes unkomplizierteste Schaffensphase bei einem Verein geblieben. Zwischen 1988 und 1992 erzielt er in 112 Spielen für die „Spurs" 33 Tore. Das schönste

Ding gelingt ihm im FA-Cup-Halbfinale 1991 im Derby gegen Arsenal. Schon beim Einlaufen ins ausverkaufte Wembleystadion grinst der Mann mit dem US-Marines-Gedächtnis-Haarschnitt spitzbübisch, dann hämmert er sehr zur Überraschung von Keeper David Seaman aus fast 30 Metern einen Freistoß zur 1:0-Führung ins Tor der „Gunners", holt anschließend mit den „Spurs" gegen Nottingham Forest (2:1 n. V.) auch den FA Cup. Pech für Gascoigne: Er verdreht sich im Finale das Knie, fällt lange mit Kreuzbandriss aus und kann seinen einzigen Titelgewinn in England nicht richtig feiern.

Ein vorgetäuschter Selbstmord und andere Scherze

Als Gascoignes Karriere 1984 in seiner Heimatstadt Newcastle beginnt, ist sie beinahe schon zu Ende, ehe sie ins Rollen kommt. Jugendspieler Gascoigne ist Kevin Keegan, dem Superstar der „Magpies", als Schuhputzer unterstellt. Er nimmt Keegans noble Treter heimlich mit nach Hause, um sie den von Neid zerfressenen Kollegen zu zeigen. Dumm nur, dass er sie angesichts des bevorstehenden Triumphes in der U-Bahn liegen lässt. Von Keegan gibt's eine Kopfwäsche, für die Mitspieler um Tony Cunningham spätestens seit Gazzas Debüt in der englischen Liga im Jahr 1985 gegen die Queen's Park Rangers immer wieder was zu lachen. Seinem dunkelhäutigen Mitspieler Cunningham schenkt er eine Zehner-Karte für die Sonnenbank. Seinem Intimfeind Vinnie Jones vom FC Wimbledon lässt er im Anschluss an einen Griff in die Weichteile Rosen vor die Kabinentür legen. Jones, der es später zum Filmstar bringt, schickt Gascoigne im Gegenzug eine Klobürste.

Nach 16 Monaten Verletzungspause und einer erneuten Beschädigung seines lädierten rechten Knies bei einer Nachtclub-Schlägerei in London wechselt Gascoigne 1992 von Tottenham nach Italien, wo er bei Lazio Rom gleich am Abend seiner Ankunft für einen handfesten Skandal sorgt. Im Hotelzimmer täuscht er seinen Selbstmord vor. Ein Scherz, über den man in Italien ebenso wenig lachen kann wie über Gascoignes streckenweise peinliche Auftritte vor der italienischen Presse. Statt Antworten zum Spiel gibt es von Gascoigne eher mal einen kräftigen Rülpser in die Mikrofone. Ein teurer Spaß – für 13.500 Euro Bußgeld. Nein, Italien ist nichts für

Gascoigne, der sich in Rom immer wieder mit schweren Knieverletzungen und einem Beinbruch herumplagt und in drei Jahren nur 47 Partien bestreitet. Auch die Steuerfahnder erweisen sich in Italien als weitaus hartnäckiger als auf der Insel.

Der Mann hinter Gazza: Jimmy „Fünfbauch" Gardner

Gut, dass er in dieser schwierigen Zeit einen Freund hat. Es ist sein alter Teamkollege Jimmy „Fünfbauch" Gardner aus Newcastle, ein gelernter Dachdecker. Er wird schon mal des Nachts eingeflogen, wenn Gascoigne in Rom wieder eine seiner berühmt-berüchtigten Panikattacken ereilt und er aus dem Hotelzimmer Kleinholz macht. Gardner, der kleine Dicke, der sich von Gascoigne im Laufe der Jahre nur noch durch den Haarschnitt unterscheidet, muss an der Seite von Gazza so einiges erdulden. Im Suff schleudert ihm Gascoigne eine wildgewordene Katze ins Gesicht, die Gardner den blondierten Kopf zerkratzt. Oder, wie Gascoigne in seinem Buch schreibt, er mischt Gardner Exkremente ins Essen: „Jimmy, der Trottel, hat sich dafür auch noch bedankt."

Der blondierte Gardner nimmt es Gascoigne auch nicht krumm, dass er ihm noch vor dem Frühstück Haarentferner in die Geltube mischt. Stattdessen lässt er ihn immer gern in seiner kleinen Drei-Zimmer-Wohnung in Dunston, einem ärmlichen Stadtteil von Newcastle, wohnen. Gardner: „Hier hat Paul alles, was er braucht." Wenn es um Unsinn aller Art geht, steht Gardner seinem Freund Gascoigne in nichts nach. So fliegt er aus dem noblen West Lodge Park Hotel in London, als er im Swimmingpool ein Nacktbaden veranstaltet, und landet 1999 für vier Wochen hinter Gittern, weil er Jugendliche mit einer Luftpistole bedroht.

Der Fußball-Autor Phil McNulty weist Weltenbummler Gascoigne und seinem treuen Knappen Gardner sogar literarische Qualitäten zu: „Ein Duo wie Phileas Fogg und sein Diener Passepartout in Jule Vernes ‚In 80 Tagen um die Welt'." Auf ihren Fußballreisen rund um den Globus übernimmt Gascoigne stets Jimmys Rechnung. Und die ist bei 15 Pints (Halblitergläsern) Bier pro Abend nicht immer ganz billig.

„Schreibt doch, was ihr wollt"

Auf sportlicher Ebene wiederum kennt Ex-Coach Walter Smith seinen einstigen Schützling Gascoigne so gut wie kaum ein anderer: „Paul konnte nur auf der Insel glücklich werden", glaubt Smith, der ihn 1995 zurückholt.

Und Gazza blüht auf. Die EURO 1996 im eigenen Land wird nach der Weltmeisterschaft in Italien sein einziges großes Turnier – und sein spektakulärstes. Gascoigne, mit seinem neuen Klub Glasgow Rangers 1996 schottischer Meister geworden, ist auf dem Höhepunkt seiner Karriere. Schon jetzt hat er umgerechnet über 15 Mio. Euro verdient. England ist zunächst schockiert, als in den Tagen vor dem Turnierstart Meldungen über angebliche Saufgelage im 40 Kilometer von London entfernten Teamhotel Bisham Abbey auftauchen. Nach dem müden 1:1-Auftakt gegen die Schweiz lässt Trainer Terry Venables Freistöße trainieren – während Gascoigne im Mannschaftsbus ein Nickerchen macht. „Gazza wird immer bekloppter", stöhnt der *Daily Star*. Während die Gazetten Gazza schon abschreiben, hat Venables eine andere Sicht der Dinge. Er kennt Gascoigne und seine Macken noch aus Tottenham: „Paul ist scharf wie eine Klinge."

Stimmt. Im zweiten Vorrundenspiel gegen Schottland (2:0) gelingt Gascoigne sein größter Geniestreich im England-Dress. Aus vollem Lauf hebt er mit dem linken Fuß den Ball über Colin Hendry. Der Schotte strauchelt, und Gascoigne hämmert das Ding mit rechts volley ins Netz. „Ein Gigantentor", brüllt BBC-Gastkommentator Ruud Gullit auf der Tribüne. Gascoigne wirft sich auf den Boden, öffnet den Mund – Kollege Alan Shearer bedient ihn mit einem Spritzer aus der am Spielfeldrand liegenden Wasserpulle, so wie beim lustigen Zahnarztstuhl-Spielchen. Mit geballten Fäusten und hochrotem Kopf zeigt sich Gascoigne nach dem Schlusspfiff im Trikot seines Rangers-Mitstreiters Ally McCoist den jubelnden Fans, an den wartenden Journalisten trottet er wortlos vorbei. Stattdessen ergreift Wasserspritzer Alan Shearer das Wort: „Schreibt doch, was ihr wollt, aber dieses Tor von Paul war einfach Weltklasse."

Gazza außer Kontrolle – agil wie sonst nur im Vollrausch führt er die Engländer auch noch zum triumphalen 4:1 über den Mitfavoriten Holland.

„Ein Gigantentor": „Gazza" jubelt mit Alan Shearer nach seinem 2:0 gegen Schottland bei der EURO 1996.

Im Halbfinale warten die Deutschen. Zeit für ein multimediales Säbelrasseln. Ganz vorn dabei, wenn auch nur unfreiwillig: Paul Gascoigne. Der *Mirror* verpasst ihm und Stuart Pearce einen Stahlhelm und titelt: „Schießt die Krauts in Fetzen." Es lebe die Fotomontage.

Wembley, Halbfinale. In der neunten Minute der Verlängerung ist Paul Gascoigne beim Stande von 1:1 mit seinen 1,78 Metern Körpergröße ein paar Zentimeter zu klein. Er rutscht an einer scharfen Rechtsflanke von Shearer vorbei und verpasst so sein eigenes Happy-End. Es wäre das erste „Golden Goal" der Fußballgeschichte gewesen und das erste große Finale für England nach 1966.

Gurgeln mit Wodka und Entziehungskuren

Mit den Glasgow Rangers wird Gascoigne 1997 Schottischer Meister und Schottlands Fußballer des Jahres. Der Titelgewinn 1997 wird legendär: Denn in dieser Saison holen die Rangers den neunten Meistertitel in Folge („„Nine in a Row") – ein Stück schottische Fußballgeschichte. Und natürlich dürfen auch die gemeinsamen Ausflüge mit den Kollegen um Brian Laudrup, Ally McCoist und Ian Durrant zum Hochseefischen nicht fehlen. Anschließend wird mit Wodka gegurgelt, um den üblen Fischgeschmack wieder loszuwerden.

„Die Entscheidung, die Rangers zu verlassen, war der größte Fehler meiner Karriere", gesteht Gascoigne. „Neben der Tatsache, meine Frau Shelley geschlagen zu haben, bereue ich das in meinem Leben am meisten. Ich weiß nicht, was ich dabei gedacht habe." Grund für Gascoignes Abschied aus Glasgow nach 104 Spielen und 39 Toren ist diesmal kein Skandal, sondern der Weggang seines Ziehvaters Walter Smith. Die beiden hatten sich im Sommer 1994 auf einer Bootstour in Florida kennen gelernt. Mit Smith' hemds-ärmeligem Nachfolger Dick Advocaat will Gascoigne nicht zusam-menarbeiten.

Immerhin spielt er nach dem Abschied von den Rangers end-lich in der 1992 neu geschaffenen Premier League und versucht beim Neuling FC Middlesbrough einen Neuanfang. „Alle, die sagen, ich sei gescheitert, nur weil ich zu ‚Boro' gewechselt bin, liegen falsch", sagt Gascoigne. Doch die Alkoholexzesse holen ihn auch in den beschaulichen East Midlands wieder ein. Betrunken fährt Gazza den Mannschaftsbus von „Boro" zu Schrott und leistet sich die Peinlich-keit, nur mit Socken bekleidet ins vollbesetzte Klubrestaurant des Riverside-Stadions zu watscheln und ein Bier zu bestellen. Das Aus für Gascoigne in Middlesbrough kommt nach 48 Spielen mit vier Toren und gut zwei Jahre nach seinem skandalösen Abschied aus der Nationalelf. Nach der Nichtnominierung vor der Weltmeisterschaft 1998 durch Englands Coach Glenn Hoddle hatte der 57-fache Nati-onalspieler kurzerhand vor Wut sein Hotelzimmer im Trainings-lager zertrümmert.

Kurz darauf ist Gascoigne gänzlich von der Bildfläche ver-schwunden. Nur enge Freunde wissen, wo er steckt: In der Haynes

Grove Priory-Klinik in Bromley macht er seine erste, 16-tägige Alkohol-Entziehungskur, um sich an deren Ende zu outen. Gascoigne bekennt sich zu seiner Trunksucht und wird Mitglied bei den Anonymen Alkoholikern. Seine nächste und letzte Station in der Premier League ist ab 2000 der FC Everton, wo es Gascoigne unter seinem alten Coach Walter Smith bis Anfang 2002 auf 38 Spiele bringt. Das lädierte Knie lässt kaum noch regelmäßige Einsätze zu. Als Gascoigne im Juni 2001 bewusstlos und völlig betrunken in einer Liverpooler U-Bahnstation aufgefunden wird, unterzieht er sich auf Rat seines alten Freundes Walter Smith einer zweiten Entziehungskur. Fast vier Wochen versucht er in Arizona, seine Alkoholsucht und seine Depressionen zu bekämpfen.

Paul auf St. Pauli – eine Posse!

Danach geht alles ganz schnell: Gazza heuert beim Zweitligisten FC Burnley als Spielertrainer an, wo er zunächst mit einem eigens entworfenen „Gazza"-Schal posiert, schließlich aber im April 2002 nach nur vier Einsätzen wegen Erfolglosigkeit gefeuert wird. Es folgt eine Tingel-Tour, die den „berühmtesten Thekenfußballer der Welt" *(The Times)* zuerst nach Wales und zu diversen unterklassigen Klubs in England führt. Gascoigne ist am Tiefpunkt: Nicht einmal der Londoner Non-League-Klub Carshalton Athletic will ihn noch haben. Dafür lässt Gascoigne im Oktober 2002 ein schon als perfekt gemeldetes Engagement beim Drittligisten Exeter City platzen, wo der Magier Uri Geller das Sagen hat. Gazza danach wütend: „Dieser Löffelbieger hat keine Ahnung." Er flüchtet in die USA, wo er sich in Washington schon beim Probetraining mit Coach Ray Hudson überwirft, dann nach Australien, Neuseeland, Dubai, und schließlich wird sogar der FC St. Pauli als Interessent genannt. Die ans Tabellenende der zweiten Liga abgestürzten Hamburger mit dem Image des Kiez-Klubs planen insgeheim mit Gascoigne den großen PR-Fischzug. „Wir bezahlen ihn mit Astra-Bier", scherzt Trainer Franz Gerber angesichts von Gascoignes immer noch strammen Gehaltsvorstellungen von rund 750.000 Euro pro Jahr. In Hamburg träumt man bereits von Tausenden verkaufter Trikots mit der Rückennummer 36 und dem Gascoigne-Namenszug. *Bild* begrüßt Gazza schon mal passend mit „Moin, Moin, Gascoigne". Doch der

Wechsel zu St. Pauli erweist sich im Winterloch 2002/03 als Ente. Gazza zieht es trotz der immens hohen Kneipendichte zwischen Reeperbahn und Millerntor seltsamerweise nach China.

Gazza als Pilgervater und Missionar

Paul Gascoigne, der Wandervogel. Im Sommer 2004 ist er froh, wieder zuhause zu sein. Trinken tut er immer noch gern – allerdings nur noch den nach Gummibärchen schmeckenden Energy-Drink, der nach Aussagen seines Herstellers Flügel verleiht. „Ohne das Zeug", gesteht der bügeltrockene Ex-Alkoholiker während einer Präsentation seines Buches in Glasgow, „könnte ich öffentliche Auftritte nicht durchstehen. Aber es geht mir gut."

Und auch sportlich erwartet Gascoigne eine neue Herausforderung. Beim englischen Viertligisten Boston United wird er Spielertrainer. Bei den „Pilgrims" herrscht vor Gazzas Ankunft babylonische Sprachverwirrung. Torhüter Paul Bastock, genannt „Bazza", und Stürmer Daryl Clare, den alle nur „Dazza" nennen, haben fast gleichlautende Spitznamen. Für Gazza ein Teil seiner Taktik: „Es ist ein bisschen verwirrend mit den ganzen Spitznamen, aber für unsere Gegner wird es ein Albtraum werden." In Boston ist man so begeistert von Gascoigne, dass man ihm sogar die Klubräumlichkeiten an der York Street für regelmäßige Treffen der Anonymen Alkoholiker zur Verfügung stellt.

Zum Trainieren bleibt zunächst nicht viel Zeit. Gascoigne muss in ganz Großbritannien sein Buch promoten und diverse TV-Angebote sondieren. An der schmuddeligen Dschungel-Show „Ich bin ein Star, holt mich hier raus" wird er im Gegensatz zum Ex-Liverpooler Neil „Razor" Ruddock nicht teilnehmen: „Ich bin ein reicher Mann und habe genug Geld. Das muss ich mir nicht antun." Im Oktober 2004 verlässt Paul Gascoigne die „Pilgrims" aus Boston wieder. Er entdeckt eine neue Mission für sich. Gascoigne gibt Tipps für Suchtkranke, weiht in Liverpool eine Klinik für Alkoholkranke ein, hält Vorträge. Sein wichtigster Satz: „Ich kann nur jedem raten, die Finger vom Alkohol zu lassen. Es ist ein wunderbares Gefühl, morgens aufzuwachen – und nüchtern zu sein."

Regenbogen über Molineux
Der Weg der Wolverhampton Wanderers

Ihre goldfarbenen Trikots strahlten hell in der Herbstsonne. Fröhlich schritten die Fans zum Stadion und schnitten unterwegs ein paar Grimassen in die wartenden TV-Kameras. Vom Goal Post, einem Pub in Stadionnähe, drang immer wieder der gleiche Song herüber. Ununterbrochen wurde dort, wie bei jedem Heimspiel, „Wholly Bully" von Sam, the Sham and the Pharaohs gespielt. Alle waren gut drauf. Dass der 25. Oktober 2003 im mittelenglischen Wolverhampton ein denkwürdiger Fußballtag werden sollte, wussten sie zu diesem Zeitpunkt noch nicht.

Knapp zwei Stunden später hat jeder der 28.000 Zuschauer im Molineux-Stadion die Gewissheit, eines der sensationellsten Spiele in der britischen Fußballgeschichte gesehen zu haben. Am neunten Spieltag der Premier-League-Saison 2003/04 gewinnen die Wolverhampton Wanderers das Aufsteigerduell gegen Leicester City mit 4:3. Und das nach 0:3-Pausenrückstand. Eine derart formidable Aufholjagd hatte es seit einem 5:3 von Serienmeister Manchester United bei den Tottenham Hotspurs in der Saison 2000/01 auf der Insel nicht mehr gegeben. Kurz nach dem Anpfiff setzt der Regen ein, und zur Pause sehen die Wolves, die „Wölfe", aus wie begossene Pudel, sie liegen nach Gegentoren von Les Ferdinand und Riccardo Scimeca nahezu aussichtslos mit 0:3 hinten. Dann kommt die Sonne heraus, und es folgt eine zweite Halbzeit, die von englischen Zeitungskommentatoren hinterher als „absoluter Wahnsinn" bezeichnet wird.

Colin Cameron bringt Wolverhampton mit zwei Toren auf 2:3 heran, Alex Rae gleicht nach 68 Minuten zum 3:3 aus. Als Henri Camara, senegalesischer WM-Star von 2002, vier Minuten vor Schluss zum 4:3 trifft, wird das Molineux buchstäblich einmal auf links gezogen. „Meine Mannschaft hat heute wohl das größte Comeback in der Geschichte dieses Klubs geschafft", stellt Trainer Dave Jones nach dem Thriller von Molineux nicht ohne Stolz fest.

6.953 Tage in der „falschen Liga"

Auch der Wettergott muss Wind von diesem Spiel bekommen haben, zaubert er doch Minuten vor dem Ende einen wunderschönen Regenbogen an den Himmel über dem Molineux. Ein Bild mit Symbolcharakter. Denn für die Wolverhampton Wanderers gibt es in ihrer langen Vereinsgeschichte immer wieder einen Silberstreifen am Horizont. Wie kaum ein anderer Verein in England stecken die Wolves zahllose Nackenschläge in Gestalt von vielen Abstiegen und der drohenden Insolvenz weg. So etwas schweißt zusammen.

Und es macht erfinderisch. Der Schwede Truls Mansson vom Fanclub *Swede Wolves* (420 Mitglieder) hat bis Juni 2003 auf seiner Internetseite einen Zähler installiert. Die Uhr zeigt die Zahl der Tage an, die die Wölfe „in der falschen Liga" verbracht haben. Die Schweden haben 6.953 Tage oder 19 Jahre gezählt, seit ihr Klub bis zu diesem Zeitpunkt *nicht* in der höchsten englischen Liga gespielt hat. Endlich kann Mansson die Uhr auf seiner Internetseite ausschalten.

Fußball hat für Wolverhampton und seine 250.000 Einwohner eine überragende Bedeutung. Denn ansonsten gibt es über diese typisch englische Industriestadt 110 Kilometer südlich von Manchester nur wenig zu berichten. Königin Victoria, so erzählt man sich in der West Midland Area, hielt bei Besuchen in Wolverhampton stets die Vorhänge ihrer Kutsche geschlossen. Die vielen Fabrikabgase waren der Queen unangenehm.

Die Fangemeinde der Wolverhampton Wanderers ist groß und sie ist international. Wolves-Fans gibt es in ganz England, den USA, Kanada, Skandinavien, Deutschland, Malta, Singapur und Hongkong.

Phil Painter, Jahrgang 1956, ist seit seinem sechsten Lebensjahr Fan der Wanderers. Der Englischlehrer aus Manchester lebt seit 1983 in Berlin und gründete in der deutschen Hauptstadt 1998 den Fanklub *Berlin Wolves*. Er sagt: „Es ist etwas Magisches rund um diesen Verein. Für mich sind es die einzigartigen, goldfarbenen Trikots, die den Kult ausmachen." Painter weiter: „Hinzu kommt die brillante Fähigkeit des Teams, immer irgendwie doch noch zurückzukommen." So wie in dieser denkwürdigen Saison 2003/04. Obwohl es vom Start weg in Blackburn (1:5), gegen Charlton (0:4) und Chelsea (0:5) mächtig was auf die Ohren gab, verlor man rund ums

Molineux nie den Glauben an sich selbst. „Diese Saison war einzige Party, es war eigentlich ganz egal, ob wir am Ende drinbleiben oder nicht,“ sagt Calvin Bates vom Fanklubverband *Wolvestrust.*

Der ganze Klub eine Familie

Auch das Possenspiel um Altstar Paul Gascoigne Anfang Oktober 2003 ändert nichts an der positiven Stimmung beim Underdog der Premier League. Gascoigne gibt nach nur vier Spielen in der Reserve nach einer Knieverletzung auf. Insider glauben gar, dass dies für die Wanderers nicht unbedingt ein Nachteil ist. Die an sich routinierte Truppe von Trainer Dave Jones, bei der die Haudegen Dennis Irwin, zu diesem Zeitpunkt schon 38 Jahre alt, Paul Ince, schlanke 36, der ehemalige Stuttgarter Viorel Ganea und der Norweger Steffen Iversen zu den prominentesten Gesichtern gehören, hievt sich auch ohne Gascoigne weg vom Tabellenende. Motto: Wir gewinnen nicht immer, aber immer öfter. Absoluter Höhepunkt ist das 1:0 über Manchester United am 17. Januar 2004. „Ein absolut phantastisches Spiel“, schwärmt Calvin Bates, „das Molineux stand wieder mal Kopf.“

Am Saisonende reicht es dennoch nicht für den Verbleib in der Premier League. Nach einem 1:4 beim Mitabsteiger Leeds United stehen die Chancen der Wolverhampton Wanderers zwei Spieltage vor dem Saisonende bei null. Ein 2:1 über den FC Everton mit einem Traumtor von Henri Camara ins Tordreieck reicht nicht mehr, um den gerade bezwungenen Rivalen aus Everton noch von den Nichtabstiegsplätzen zu verdrängen. Sechs Punkte Rückstand und eine um 28 Treffer schlechtere Tordifferenz – das ist selbst für die Aufhol-Künstler aus Wolverhampton zu viel. Nach nur einem Jahr geht es wieder zurück in die Zweitklassigkeit.

Man spürt an diesem tristen Samstag im April 2004 den Molineux-Kult und die Melancholie rund um die Wolverhampton Wanderers. Es genügt ein Blick in die traurigen Augen der Fans auf den Tribünen. Sie sind den Tränen nahe, aber sie applaudieren trotzdem.

Das Molineux und das Geheimnis des Wolves-Kults – für Pressesprecherin Lorraine Hennessy liegt es in der familiären Atmosphäre: „In Wolverhampton geht die ganze Familie ins Stadion, die riesige Tradition des Klubs ist ein ganz wichtiger Aspekt." Bei der Familie Bates ist das nicht anders. Calvin Bates pilgert mit seinen Eltern Albert und Muriel seit 1978 an jedem zweiten Wochenende zum Molineux.

Billy Wright, der „Beckham der Fünfziger"

Bekanntestes Ritual im Molineux: Vor jedem Spiel wird seit 1969 der Song „Liquidator" von den Harry J Allstars gespielt. Die Fans stimmen dabei dann immer ein an die Adresse des Erzrivalen gerichtetes „Fuck off West Brom" an. Das ist ganz wichtig.

Die Geschichte des Molineux ist so turbulent wie die des gesamten Vereins. Bis 1889 haben die Wanderers an der Dudley Road gespielt, ehe sie in den ehemaligen Vergnügungspark „Molineux House" umzogen. Dieser war seit dem 14. Jahrhundert im Besitz einer französischen Einwandererfamilie. Bis zum Ende der siebziger Jahre feiern die Wanderers in dem damals noch 48.000 Zuschauern Platz bietenden Stadion riesige Erfolge. Mit dem legendären Coach Stan Cullis, nach dem heute eine der vier Tribünen im Molineux benannt ist, werden sie 1954, 1958 und 1959 dreimal englischer Meister. Die Derbys gegen West Bromwich Albion aus dem nur 15 Kilometer entfernten Birmingham sind schon zu diesem Zeitpunkt ein Stück britischer Fußballgeschichte. Die Stars der Cullis-Elf sind Keeper Bert Williams, Billy Wright, Ron Flowers und Johnny Hancocks. Sie bilden in den fünfziger Jahren die komplette Abwehrreihe der englischen Nationalelf und nehmen an zwei Weltmeisterschaften teil. Wright gerät zudem in die Schlagzeilen, weil er durch seine Heirat mit einer Schauspielerin als erster Fußballer den Sprung in die englische High Society schafft und somit quasi zum „Beckham der Fünfziger" avanciert.

Und: In Wolverhampton entsteht im Spätherbst 1954 die Idee, einen „Europapokal für Klubmannschaften" ins Leben zu rufen. Die Wolves haben bei einem internationalen Einladungsturnier gerade die Spitzenteams Real Madrid (3:2), Spartak Moskau (4:0) und Honved Budapest (3:2) geschlagen und die britischen Boulevardblätter damit in Euphorie versetzt: „Wölfe Weltmeister!" Die französische Sporttageszeitung *L'Equipe* mit dem Ex-Nationalspieler Gabriel Hanot sieht sich angesichts von so viel englischem

Hochmut genötigt, einen revolutionären Vorschlag zu machen: Am 16. Dezember 1954 erscheint ein Artikel in *L'Equipe*, in dem die Zeitung erstmals die Austragung eines Europapokalwettbewerbs fordert. Titel: „Nein, Wolverhampton ist nicht weiter der Klub-Weltmeister, aber die Equipe hat die Idee eines Klubwettbewerbs." Für Wolverhampton kommt dieser Vorschlag zu spät: Als im Juni 1955 die ersten 18 Teilnehmer, darunter u. a. der Deutsche Meister Rot-Weiß Essen und der saarländische Titelträger 1. FC Saarbrücken, vorgestellt werden, heißt der neue Meister in England FC Chelsea. Pech für Wolverhampton, denn wenig später macht Chelsea unter dem Druck der britischen Medien den Rückzieher.

Absturz bis in die vierte Liga

Doch die Wanderers kommen noch zu europäischen Ehren. In der Saison 1971/72 gelingt ihnen ein sensationeller Sturmlauf ins UEFA-Cup-Finale. Unter anderem schalten sie im Viertelfinale Juventus Turin (2:1 zuhause und 1:1) aus. Weitere Gegner, die den „Wolves" Platz machen müssen, sind Academica de Coimbra aus Portugal, ADO Den Haag (4:0/3:1), der FC Jena und Ferencvaros Budapest. Im „englischen" Europacup-Finale ziehen die Wolves um Derek Dougan und Dave Wagstaffe allerdings gegen Tottenham Hotspur den Kürzeren.

„Absolutes Erkennungszeichen des alten Molineux-Stadions", erzählt Phil Painter, „war die uralte Holztribüne mit dem Spitzdach." Beim Saisonfinale 1976 gegen den FC Liverpool (1:3) saßen die Zuschauer sogar auf diesem Dach, oder sie kletterten auf die Flutlichtmasten. „Unglaublich", schwärmt Painter, „schon vier Stunden vor Spielbeginn ging rund um Molineux nichts mehr. Selbst Dauerkarteninhaber mussten draußen bleiben, weil über 20.000 Liverpool-Fans, die meisten davon ohne Karte, ins Stadion drängelten." Painter selbst bleibt mit seinem Vater im Stau stecken. Mehr als 70.000 Zuschauer sind am Ende Zeuge dieser schicksalhaften Begegnung. Liverpool wurde englischer Meister, Wolverhampton stieg ab.

Der Anfang einer langen Talfahrt. „Mit dem Umbau des Molineux ging der Verein 1979 ein enormes finanzielles Risiko ein", berichtet Painter. „Der englische Fußball ging nach dem Stadionbrand von Bradford und dem Hillsborough-Desaster von 1989 durch einen bitteren Lernprozess", erklärt Albert Bates, „das war in Wolverhampton nicht anders. Der Taylor-Report von 1990 bedeutete für Molineux das Ende der drei Holztribünen." Die Folge sind chaotische Sichtverhältnisse im Stadion: 1985 wurden die Tribünen „North Bank" und „Waterloo Road" geschlossen, es ist nur noch eine einzige Tribüne für Zuschauer zugänglich. Der Molineux-Charme ist dahin. „Es war eine Katastrophe", erzählt Phil Painter, „die Zuschauerzahlen lagen am Ende nur noch bei knapp 4.000."

Bei den Wolves geht es jetzt drunter und drüber. Nach dem Gewinn des Liga-Pokals 1980 in Wembley, dem bislang letzten großen Titel, verkaufen die Wolves 1981 völlig überraschend ihren Superstar Andy Gray, den sie erst ein Jahr zuvor für die damalige britische Rekord-Transfersumme von 1,5 Mio. Pfund von Aston Villa geholt haben. Es folgt ein brutaler sportlicher Absturz. Ausgelöst wird der Erdrutsch, der die „Wolves" 1986 in die vierte Division stürzt, durch Ex-Spieler Derek Dougan. Er übernimmt den Verein 1982 gemeinsam mit einer Investorengruppe um den dubiosen Immobilienentwickler Doug Hope und die sogenannten „Bhatti Brothers" von der Immobilienfirma Allied Properties. Die neuen Inhaber bringen es fertig, innerhalb eines Jahres die gesamte Mannschaft zu verkaufen. Ihr Plan: das Molineux für umgerechnet 33 Mio. Euro umzubauen. Logische Folge: Doppel-Abstieg 1985 (in die zweite Division) und 1986 (in die dritte Division).

„Es sah so aus, als wäre der Klub tot und begraben", schreibt Bob Crockett auf den Internetseiten des *Wolvestrust*. Die Fans starten mehrere Boykott-Aktionen. Ende der Achtziger droht aufgrund riesiger Schulden der Verkauf und damit auch die Schließung des Molineux. „Ein Umzug in ein anderes Stadion wäre der Todesstoß für den Verein gewesen", glaubt Phil Painter. Erst eine Finanzspritze von „Wolves"-Gönner Sir Jack Hayward, Besitzer eines Firmenkonsortiums auf den Bahamas, bedeutet 1990 die Rettung und macht einen umfangreichen Umbau des Stadions möglich. Für umgerechnet gerade mal 3 Mio. Euro kauft Hayward den Verein, wendet bis zur Premier-League-Rückkehr 2003 insgesamt fast 90 Mio. Euro für die, wie er selbst sagt, „Liebe seines Lebens" auf.

Kreisklassen-Finale vor 80.000

Doch ohne ihre treuen Anhänger wäre das Comeback der „Wolves"
nicht möglich gewesen. Die Fans verleihen den Heimspielen im
Molineux auch in der Unterklassigkeit Flair und machen den tristen
Alltag in der vierten Division zum Fest. Vor allem 1988, als Wolver-
hampton zum Finale der sogenannten „Sherpa Van Trophy", einem
Pokalwettbewerb für unterklassige Klubs mit Kreispokal-Flair, nach
Wembley fährt. „Das Spiel gegen den FC Burnley, der damals auch
in der dritten Liga kickte, sahen in London sage und schreibe 80.000
Fans, davon 50.000 aus Wolverhampton", berichtet Phil Painter.
Dieses Finale ist letztlich auch eine Wende zum Guten. Mit dem
kongenialen Sturm-Duo Steve Bull (52 Saisontore in der Saison
1986/87) und Andy Thompson gelingt 1989 wenigstens die Rückkehr
in die zweite Division.

Das vorübergehende Ende der Leidenszeit dann im Juni 2003:
Nach einem 3:0 im Play-off-Spiel gegen Sheffield United in Car-
diff sind die Wolverhampton Wanderers endlich wieder erstklassig.
„Es war toller Tag in Cardiff", sagt Phil Painter, „mehr als 35.000
Wolves-Fans unter den 69.000 Zuschauern haben in Cardiff fast die
ganze Nacht durchgemacht, ohne dass auch nur ein einziges Glas zu
Bruch ging."

Nahaufnahmen vom Flankengott

David Beckham hinter den Kulissen

März 2004. Im noblen Grosvenor Hotel am Londoner Hyde Park, einer der ersten Adressen in der britischen Hauptstadt zwischen den belebten Einkaufsstraßen Oxford Street und Knightsbridge, wird bei einem exquisiten Abendessen der wichtigste Buchpreis auf der Insel vergeben, der *British Book Award*. Es ist ein Fußballbuch, das mit dem begehrten Preis ausgezeichnet wird. *My Side* („Mein Leben"), der bislang eindrucksvollste Einblick in das mitunter bizarr erscheinende Leben des populärsten englischen Fußballers aller Zeiten. David Beckham, geboren am 2. Mai 1975 in Leytonstone/London.

Natürlich ist der Star des Abends nicht persönlich anwesend. Beim Gala-Empfang nimmt Tom Watt den Preis entgegen, ein Londoner Journalist und Autor, der das Buch zusammen mit Beckham verfasst hat. Sein Co-Autor wird standesgemäß via Großbildleinwand live zugeschaltet.

Seit Sommer 2003 ist Beckham in La Morajela, einem Stadtteil im Norden von Madrid zuhause. Bei den „Königlichen" von Real Madrid kassiert er jährlich geschätzte 8,5 Mio. Euro, dazu kommen Werbeverträge mit insgesamt zehn Firmen. Mit einem geschätzten Jahreseinkommen von 35 Mio. Euro gilt er als bestverdienender Fußballspieler der Welt.

Der „Yoko-Ono-Fluch"

In Spanien hat Beckham einen Neuanfang gewagt, aber nur wenig zurückbekommen. Nach einer enttäuschenden ersten Saison mit Real Madrid, zwei verschossenen Elfmetern bei der Europameisterschaft 2004 in Portugal und Englands „Aus" im Viertelfinale gegen die Gastgeber ist Beckham reif für die Couch. Er will sogar einen Psychologen zu Rate ziehen. Denn über ihm, so glaubt jedenfalls der *Daily Mirror* zu wissen, hängt der „Yoko-Ono-Fluch". Zu viel Einfluss seiner Ehefrau Victoria, die er am 4. Juli 1999 in Irland geheiratet hat und mit der er 1996 in der Player´s Lounge des Old-Trafford-Stadions in Manchester die Telefonnummern getauscht hat. Victoria erdrücke ihn mit Wünschen, entfremde ihn von seinen Kollegen und ruiniere ihn, so das Blatt – wie einst die Witwe von John Lennon, Yoko Ono.

Schöne Theorie, aber die Wirklichkeit sieht vermutlich anders aus. Beckham schreibt in *My Side*: „Der Sturm, der über uns tobte, ließ uns nur noch näher zusammenrücken. Vielleicht merkt man erst, wie sehr man einen Menschen liebt – oder wie rückhaltlos man ihm vertraut –, wenn der Bund zwischen ihm und einem selbst auf die Probe gestellt wird. Aber keine Ehe verdient es, so in den Dreck gezogen zu werden, wie meine das wurde. Zur besten Sendezeit im Fernsehen und auf den Titelseiten der Zeitungen."

Doch im Januar 2007 sieht der Boulevard wieder einmal die böse Victoria am Werke. Beckhams Entschluss, nach Los Angeles zu gehen, wird dem Ehrgeiz seiner Gattin zugeschrieben, in Hollywood ihre Glamour-Karriere voranzubringen. Auch hier ist die Wahrheit vermutlich simpler.

Beckham goes Hollywood

Es ist viel passiert seit dem Erscheinen seiner Biografie. Nach dem Ausscheiden der Engländer bei der Weltmeisterschaft in Deutschland ist Beckham am 2. Juli 2006 als Kapitän zurückgetreten. Seitdem hat ihm der neue Nationaltrainer Steve McClaren die kalte Schulter gezeigt und ihn nicht mehr eingeladen. Mit Real Madrid hat er bis zu diesem Zeitpunkt keinen einzigen Titel gewinnen können. Seine Bilanz in der Saison 2006/07 ist bis dahin mit 13 Einsätzen und zwei Toren suboptimal. Der italienische Trainer Fabio Capello hat kurz nach dem Jahreswechsel genug. Vor einem Pokalspiel bei Betis Sevilla streicht er den Flankengott aus dem Kader, ehe Sportdirektor Predrag Mijatovic am 10. Januar verkündet, dass Beckhams Vertrag zum Saisonende nicht verlängert wird. Gleichzeitig stellt Real Madrid auch dem Brasilianer Ronaldo den Stuhl vor die Tür. *Bild* schreibt über „Das brutale Ende der Fußball-Götter".

Und dann geht alles sehr schnell. Der verstoßene Fußballgott unterschreibt den lukrativsten Vertrag der Sportgeschichte.

Beckham wechselt zu Los Angeles Galaxy in die amerikanische Major League Soccer (MLS) und kassiert für einen Fünf-Jahres-Vertrag bis 2013 die gigantische Summe von 190 Mio. Euro – Beteiligung am Fanartikelverkauf inklusive. Damit verdient er das 500-Fache seiner Teamkollegen.

„Nicht weniger als 15 Klubs hatten angeblich Interesse, aber die Beckhams zog es nach Amerika", schreibt Charlie Henderson in einer BBC-Kolumne, „der Umzug nach Kalifornien mit den Attraktionen Hollywoods und dem Glamour der Film-Glitzerwelt ist das letzte Kapitel einer Achterbahn-Karriere mit schwindelnden Höhen und verzweifelten Tiefen". Beckhams Beteuerungen klingen halbherzig: „Ich wollte nicht erst mit 34 in die Staaten gehen, da man mir dann unterstellt hätte, ich würde das nur wegen des Geldes tun. Aber ich bin hier, um etwas zu bewegen." Fragt sich nur, was. Denn weder die Ausrichtung der Weltmeisterschaft 1994 noch die vollmundigen Ankündigungen, 2006 ins WM-Halbfinale vorzustoßen, konnten dem Fußball in den USA in der Zuschauergunst einen entscheidenden Vorsprung vor dem Damen-Bowling und dem Hochseefischen sichern.

Beckham goes to Hollywood und spricht wieder einmal per Live-Schalte zu seinem Publikum und seinem neuen Team. Bevor es in die USA geht, hat er noch einmal schnell mit dem Schauspieler Tom Cruise telefoniert. „Er ist uns eine gute Hilfe gewesen", erklärt Beckham, „wenn wir nach Amerika gehen, werden wir schnell Freunde finden." Das Wetter in Beverly Hills scheint gut zu sein, und von Brad Pitt liegt bereits eine Anfrage nach Privat-Fußballunterricht für den Adoptivsohn vor. Das ist doch was. Für die Beckham-Spiele in Los Angeles besorgen sich Jennifer Lopez und Steven Spielberg gleich eine Dauerkarte, noch mehr Fußball-Kompetenz geht kaum.

Doch die Bosse der L. A. Galaxy wollen mit Beckham nicht die Klatschspalten der großen Boulevardzeitungen und die Unterhaltungsrubrik der großen Internetportale befüllen. „Er ist hier, um Fußball zu spielen und nicht, um sich und seine Frau Victoria zu König und Königin der High Society von Hollywood zu machen", stellt Tim Leiweke klar. Der Präsident des Sport- und Unterhaltungsgiganten Anschuetz Group hat den Deal mit eingefädelt. Sein

Unternehmen gehört zu den Kooperationspartnern von David Beckhams Fußball-Akademie, die Flucht nach Amerika ist also gut vorbereitet.

In 60 Sekunden zum Staatsfeind

David Beckham kennt das Gefühl, auf der Flucht zu sein, schon lange. Es ist der 30. Juni 1998. WM-Achtelfinale zwischen England und Argentinien im französischen St. Etienne. Der Jungstar der englischen Mannschaft macht den größten Fehler seiner Karriere. Er sieht nach einer Tätlichkeit gegen den Argentinier Diego Simeone die rote Karte. Beckham dazu in seinem Buch: „Ich konnte nicht ahnen, was mich während des Spiels und im Anschluss daran erwarten würde. Was auch immer ich in meiner Karriere noch erleben werde, diese 60 Sekunden werde ich niemals vergessen." Tom Watt stellt klar: „Wenn man überhaupt eine sportliche Episode aus dem Buch herauspicken will, die ihn als Spieler und als Mensch geprägt hat, dann war es die rote Karte bei der Weltmeisterschaft 1998. Die machte ihn über Nacht zum Staatsfeind Nr. 1." Fast alle sind sauer auf ihn. „Es war 1998 brechend voll, wenn England spielte", erinnert sich der Londoner Gastwirt Bill Murray, „aber ich habe noch nie ein Pub so schnell leer werden sehen wie meines nach dem Aus gegen Argentinien. Beckhams blöder Tritt hat Kneipen und Bars Millionen gekostet."

Es setzt eine wochenlange Hetzjagd ein. Die Telefonleitung seiner Eltern wird angezapft, Journalisten campieren tagelang vor Beckhams Wohnhaus. Der für seine kruden Methoden bekannte *Mirror* bringt David Beckhams Gesicht auf eine Dartscheibe. Er flüchtet zunächst in die USA, zu seiner schwangeren Frau Victoria. Auf einer Party begegnet er Madonna, die es zunächst nicht fassen kann: „Du bist also der Fußballer?"

Nach der Rückkehr aus Amerika schlagen ihm in der Premier League Aggressionen entgegen. „In den nächsten Monaten witzelten wir oft darüber, dass wir das Haus nie ohne kugelsichere Westen und Schutzhelme verlassen sollten. Die Anspannung war nur mit Galgenhumor zu ertragen", so Beckham in *My Side*.

Wie es zur Biografie kam

Tom Watt und die Biografie über den Superstar der englischen Nationalmannschaft – wie kam es zu diesem einzigartigen Angebot? „Es war kurz nach der Weltmeisterschaft 2002 in Asien", erinnert sich Tom Watt, „ein Freund, der auch David gut kannte, rief mich an und fragte, ob ich Lust zu diesem Projekt hätte, und ich willigte ein. Eine große Ehre für mich." Einige Tage darauf meldet sich dann David Beckham per Handy bei Watt. Klingt fast zu unkompliziert, um wahr zu sein, doch damit ist das erfolgreichste Fußball-Buchprojekt in der englischen Geschichte auf der Schiene. „Wir trafen uns erstmals im Spätherbst 2002 in Davids Haus", berichtet Watt vom ersten Treffen in Beckhams riesigem Anwesen in Hertfordshire. Spötter nennen dieses 250 Kilometer südlich von Manchester gelegene Haus mit einem Wohnwert von 3,8 Mio. Euro den „Beckingham Palace". Der parkähnliche Garten mit der Größe von 20 Fußballfeldern, ein Swimmingpool, fünf Badezimmer und bis zu 30 diensthabende Bodyguards sind nach Beckhams Ansicht offenbar ausreichend für behaglichen Wohnkomfort. Dazu kommt ein Fuhrpark, wie man ihn sonst nur vom Genfer Autosalon kennt: Beckham besitzt u. a. einen Porsche 911 Turbo, einen Ferrrari 360 Modena Spyder und einen Aston Martin V8 Vantage Volante. Allerdings will Watt das Wort vom „Beckingham Palace" nicht gelten lassen: „Das ist ein ganz normales Wohnhaus."

Auf die Frage, warum David Beckham gerade ihn als Helfer für seine Autobiografie engagierte, zuckt Familienvater Tom nur mit den Achseln: „Das weiß nur David." Er hat eine Vermutung: „Wichtig war sicherlich, dass ich Beckham von Anfang an meine vollste Diskretion zugesichert habe." Musste er auch. Denn der Name Tom Watt steht in Großbritannien für eine fundierte, geistreiche und einfühlsame Berichterstattung und Erzählweise. Das spürt man, wenn man in seinem Erstlingswerk *The End* von 1993 blättert. Mit diesem Buch lieferte Watt eine eindrucksvolle Hommage an das Ende der Stehplatzkultur in den englischen Stadien zu Beginn der neunziger Jahre. Er lässt darin Spieler, Fans, Vereinsbosse und Sicherheitsexperten zu Wort kommen und vergisst natürlich auch nicht, seine Stammkurve, die legendäre „North Bank" im Highbury Stadium von Arsenal, zu würdigen. Tom Watt schrieb 1998 eine Chronik über das Wembleystadion (*The Greatest Stage*), ein Jahr später erschien ein Buch von ihm mit dem wunderbaren Titel *All goalies are crazy* („Alle Torhüter sind verrückt"). Im Bücherschrank von Jens Lehmann steht es noch nicht.

Die Klasse von 1992

Die eindrucksvollsten Passagen von *My Side* sind die Beschreibung über Beckhams Jugend und seine Anfänge bei Manchester United. Die Beckhams leben seit 1980 in London zwischen Fleet Street und City Road. Ihre Sonntagsausflüge machen sie nach Hackney oder in den Victoria Park. Mit sieben Jahren spielt der kleine David erstmals für einen Klub, Ridgeway Rovers, in der Kinderliga. Hier herrschen klare Regeln: „Wer angab, wurde ganz schnell auf den Boden zurückgeholt." Zwei Jahre später, 1984, liegt Beckham die erste Anfrage von West Ham United vor, später will ihn auch Tottenham. Aber „Becks" wird nicht im Dress eines Londoner Spitzenklubs spielen, er hat andere Träume: „Obwohl sich Vereine aus London für mich interessierten, war für mich klar, dass ich nur zu Manchester United wollte. Vielleicht wäre ich auch ohne meinen Vater ein Fan geworden oder hätte für sie gespielt, aber Dad war für mich der entscheidende Faktor. Er war ein echter Cockney Red und er gab diese Leidenschaft an mich weiter".

Entdeckt wird Beckham schließlich von ManU-Scout Malcolm Fidgeon, der stets in einem braunen Ford Sierra durch die Lande fährt. Fidgeon gibt ManU-Trainer Alex Ferguson einen Tipp. Schließlich hat David Beckham 1985 und 1986 beim großen Talentwettbewerb der Bobby Charlton Football School auf sich aufmerksam gemacht und dabei ganz nebenbei eine Fußballreise nach Barcelona gewonnen. 13 Jahre später wird er dort wieder spielen und gegen Bayern München das größte Match seiner Laufbahn machen. Beckham beschreibt den knorrigen Schotten Ferguson später als „die treibende Kraft meiner Karriere". Am 2. Mai 1988 ist es so weit: In Fergusons Büro im Old Trafford unterschreibt David Beckham an seinem 13. Geburtstag einen Vertrag bei Manchester United: „Es war alles ganz einfach. United wollte mich unter Vertrag nehmen und der Boss unterbreitete mir sein Angebot."

Bis 1989 wohnt Beckham noch in London, ab 1990 bei einer schottischen Familie in der Bury New Road in Manchester und später bei Ann und Tommy Key im alten Zimmer von Mark Hughes. Er lernt die Brüder Gary und Philip Neville, Nicky Butt und den Rotschopf Paul Scholes kennen, die allesamt aus der Nähe von Manchester stammen. Sie freunden sich im Jugendteam von ManU mit dem Cockney aus London an und bilden ab 1991 eines der erfolgreichsten Nachwuchsteams von Manchester United. Den Auftakt macht der Gewinn des „Milk Cup" in Coleraine. Im Jahr 1992 gewinnen Beckham und Co. vor 32.000 Fans dann im Old Trafford gegen Crystal Palace den FA Jugendpokal. Das ist ManU zuletzt 1964 mit dem legendären George Best gelungen. In der Saison 1992/93 stehen Beckham, Butt, die Neville-Brüder und Scholes erstmals im Profikader von Manchester United.

Bevor Beckham aber eine feste Größe bei ManU wird, muss er einen Umweg nehmen und wird im Dezember 1994 zu Preston North End in die Third Division verliehen. Der Empfang ist ein wenig frostig. „Ich weiß nicht, ob sie das wirklich dachten, oder ob ich es mir nur vorstellte: ‚Da ist er ja der Großkotz von United. Und ein Cockney ist er auch noch.'" In Preston entdeckt Beckham aber auch Fundamentales: „Den Jungs aus Klubs wie Preston ging es, damals jedenfalls, ums Spielen und darum, ihre Hypothek und ihre Rechnungen zu bezahlen wie jeder andere auch. Das gab dem Fußball eine Schärfe, die ich so noch nie erlebt hatte." Werte fürs Leben.

In der Saison 1995/96 ist es so weit: David Beckham wird Stammspieler bei Manchester United. Der Weg zum Superstar ist geebnet, *My Side* ist die Zusammenfassung.

Triumphe in der Nachspielzeit

„Es war Davids Idee, dieses Buch zu schreiben. Er wollte über sein Leben berichten", erklärt Tom Watt und verweist auf frühere, lediglich auf Kommerz ausgerichtete Versuche, das Phänomen David Beckham zwischen zwei Buchdeckel zu pressen. Tom Watt weiß: Um es besser zu machen als die Vorgänger, muss er näher an Beckham dran sein als alle anderen Autoren vor ihm. „Wir haben zwischen 40 und 50 Gesprächsrunden gemacht, nahmen alles auf

Band auf. Wir trafen uns in Hotels, bei David zuhause oder an den jeweiligen Spielorten." Oft telefoniert er stundenlang nachts mit Beckham. „David war bei diesen Arbeiten hoch konzentriert. Wie bei allem, was er tut", unterstreicht Tom Watt.

Im Oktober 2003 ist *My Side* fertig. Bereits in der ersten Verkaufswoche gehen über 100.000 Exemplare über die Ladentische. Watt hat für diesen Erfolg eine Erklärung: „David erzählt alles über sich in diesem Buch. Und die Leute interessieren sich sehr für ihn." Stimmt. Bei der Internet-Suchmaschine Google ist Beckhams Name der am häufigsten eingegebene Sportlername. Real Madrid schlägt im Sommer 2003 ebenfalls bei Google nach und verpflichtet Beckham. Bei seiner Vorstellung in Madrid sind 39 TV-Stationen vor Ort und 542 Journalisten akkreditiert. Allein am ersten Tag nach Beckhams Ankunft in Madrid verkauft Real 8.000 Trikots mit seiner Rückennummer 23. Ein Jahr später sind es bereits über 150.000.

Für Tom Watt ist Beckham nach dem Wechsel zu Real auf der idealen Spielposition angekommen. Bei ManU hat er die zentrale Rolle im Mittelfeld nur in der Saison 1998/99 besetzt. Auch beim 2:1 in Barcelona am 26. Mai 1999 gegen den FC Bayern München, als zwei Beckham-Eckstöße in der Nachspielzeit erst den Ausgleich, dann den Siegtreffer vorbereiteten.

Für Tom Watt ist es „das beste Spiel, das Beckham je gemacht hat".

Es kommt noch besser: Am 1. September 2001 demütigt die englische Nationalmannschaft den deutschen Erzrivalen in München mit 5:1; es geht um die WM-Qualifikation, und ein entfesselnd spielender Beckham ist an allen fünf Treffern beteiligt. Gut einen Monat später, am 6. Oktober 2001 schießt Beckham in seinem „Wohnzimmer" Old Trafford England gegen Griechenland endgültig zur Weltmeisterschaft in Asien. „Ich habe noch nie ein Spiel gesehen, bei dem die Leistung einer einzelnen Person so entscheidend war wie in diesem", sagt Tom Watt.

In *My Side* schreibt Beckham über dieses für ihn existenziell wichtige Spiel. Als er die englische Elf ins Stadion führt, hat er die behinderte Kirsty Howard an der Hand. Es ist die rührendste Geschichte in *My Side*. „Die Glocke läutete; es war Zeit hinauszugehen. Im Tunnel traf ich wieder auf Kirsty und nahm sie bei der Hand. Sie hat winzige Hände, gerade groß genug, dass sie damit einen meiner Finger umfassen konnte. Sie hielt sich dicht neben mir. Als ich sie fragte, ob sie aufgeregt sei, antwortete sie schlicht ‚Nein‘. Ich musste lächeln. ‚Hier im Stadion warten 65.000 Zuschauer auf uns und hoffen auf unsere Teilnahme an der Weltmeisterschaft. Wenn du nicht aufgeregt bist, bist du wahrscheinlich die Einzige im Stadion, der es so geht.‘ – ‚Ich bin aber trotzdem nicht aufgeregt.‘“

Beckham auch nicht. Er zwirbelt in der Nachspielzeit den Ball zum 2:2-Ausgleich ins linke obere Tordreieck, lässt eine ganze Nation jubeln und schickt den Erzrivalen Deutschland in die Relegation. Auch ein Fußbruch, den er sich im April 2002 nach einem Foul des Argentiniers Aldo Duscher von Deportivo La Coruna zuzieht, kann Beckham auf dem Weg zur Weltmeisterschaft 2002 in Asien nicht stoppen.

Das Erfolgsgeheimnis der zunächst siegreichen Engländer in Asien ist simpel: „In Japan blieben wir drei Wochen ohne Fastfood“, enthüllt Beckham in *My Side*, „dann lagen vor den Spielen gegen Argentinien und Dänemark Berge von Fastfood im Speisesaal.“ Am 7. Juni 2002 kann Beckham endgültig das Trauma von St. Etienne abschütteln. In Sapporo gelingt ihm gegen Argentinien per Elfmeter der 1:0-Siegtreffer. Am Trafalgar Square in London und auf der Deansgate, der Fanmeile von Manchester, kennt der Jubel um ihn keine Grenzen mehr. Wie bei einem Popstar. Bei diesem Begriff in Verbindung mit Beckham winkt Tom Watt jedoch ab. „Ich bin sicher, dass sich in zehn oder zwanzig Jahren niemand mehr an den ‚Popstar‘ David Beckham erinnern wird“, sagt Watt, „sondern an den Fußballer. Pop ist schnelllebig, aber der Fußball hat Platz für Legenden. Und die bleiben für immer.“

Grüße vom Holodeck
Roy Essandoh, Torjäger per Annonce

Der Himmel über Leicester ist grau, wolkenverhangen und wirkt schwer wie Blei. Es ist Samstag, der 10. März 2001, und es regnet mal wieder. Für die Fans von Leicester City ist es das letzte Jahr im altehrwürdigen Stadion an der Filbert Street. In der tristen 280.000-Einwohner-Stadt in der gleichnamigen Grafschaft in Mittel-England, wo es außer der St.-Martins-Kathedrale und der Guildhall nicht sonderlich viel zu sehen gibt, laufen die Arbeiten am neuen Walker's Stadium an der Freeman's Wharf Site bereits auf Hochtouren.

Von den Zuschauern, die sich gegen Mittag aufmachen, um zum FA-Cup-Viertelfinale gegen den Drittligisten Wycombe Wanderers zu gehen, haben wohl die wenigsten erwartet, dass sich Leicester bis auf die Knochen blamieren wird. Schließlich haben die „Foxes" ein paar Tage zuvor in der Premier League unter den Augen von Ex-Premierminister John Major den großen FC Liverpool mit 2:0 geschlagen. Was also soll schiefgehen? Leicester City, der Stammklub von Englands Fußball-Legende Gary Lineker, empfängt schließlich nur einen Drittligisten. Und dann auch noch Wycombe, die „Chairboys", eigentlich „Choirboys", die Chorknaben. Wer nimmt so was schon ernst? Den schwer phrasenschwein-verdächtigen Satz: „Der Pokal hat seine eigenen Gesetze", hat bei den „Foxes" an diesem Tag vor dem Spiel wohl niemand im Hinterkopf. Ein Fehler: Knapp 95 Minuten später ist eine der größten Sensationen im FA Cup, dem ältesten Pokalwettbewerb der Welt, perfekt.

Viele der Wycombe-Spieler, die an diesem verregneten Nachmittag in Leicester ankommen, wundern sich noch ein wenig über ein neues Gesicht. Es ist Roy Essandoh, Jahrgang 1976, geboren in der nordirischen Hauptstadt Belfast. Er spielt erst seit gut einer Woche für das Team aus Wycombe, einer Kleinstadt nahe London mit rund 90.000 Einwohnern. In Leicester angekommen, ahnt er noch nicht, dass er ausgerechnet an diesem Samstag zur nationalen Berühmtheit in Großbritannien wird. „Ich kenne nicht mal die Namen aller meiner Mitspieler", scherzt Essandoh vor der Partie noch unbekümmert. Roy Essandoh ist ein Abenteurer, und das Spiel in Leicester wird sein größter Coup werden.

Per Kleinanzeige Stürmer gesucht

In Wycombe spielt sich wenige Wochen vor dem Pokalmatch in Leicester eine kuriose Episode ab, die zunächst als Marginalie abgehandelt wird.

„Helft uns, wir brauchen dringend Spieler. Dies ist eine ernst gemeinte Anfrage des Wycombe Wanderers F.C."

So in etwa lautet die unscheinbare Kleinanzeige, die Wycombe Ende Februar 2001 auf seiner Homepage veröffentlicht. Der nordirische Trainer Lawrie Sanchez der „Chairboys" ist zu diesem Zeitpunkt mit den Nerven am Ende. Ihm fehlen verletzungsbedingt gleich acht Stammspieler, darunter allein sechs Stürmer. Für das große Spiel in Leicester braucht Sanchez also dringend Leute, die Tore machen. Man kann nur erahnen, wie groß die Not wirklich ist. Sanchez ruft sogar seinen Kumpel Gianluca Vialli an, der sich am Saisonende 1999/2000 beim FC Chelsea in den wohlverdienten Ruhestand verabschiedet hat. Vialli sagt ab. Sanchez gibt nicht auf, er will sich in Leicester nicht blamieren. Denn er weiß, was es bedeutet, im FA Cup die Großen aufzumischen. Sanchez gelang 1988 im FA-Cup-Finale in Wembley das entscheidende 1:0 gegen den FC Liverpool für Wimbledons legendäre „Crazy Gang" um Dennis Wise, Vinnie Jones und Torhüter Dave Beasant.

Doch die Resonanz auf seinen Hilferuf im Internet ist enttäuschend. Es meldet sich nur ein einziger Spieler: Roy Essandoh. Er ist in Ghana aufgewachsen, mit zehn Jahren nach Großbritannien zurückgekommen und weit gereist. Spötter sagen, er hätte es nie länger als zwei Halbzeiten bei einem Klub ausgehalten.

Roy, König der Wanderer

Die letzten beiden Jahre hat er in Finnland gespielt, beim VPS Vaasa. Doch die Finnen haben Geldsorgen und können ihre Spieler nicht mehr bezahlen. Essandoh wechselt. „Als ich Finnland verließ, schuldete mir Vaasa noch ein paar hundert Pfund", erzählt er nach seiner Ankunft in Wycombe, „doch ich bin nicht nachtragend." Er will eigentlich zu Hull City wechseln, aber das ergibt sich dann doch irgendwie nicht. Essandoh ist plötzlich ohne Job, sucht händeringend nach einem Klub. Doch Luton Town, Wigan Athletic und AFC Bournemouth winken ab. Anfang März 2001 geht alles ganz schnell. Die Internet-Anzeige der Wycombe Wanderers wird von einem aufmerksamen Journalisten des BBC-Teletexts *Ceefax* zunächst für einen Treppenwitz gehalten, dann aber doch aufgegriffen und veröffentlicht. Essandohs Manager Mark Steele fotografiert die Teletext-Meldung, ruft Lawrie Sanchez an, und schon nach wenigen Minuten ist der Deal perfekt. Die Legende vom „Teletext-Roy" (*Mail on Sunday*), vom Stürmer aus dem Internet, will Essandoh aber rückblickend nicht unterschreiben: „Ich weiß nicht, ob und wie Wycombe vorher inseriert hat. Ich kann nur sagen, dass mich mein Berater anrief und mir sagte, dass wir ein Probetraining in Wycombe hätten." Nach nur einer einzigen Trainingseinheit erhält Essandoh einen Vertrag für zwei Wochen und steht im Drittliga-Spiel gegen Port Vale zum ersten Mal im Kader der Wycombe Wanderers.

Essandoh ist ein „König der Wanderer" (*BBC Sport*). Seine Laufbahn beginnt mit 17 in der schottischen Central League bei Cumbernauld United, ehe ihn der schottische Premier-League-Klub FC Motherwell verpflichtet. Hier schafft es Essandoh in drei Jahren gerade mal auf fünf Kurzeinsätze.

Wenn man es genau nimmt, kann dieser Essandoh gar nicht der Mann sein, den der temperamentvolle Lawrie Sanchez so dringend braucht. Schließlich sucht er Kanonen und keine Ersatzteile. In gerade mal sechs Spielen in den britischen Ligen hat Essandoh nicht ein einziges Mal getroffen. Als ihn Motherwell nicht mehr will, kickt er stolze zwei Monate lang für den Weltklub East Fife in der schottischen Dritten Division gegen Stenhousemuir vor immerhin 358 Zuschauern und ein paar Hunden. Die Schotten leihen ihn schließlich nach Österreich zu St. Pölten aus, wo Essandoh allerdings zwischen März und Mai 1998 nicht ein einziges Mal spielt. Wenig später geht die Reise nach Vaasa in Finnland, wo er es immerhin auf mehrere Europacup-Einsätze bringt. Für Wycombe hat Essandoh seit dem 3. März 2001 in zwei Partien gegen Port Vale und den FC Reading insgesamt 91 Minuten gespielt. Nie hat er vor mehr als 10.000 Menschen gespielt – und jetzt also soll dieser barhäuptige Typ vor 22.000 fanatischen Leicester-Anhängern ran? Noch dazu, wo bei Leicester bewährte Premier-League-Kräfte wie der wilde Waliser Robbie Savage, der Türke Mustafa „Muzzy" Izzet oder der Nordire Gerry Taggart spielen?

FA Cup: Wettbewerb für Helden

Aber Lawrie Sanchez sind die großen Namen beim Gegner egal, er wittert angesichts der pomadigen Spielweise des haushohen Favoriten die große Chance. Leicester spielt, als wäre es das Ziel dieses Spiels, die uralte Anzeigentafel auf dem Tribünendach des Stadions an der Filbert Street zu treffen. „Ich sagte den Spielern vorher, dass wir nicht hierher gekommen sind, um uns einen schönen Tag zu machen", erinnert sich Sanchez. „Es soll der Tag werden, an dem euch die Leute für immer in Erinnerung behalten sollen. Der FA Cup ist ein Wettbewerb, in dem Helden geboren werden."

Es beginnt gut für die Wanderers. Ein Kopfball von Paul McCarthy bringt die umjubelte 1:0-Führung. Leicester gelingt durch Izzet der Ausgleich. In der zweiten Hälfte setzt Sanchez, dessen brauner Mantel völlig vom Regen durchgeweicht ist, alles auf eine Karte. Zehn Minuten vor Schluss bringt er Essandoh. Die Sensation nimmt ihren Lauf. Als Essandoh sich in der Nachspielzeit nach einer Kopfballvorlage im Strafraum höher schraubt als sein Gegenspieler und zum 2:1 für Wycombe einköpft, ist Sanchez allerdings schon längst in den Katakomben des Stadions. In der 77. Minute wird er von Referee Steve Bennett des Feldes verwiesen. Der Trainer hatte sich allzu temperamentvoll darüber aufgeregt, dass der Schiedsrichter ein Handspiel von Leicester City im Strafraum übersehen hätte. Sanchez verfolgt die letzten Sekunden des Spiels vor einem Fernsehmonitor am Ende des Spielertunnels und ist vor Freude kaum einzufangen.

In den Augenblicken nach seinem Kopfballtreffer muss sich Roy Essandoh vorgekommen sein wie auf dem Holodeck des berühmten Raumschiffs Enterprise. Das Holodeck ist eine einzigartige Erfindung. Es ist das Deck, auf dem sich für die Enterprise-Crew per Knopfdruck vergangene Epochen öffnen und Illusionen wahr werden. Kapitän Jean-Luc Picard alias Patrick Stewart spaziert dann mal eben, wie im Kinofilm *Das Treffen der Generationen* (1994) über ein britisches Kriegsschiff aus dem 18. Jahrhundert und erklärt seinem ersten Offizier William Riker und dem geneigten Zuschauer die Welt: „Das Beste am Seemannsleben war, dass man nie erreichbar war. Das war noch Freiheit, Will."

Die virtuelle Realität des Roy Essandoh

Essandoh kann es zunächst nicht glauben, dass mit dem Tor gegen Leicester ein Fußballtraum wahr geworden ist. „Die Leute da draußen können sich nicht vorstellen, wie ich mich fühle. Ich kann das alles nicht glauben, das muss sich erst setzen", stammelt er nach dem Schlusspfiff in die Mikrofone der wartenden BBC-Reporter, „alles, was ich weiß, ist, dass der Ball direkt vor mir auftauchte. Fußball ist einfach ein verrücktes Spiel, nicht wahr?" Essandoh nutzt die Gunst der Stunde und grinst sich eins im Blitzlichtgewitter der Fotografen. Er posiert mit Wycombe-Flagge und lässt sich mit seinen Mitspielern zusammen auf einem Teamfoto ablichten, als hätten die Wanderers soeben den FA Cup gewonnen.

„Es ist schwer zu beschreiben", erzählt Roy Essandoh, „viele Leute haben mich seitdem nach dieser Szene gefragt. Es lief alles wie in Zeitlupe ab." Alan Parry, Fernseh-Kommentator und Direktor der Wycombe Wanderers, umarmt nach dem Schlusspfiff jeden seiner Spieler und gibt Torschütze Paul McCarthy sogar einen Handkuss. Verteidiger Steve Brown, in der Nachspielzeit wegen übertriebenen Torjubels vom Platz gestellt, wischt sich die Tränen aus den Augen. „Co-Trainer Terry Gibson rannte wie ein japanischer Tourist hin und her und machte mit seiner kleinen Pocketkamera Fotos", erinnert sich Daniel Taylor von der Zeitung *The Guardian,* der an diesem Nachmittag im Stadion ist.

Das 2:1 über Leicester City ist Realität. Wahr ist auch der große Triumphzug durch das beschauliche Wycombe wenige Tage später. „Wir wurden mit einem blauen Bus durch die Stadt gefahren", erinnert sich Roy Essandoh, „beinahe die ganze Stadt war auf den Beinen, um uns zuzujubeln. Ich schätze, dass mindestens 40.000 Fans da waren. Dabei waren wir gerade mal ins Halbfinale gekommen."

„Dieser kleine Depp hat unseren Klub ruiniert"

Für den blamierten Klub Leicester City ist die 1:2-Pleite gegen Wycombe der Anfang einer langen Talfahrt. Am Ende der Saison 2001/02 steigen die „Foxes" aus der Premier League ab. Im Oktober 2002 droht ihnen sogar die Insolvenz. Ein erniedrigender Gang zur Verwaltungsbehörde steht ins Haus. Nur ein eindringlicher Appell von Superstar Gary Lineker („Lassen Sie Leicester nicht im Stich") und die Gründung eines Konsortiums mit Lineker an der Spitze retten den Verein, den im Herbst 2002 Verbindlichkeiten von umgerechnet 50 Mio. Euro drücken. „Auf die Frage, wer unseren Klub ruiniert hat, gibt es nur eine Antwort", schreibt ein frustrierter Fan im Internetforum *Foxestalk.co.uk*: „Dieser kleine Depp namens Roy Essandoh."

Die „Reds" vom FC Liverpool sind im Halbfinale eine Nummer zu groß für die „Chorknaben" und setzen sich mit 2:1 durch. „Die Magie des FA Cups ergab sich schon immer aus den Sympathien für die Underdogs", weiß der Autor Gavin Glicksman, „dass Sanchez als Spieler und als Trainer einen Außenseiter im FA Cup zum Erfolg führte, macht die Geschichte mit Wycombe noch kurioser."

Nach Essandohs Treffer steht nun auch Wycombe unter der Rubrik „Sensationen" in der Chronik des seit 1879 ausgespielten FA Pokals. Die Sonntagszeitung *News of the World* sieht darin sogar das „größte Märchen in der Geschichte des FA Cup". Der *Daily Star* bringt zum Wunder von Leicester einen Leitartikel: „Der Fußball ist der wirkliche Gewinner, Gratulation an Wycombe, ihr dramatisches 2:1 in Leicester hat unsere Herzen erwärmt. (...) Wycombe hat ein wenig Magie in den FA Cup zurückgebracht und uns daran erinnert, warum Fußball so ein wunderbares Spiel ist und bleibt." Es rauscht gewaltig im britischen Blätterwald in den Tagen nach Wycombes Sensation in Leicester: „Dieses Märchen kommt aus dem Reich des Cyberspace", schreibt das Blatt *Independent on Sunday*, „und das entscheidende Tor in der Nachspielzeit erzielt Roy Essandoh, der aus dem Dunkeln kam und direkt im Geschichtsbuch landete."

Essandoh wird regelrecht herumgereicht, tritt in Radio-Sendungen und Fernseh-Talkshows auf. „Ich muss gestehen, dass ich bis zu diesem Samstagabend noch nie etwas von Roy Essandoh gehört habe", sagt Roy Hattersley von der Zeitung *Daily Mail*, „eine

Gemeinsamkeit, die ich bis zu diesem Zeitpunkt mit dem Rest Großbritanniens teilte. Heute schlägt mein Herz schneller, wenn ich den
Namen höre. Und die Hälfte unseres Landes, die von Fußball keine
Ahnung hat, erkennt ihn auf der Straße immer noch als den ‚Helden
von Wycombe'. Das ist phantastisch. "

Ende 2001 wird Essandoh von der Zeitung *The Guardian* unter
die Top Ten der „alternativen Sport-Persönlichkeiten des Jahres"
gewählt, steht damit in einer Reihe mit dem Dart-Spieler Phil
„The Power" Taylor, Cricket-Spieler Joe Worsley und Karl Power,
dem es vor einem Champions-League-Spiel in München gelang,
sich als Eric-Cantona-Doppelgänger auf das Teamfoto von Manchester United zu schmuggeln. Auch ein Computerspiel über Roy
Essandoh erscheint. Es trägt den sinnigen Titel „Roy of the Chairboys", „König der Chorknaben", und gibt jedem Spieler die Chance,
selbst in die Rolle von Roy Essandoh zu schlüpfen und das bereits
als legendär eingestufte Tor im FA Cup-Viertelfinale nachzuspielen.
Es wird über eine Fanseite der „Chairboys" angeboten und kostet
umgerechnet 45 Euro.

Keine Chance auf die Premier League

Trotz dieses Gimmicks bleibt Essandoh nur in den Niederungen des
britischen Amateurfußballs (Non League) ein Stargast. „Einen Vertrag in der Premier League zu bekommen, war beinahe unmöglich
für mich", erzählt Essandoh und verweist auf ein Überangebot an
Spielern, insbesondere an ausländischen Profis. Auch bei Wycombe
kann er nicht bleiben: „Als mein Vertrag am Saisonende verlängert
werden sollte, gab es ein paar Schwierigkeiten", schmunzelt Essandoh
und reibt vielsagend den Zeigefinger am Daumen. Nach nur einer
Saison schlägt er beim Non-League-Klub Barnet FC auf, wechselt
aber bereits Ende 2001 zu Cambridge City und spielt 2002/03 für
den Amateurklub Bilericay Town. Seine weiteren Stationen sind
Bishop's Stortford FC und Gravesend & Northfleet. Essandoh bleibt
ein Wanderer.

Im Oktober hat sein alter Coach Sanchez mal wieder schlaflose
Nächte. Während Essandoh durch die unteren Ligen tingelt, ist Sanchez mittlerweile nordirischer Nationaltrainer und hat in der Quali-
fikation zur Weltmeisterschaft 2006 in Deutschland in einer Gruppe

mit England, Polen und Österreich starke Konkurrenz vor der Brust. Vor dem Länderspiel-Doppelpack gegen Österreich und Aserbaidschan hat Sanchez wieder keine Stürmer. Irgendwo findet er noch die Telefonnummer von Roy Essandoh, der in Cambridge lebt, und nominiert den Stürmer kurzerhand für diese beiden Spiele. „Roy ist ein starker Mann für den Angriff, obwohl er viel Verletzungspech hatte", erklärt Sanchez den ungläubig dreinschauenden Medienvertretern. Und er lässt Fakten sprechen. Sanchez: „In acht Spielen für Gravesend hat er fünfmal getroffen." Österreich und Aserbaidschan werden allerdings nicht das zweite Opfer von Essandoh. Sanchez lässt den „Cyber-Striker", den Stürmer aus dem Internet, diesmal auf der Bank. Willkommen in der Realität.

Krieg im Megastore
Der Fan-Aufstand von Manchester

Die Bilder sahen wie die Steckbriefe aus einem Westernfilm aus. Wanted for Murder. Gern hätten sie sich den Schurken direkt zur Brust genommen. Stattdessen musste eine mitgebrachte, lebensgroße Strohpuppe des rothaarigen Banditen herhalten, die unter großem Gejohle von der wütenden Menge ebenso wie die Bilder mit seinem Konterfei in Brand gesteckt wurden.

Vor dem Old-Trafford-Stadion versammelten sich am späten Nachmittag des 12. Mai 2005 rund 2.000 vor Wut kochende Anhänger von Manchester United, von denen viele ihre Dauerkarten für die bevorstehende Saison 2005/06 vor laufenden Fernsehkameras verbrannten und in ihrer Rage nur von der Polizei gebremst werden konnten. Der US-Milliardär Malcolm Glazer hatte sich am gleichen Tag nach mehreren Übernahmeversuchen die Aktienmehrheit beim reichsten Klub der Welt gesichert und damit vor dem „Theater der Träume" für einen Volksaufstand gesorgt. In zähen Verhandlungsrunden haben Glazers Unterhändler die Führung von Manchester United um Sir Roy Gardner und Vorstandschef David Gill weichgekocht, die schließlich den Verein für eine Milliarde Euro preisgaben. Die *Times* sah klar: „Glazer hat eine europäische Institution gekauft, ohne zu wissen, ob er jemals ohne Bodyguards einen Fuß ins Old Trafford setzen kann. Die Fans werden ihn niemals akzeptieren."

Für die engagierten Anhänger von Manchester United, die sich im Aktionärsverband *Shareholders United* und im Fanklubverband *Independent Manchester United Supporters Association (IMUSA)* unter anderem deshalb zusammengetan hatten, um eine derartige Übernahme zu vermeiden, ist in diesem Moment klar, dass sie ihren Kampf verloren haben. Nach sieben langen Jahren, in denen der Klub von Erfolg zu Erfolg geeilt ist und somit immer wieder zum Spekulationsobjekt internationaler Geschäftsleute geworden ist. Kontinuierlich steigende Jahresumsätze zwischen 165 Mio. Euro (1999) und 260 Mio. Euro (2004) laden zum Zugreifen ein. Allein in der

Saison 2002/03 kann ManU einen Gewinn von satten 75 Mio. Euro ausweisen. „Der Wert der Marke Manchester United ist immens", erklärt der Londoner Wirtschaftsexperte Harry Philip. „Wer sich die Übernahme sichert, hat auch Zugriff auf alle Möglichkeiten, welche die Märkte in den USA und Asien für den Klub bereithalten." Deren Erschließung – über den millionenschweren Verkauf von Fanartikeln und Fernsehrechten – machen den Verein zur erfolgreichsten Fußball-Marke der Welt.

ManU: Tradition und Trademark

Das gewaltige Potenzial des Vereins speist sich aus einer Mischung aus ruhmreicher Geschichte und frühzeitiger Weichenstellung in Richtung Kommerzialisierung.

Das tragische Flugzeugunglück von München („Munich Air Desaster"), bei dem am 6. Februar 1958 acht Spieler von Manchesters Meisterelf („Busby Babes") ums Leben kamen, begründete die Legende von Manchester United. Denn trotz des Verlustes von hochtalentierten Spielern wie Geoff Bent (24), Eddie Colman (21) und Duncan Edwards (21) sichert sich ManU in der Folgezeit zweimal (1965 und 1967) die englische Meisterschaft, den Europacup der Meister (1968) und erlangt mit seinem Superstar George Best ab den späten sechziger Jahren weltweit hohe Popularität. Bis 1998 befinden sich u. a. zwei Europapokale und elf nationale Meisterschaftstrophäen im Klubmuseum.

Im Jahr 1991 wird der Klub in eine Aktiengesellschaft umgewandelt und hat bereits im ersten Geschäftsjahr einen Gewinn von umgerechnet 132 Mio. Euro erwirtschaftet. Im August 1998 geht der hauseigene Fernsehsender *MU.tv*, der sein Programm aus einem Studio im Old Trafford-Stadion ausstrahlt, auf Sendung.

Ende 1997 wird der australische Medienunternehmer Rupert Murdoch auf den Klub aufmerksam. Es ist der Beginn eines langen Tauziehens und einer tiefen Feindschaft zwischen engagierten Anhängern und egomanischen Kaufinteressenten. Mit einer Investition von 950 Mio. Euro hat sich Murdoch gerade mit seinem Sender *BSkyB* für vier Jahre die Übertragungsrechte an der Premier League gesichert. Ein Zugriff auf Manchester United würde ihn direkt zu weiteren lukrativen Märkten führen.

Das Echo von Seiten der ManU-Anhänger ist gewaltig. „Dieser Schritt", schreibt einer von ihnen an die BBC, „zeigt, dass die Fans für die großen Klubs immer unwichtiger werden." ManU-Fan Gordon Wilson aus Queensland in Australien kennt Rupert Murdoch und seine mitunter nebulösen Geschäftspraktiken noch aus „down under" und droht: „Wenn Murdoch den Klub aufkauft, werde ich kein Fan von Manchester United mehr sein – und das bin ich schon mein ganzes Leben."

Gegen Murdoch: „We'll keep the red flag flying high"

Der Kampf der Fans um ihren Verein findet am 15. September 1998 seinen ersten Höhepunkt. An diesem Tag steigt in der Bridgewater Hall in Manchester das größte organisierte Fan-Treffen in der Geschichte Großbritanniens. Die IMUSA hat alle Anhänger von ManU zum „Takeover Meeting" eingeladen. Ein Stück Premier-League-Geschichte. Mehr als 700 Fans sind gekommen.

Die Leitung der Sitzung übernehmen Andy Walsh und Lee Hodgekiss von der IMUSA sowie der Journalist und ManU-Fan Jim White. Ebenfalls mit am Tisch sitzt neben dem Autor und ManU-Anhänger Michael Crick auch der Radiomoderator Jimmy Wagg, ein bekennender Fan des verhassten Stadtrivalen Manchester City. In dieser Stunde kennt man in Manchester keine Parteien mehr. Die ehemaligen United-Stars Brian McClair und Sammy McIllroy wünschen postalisch viel Glück für die Sitzung.

Damit das Treffen überhaupt finanziert werden kann, ist Hilfe von außen nötig. Der ehemalige Queen-Schlagzeuger Roger Taylor spendet der IMUSA 13.000 Euro, da allein die Hallenmiete bei astronomischen 7.500 Euro liegt. Es wird ein Abend der großen Emotionen. Jim White wirft dem australischen Medien-Zar, der sich zu diesem Zeitpunkt mit mehr als 800 Mio. Euro bei United einkaufen will, vor, „nur an den eigenen Profit und nicht an die Tradition und die Geschichte des Klubs zu denken". Andy Walsh berichtet gar, dass man Altstar Eric Cantona „in dieser Sache kontaktiert" hätte und dass der im französischen Exil lebende, ehemalige „König vom Old Trafford" seine Zusage beim Kampf gegen Murdoch gegeben habe. Beruhigend, wenn man solche Verbündete hat. Zudem regen die Fans einen Boykott der Murdoch-Zeitungen *The Sun* und *The*

Times sowie andere Protestaktionen bei Heimspielen an, um sich am Ende doch auf die einzig vernünftige Lösung zu einigen. Mit der Gründung der Aktionärs-Gemeinschaft Shareholders United verhindern sie dank einer Bündelung der Anteile der Kleinaktionäre die „feindliche Übernahme" durch Murdochs Imperium und singen am Ende triumphierend das Vereinslied „We'll keep the red flag flying high" („Wir halten die rote Fahne hoch").

Der Triumph der Fans ist perfekt, als Rupert Murdoch im April 1999 sein Übernahme-Angebot schließlich zurückzieht. Seine Pläne haben auch das britische Kartellamt alarmiert. Bei einer Übernahme, so die Begründung für die Entscheidung, wäre Murdoch sowohl im Besitz des reichsten Klubs Englands als auch der Erstsenderechte für die Liga gewesen. Neutralität bei der künftigen Vergabe der TV-Rechte und der Fernsehhonorare für die Klubs war damit nicht mehr gegeben. Murdoch muss den Rückzieher machen.

Ein Déjà-vu-Erlebnis

Anfang März 2003. Andy Walsh ist gerade dabei, für seine beiden Kinder das Frühstück zu machen und stellt gewohnheitsmäßig den Fernseher an. Was der IT-Fachmann und ehemalige Vorsitzende der IMUSA dort sieht, jagt ihm kalte Schauer über den Rücken. BBC meldet in den Frühnachrichten, dass die irischen Multi-Millionäre JP McManus und John Magnier das Haupt-Aktienpaket von Manchester United erworben haben. Mit der Aufstockung ihrer Anteile auf 10,37 Prozent überflügeln die beiden Geschäftsleute den bisherigen Großaktionär Rupert Murdoch mitsamt dessen Sender *BSkyB*. Bei Andy Walsh kommen jede Menge unangenehmer Erinnerungen an den Herbst 1998 auf: „Es war ein Déjà vu, weil der alte Ärger, den wir damals mit der Führung von United hatten, plötzlich wieder hochkochte. Aber diesmal sollte es noch schlimmer kommen."

Noch am gleichen Tag geht Walsh wieder einmal in die Offensive. Er gibt beim Radiosender *BBC Five Live* ein Interview, in dem er kein Blatt vor den Mund nimmt. „Das hatten wir doch alles schon mal. Da kommen irgendwelche Geschäftsleute, kaufen sich bei United ein und halten es nicht für notwendig, ihre eigentlichen Ziele offenzulegen," giftet Walsh. Und im gleichen Atemzug richtet er eine Kampfansage an die neuen „Spielmacher" bei ManU:

„Als Fan bin ich enttäuscht, und wenn sie wirklich vorhaben, Manchester United zu übernehmen, ohne die Fans vorher zu konsultieren, werden wir ihnen verdammt noch mal zeigen, dass sie uns nicht übergehen können!"

Wer sind diese beiden Männer, die im Sommer 2001 zunächst mit 6,7 Prozent Anteilen bei ManU eingestiegen waren und nun, nach der Erhöhung ihrer Anteile im März 2003, den Fans um Andy Walsh als „clevere Haie" gelten?

Den hemdsärmeligen John Patrick McManus nennen alle nur JP. McManus ist mit einem Privatvermögen von 300 Mio. Euro einer der zehn reichsten Männer Irlands und gibt sich in der Öffentlichkeit gern auch mal als Fan des FC Arsenal aus. Der Multimillionär hantiert beim Wetten grundsätzlich mit sechsstelligen Beträgen und golft mit Dermot Desmond, dem Hauptaktionär beim schottischen Renommierklub Celtic Glasgow. Man kennt sich.

Weitaus eleganter, meist mit weißem Hut und Fleece-Schal, kommt John Magnier daher. Der Ire betreibt zusammen mit McManus die Investmentgesellschaft Cubic Expression, die ihren Sitz auf den britischen Virgin Islands hat. Magnier wird nachgesagt, er habe sich einmal die erste Halbzeit eines Spiels von Manchester United angesehen und sei in der Pause wieder verschwunden.

McManus und Magnier sind gute Freunde von Manchesters Rekord-Trainer Sir Alex Ferguson. Pferdenarr Ferguson besitzt gemeinsam mit Magniers Ehefrau Sue das profitable Rennpferd Rock of Gibraltar. Wichtigster Treffpunkt des Trios ist die Pferderennbahn von Chester bei Liverpool, wo auch Michael Owen sein Geld unter die Leute bringt. Und seltsamerweise kommt Ferguson immer wieder mit verblüffenden Erfolgsmeldungen aus Chester ins Old Trafford zurück. Im Sommer 2001 verkündet er nach einem dieser familiären Treffen die Verpflichtung des niederländischen Torjägers Ruud van Nistelrooy, der für 25 Mio. Euro aus Eindhoven geholt wird. Dazu gibt es noch den Argentinier Juan Sebastian Veron, der für 32,5 Mio. Euro aus Rom zu den „Red Devils" wechselt.

Komisch nur, dass am gleichen Tag Pferde-Guru Magnier mit 10,5 Mio. Euro bei ManU als Aktionär einsteigt. „Ferdinand kommt, Fergie war wohl wieder auf der Rennbahn", witzelten sie im Sommer 2002 in ManU-Fan-Kreisen, als Rio Ferdinand für die britische

Rekord-Transfersumme von 47 Mio. Euro von Leeds nach Manchester wechselt. Dass sich diese guten Verbindungen der Rennbahn-Connection zuweilen als positiv für ManU herausstellen, ist für Andy Walsh nicht entscheidend: „Alles Verschleierungstaktik. Nach dem Einstieg von McManus und Magnier hat sich über ein Jahr nichts mehr getan", sagt er. Über ihre wahren Ziele bei ManU hätten die beiden niemals Auskunft gegeben.

Angriff aus Tampa Bay

Der Angriff von Murdoch 1998 und das Börsenspiel der Pferdepäpste von 2003 sind nur das Vorspiel zur großen Schlacht um Manchester United. Ein neuer, unsichtbarer Gegner will sich den lukrativen Verein sichern: Malcolm Glazer. Ein Mann ohne jede Ahnung vom Fußball, aber mit viel Geld.

Glazer ist Inhaber eines Firmenkonsortiums mit Sitz in Tampa Bay im US-Bundesstaat Florida. Sein Privatvermögen wird auf 900 Mio. Euro geschätzt. Er hat sich in den neunziger Jahren das Football-Team von den Tampa Bay Buccaneers gekauft und als erste Amtshandlung die Vereinsfarben geändert sowie die Ticketpreise um 67 Prozent erhöht. So etwas macht Laune beim zahlenden Kunden. Im Sommer 2004, als erste Pläne für sein Interesse an ManU bekannt werden, bekommt er während der US-Tour von Manchester United schon einmal die Wut englischer Fans zu spüren. Überall, wo Manchester United in den Staaten Station macht, hängen riesige „Not for Sale"-Transparente, schallen Glazer und seinen Söhnen hasserfüllte Gesänge entgegen. So etwas ist Glazer nicht gewohnt: Er hatte bis dahin noch nie in seinem Leben ein Fußballspiel im Stadion verfolgt.

Am 25. Oktober 2004 gibt ihm die ManU-Führung im Anschluss an eine Nachtsitzung in den Konferenzräumen von Old Trafford noch einmal eine Abfuhr, aber dann dreht sich der Wind. Weil die Vereinsfunktionäre mit der Verpflichtung des englischen Nationalspielers Wayne Rooney, der im Sommer 2004 für 40 Mio. Euro Ablöse vom FC Everton nach Manchester kam, ihr Transferbudget bereits für die Saison 2005/06 ausgeschöpft haben und weil aufgrund fehlender Champions-League-Einnahmen zudem Gehaltskürzungen bei den Profis fällig sind, müssen David Gill und sein Team dringend an frisches Geld kommen.

„Not for sale"

Im Februar 2005 startet Glazer daher einen erneuten Anlauf. Er hält zu diesem Zeitpunkt bereits 28 Prozent der Anteile an ManU und bietet umgerechnet 1,2 Milliarden Euro. IMUSA und Shareholders United mit ihren 20.000 Mitgliedern machen mobil. Vor dem Champions-League-Achtelfinale gegen den AC Mailand (0:1) starten sie am Manchester Cricket Ground einen einstündigen Protestmarsch zum Old Trafford. „Not for sale", schallt es durch den Regen von Manchester, mehr als 2.000 Fans sind mit dabei. Vasco Wackrill, Vizepräsident der IMUSA, ist sich seiner Sache sicher: „Wir werden eine Übernahme des Vereins durch eine Einzelperson nicht hinnehmen." Man fürchtet vor allem Preiserhöhungen bei den Fanartikeln und beim Ticketing für das Old Trafford. Die Kartenpreise kommen schon vor den Übernahmeplänen Glazers mit Preisen zwischen 30 und 55 Euro recht happig daher. „Damit würde uns Glazer alle austricksen und viele Fans aussperren", sagt IMUSA-Mitglied Mark Longden, ein Kfz-Mechaniker. „Einen Besuch im Old Trafford könnte ich mir bei einem Wochenlohn von 239 Pfund dann wohl nicht mehr leisten."

In der Innenstadt von Manchester werden auch bei Dauerregen und eisiger Frühjahrskälte fleißig Flugblätter mit dem allgegenwärtigen Motto „Not for sale" verteilt. Erstmals geistern in ManU-Fankreisen Gerüchte über die Gründung eines „neuen" Manchester United herum. Einige Spieler, darunter Reservestürmer Ole Gunnar Solskjaer, haben sich bereits auf die Seite der Revoluzzer geschlagen, und selbst der unvermeidliche Eric Cantona will im Falle einer „Neugründung" für das Präsidentenamt der Splittergruppe kandidieren. Auch Sir Alex Ferguson ist (noch) gegen Glazer: „Der Klub darf nicht in fremde Hände geraten." Doch als seine beiden Freunde McManus und Magnier im Mai 2005 ihr Aktienpaket an Glazer verkaufen und auch der Schotte Harry Dobson seine Anteile von 6,45 Prozent abtritt, ist das Spiel aus. Dieses Mal hat der Vorstand um David Gill den Deal mitgetragen. Der Weg für Glazer zur Alleinherrschaft über Manchester United ist frei.

In den englischen Ligastatuten gibt es bis zu diesem Zeitpunkt keine Regelung, die einer Einzelperson die Übernahme eines Klubs verbietet. Glazer finanziert den Kauf teils über Hedgefonds, teils

Fanproteste bei ManU gegen den neuen Besitzer Malcolm Glazer, Mai 2005.

mittels Anleihen. Am 16. Mai 2005 erhöht er seinen Anteil auf 75 Prozent und kann damit den Klub von der Börse nehmen. Am 28. Juni 2005 gehören ihm bereits 98 Prozent der Aktien, womit eine Zwangsabfindung der restlichen Kleinaktionäre ermöglicht wird. Aus der Aktiengesellschaft Manchester United wird eine Gesellschaft mit beschränkter Haftung. ManU ist somit Privateigentum der Glazer-Familie. Ein neues Spielzeug für eine Milliarde Euro.

Glazers Söhne Joel, Avram und Bryan werden in den Vorstand berufen. Daddy vertraut ihnen. Die Horrorvision für die Fans ist perfekt, als Glazer alle finanziellen Aufwendungen, die er für den Kauf benötigt hat, auf den Verein umschreibt. Innerhalb von wenigen Wochen hat der reichste Klub der Welt plötzlich 600 Mio. Euro Schulden. Allein die Zinstilgung im ersten Jahr nach der Übernahme kostet den Verein 90 Mio. Euro. Ende 2006 lasten 900 Mio. Euro Schulden auf dem Klub, der sich inzwischen dank der Zähigkeit von Trainer Sir Alex Ferguson wieder an die Spitze der Premier League gesetzt hat. „Es mag unglaublich klingen, aber dieser Schritt war, obwohl in höchstem Maße unmoralisch, im Sinne des britischen Rechts völlig legal", erklärt Andy Walsh.

ManU aufgekauft – ein Erdbeben

Es ist, als ob ein Erdbeben den englischen Fußball erschüttert. „Rot und begraben – Manchester ist nun im Besitz eines Mannes, der sich nicht um den Verein schert", schreibt die *Sun* und beerdigt damit das „alte" United: „Die Fans werden Glazer am Strand bekämpfen, sie werden ihn im Old Trafford und im Megastore bekämpfen." Auch der *Mirror* meint: „Ein Alptraum am Sir-Matt-Busby-Weg. Das ist erst der Anfang. Dieses Heinzelmännchen hat sich den reichsten Klub der Welt gekauft und wird ihn nicht wieder hergeben." Der *Guardian* vermutet gar, dass die Glazers, die sich bei ihrem ersten Besuch im United-Megastore die Mühe machen, die 70 Pfund für drei ManU-T-Shirts, zwei Trikots, einen Schal und einen Rucksack im Laden ihres Vaters selbst zu bezahlen, das Vereinswappen verändern und den Klub in „MU Galaxy Soccerball Kickers" umbenennen wollen. Zu viel Realsatire für die neuen Machthaber: „Das ist absolut lächerlich", kontert Joel Glazer im hauseigenen TV-Sender *MU.tv*, „die Fans sind unser Leben, wir nehmen sie sehr ernst."

Die sehen das anders und versprechen: „Wir werden weiter kämpfen." Nach eigenen Regeln und an vielen Fronten. IMUSA und Shareholders United rufen im Sommer 2005 zum Boykott aller offiziell lizenzierten Fanartikel auf. Außerdem bieten sie jedem Fan, der seinen Mobilfunkvertrag beim ManU-Hauptsponsor Vodafone kündigt, eine Prämie an. Die beiden Fan-Verbände ermöglichen auch den sogenannten „Phönix-Fonds", mit dessen Hilfe nach einem eventuellen Rückzug von Glazer Vereinsanteile im Sinne der Fans zurückgekauft werden sollen. Die Option einer Rück-Umwandlung in eine Aktiengesellschaft soll damit offen gehalten werden. Bei rund 28.000 Mitgliedern und einer stolzen Summe von 22,5 Mio. Euro könnte das einmal eine realistische Option werden. „Angesichts der Bedrohung durch eine gnadenlose finanzielle Ausquetschung der Fans bei einem Verein, der ohnehin als Inbegriff der Kommerzialisierung des Fußballs galt, wurde eine dreifache Gegenoffensive lanciert", schreibt Stuart Dykes im *Stadionwelt-Magazin*.

Zum Fanprotest gehört neben den Boykott-Aktionen auch der offene Widerstand gegen den Glazer-Clan. Als die drei Söhne von Malcolm Glazer im Juli 2005 zum Antrittsbesuch ins Old Trafford kommen und ihren neuen Spielplatz besichtigen wollen, organisieren IMUSA und Shareholders United eine Straßenblockade, an der 500 Fans teilnehmen.

Das neue United: „Children of the Revolution"

Am 16. Juli 2005 tritt Manchester United zum ersten Testspiel der Saison beim schottischen Zweitligisten FC Clyde an. Erstaunlich, denn ein paar hundert Kilometer südlich spielt ebenfalls Manchester United. Doch es ist das „neue" United – der FC United of Manchester. Die radikalsten Glazer-Gegner, unter ihnen auch Andy Walsh, haben einen eigenen Verein gebildet – nach dem Vorbild des AFC Wimbledon, einem Fan-Verein, der sich 2002 nicht mit dem Weggang des FC Wimbledon in die Provinzstadt Milton Keynes abfinden wollte. Stattdessen stellten die Fans selbst ein Team auf. Selbstredend treffen sich beide Protest-Klubs am 23. Juli 2005 zum Supporters Direct Trust Cup, der Meisterschaft der Revolutionäre.

Der FC United of Manchester tritt künftig in der zehnten Liga (North West Counties Football League Division) an und spielt im Stadion des Viertligisten FC Bury an der Gigg Lane, wo 9.000 Zuschauer Platz finden.

Bei Manchester United bagatellisiert man die Vereinsgründung als „Sturm im Wasserglas". Simple Begründung einer Sprecherin gegenüber dem *Kölner Stadt-Anzeiger:* „Die United-Spiele sind ausverkauft, die Stimmung im Stadion könnte nicht besser sein. Ein Klub, der an die Börse geht, muss immer damit rechnen, dass sein Besitzer wechseln kann. Da gibt es immer jemanden, der enttäuscht ist." Schön, wenn alles so in Ordnung ist.

Doch der Blick auf die Agenda des Protestklubs zeigt, dass der FC United of Manchester mehr ist als nur eine aus einer Frustsituation geborene Idee. Bereits die Spielersuche des neuen Vereins verläuft hoch professionell. Andy Walsh hat unter der Überschrift „Players wanted" („Spieler gesucht") in lokalen Zeitungen inseriert und mehr als 228 Zuschriften erhalten. Trainer Karl Margison wählt im Sommer 2005 schließlich unter den Hobby-Kickern 18 Spieler aus, die für 70 Pfund pro Spiel künftig für den FC United of Manchester auflaufen werden.

Obwohl sein Gastgeberklub an der Gigg Lane, der FC Bury, mehrere Klassen über dem FC United of Manchester rangiert, sind die Zuschauerzahlen der Protestler höher als die des FC Bury. Am 23. April 2006 stellt der FC United of Manchester mit 6.023 zahlenden Fans einen Besucherrekord in seiner Spielklasse auf.

Seit Januar 2006 werden die Freizeit-Kicker zudem einmal wöchentlich Gegenstand einer Fernsehsendung, die der lokale Kanal *Channel M* ausstrahlt. Fast wie beim „großen" United. Andy Walsh hat noch weitergehende Pläne in der Schublade, denkt an den Aufstieg in die zweithöchste Amateurklasse, an ein Frauenteam, ein Trainingsgelände und sogar ein eigenes Stadion. „Wir arbeiten bereits mit Architekten und Städteplanern an der Umsetzung", erklärt Walsh, „wir werden da spielen, wo das Herz von Manchester United schlägt. Ganz in der Nähe von Old Trafford."

Im Mai 2006 taucht der FC United of Manchester erstmals auch in Deutschland auf. Ein 4:4 im Spiel gegen den in die Niederungen des Amateurfußballs abgestürzten 1. FC Lokomotive Leipzig, immerhin Europapokalfinalist von 1987, lockt mehr als 7.000 Fans an, darunter 300 hartgesottene Anhänger aus Manchester. United we stand.

Zuschauerrekord in der zehnten Liga: Fans des FC United of Manchester.

Fast wie bei Dickens

Im Swan & Cemetery, dem Stamm-Pub des FC United of Manchester, singen die Mitglieder gerne demonstrativ „Children of the Revolution" von T-Rex. Sie leben ihren Traum vom ehrlichen Fußball. „Die Geschichte des FC United of Manchester ist eine, wie sie Charles Dickens geschrieben haben könnte", kommentiert der *Kölner Stadt-Anzeiger*. „Es ist das klassische englische Duell: Arbeiter gegen Unternehmer. In diesem Fall Andy Walsh gegen Malcolm Glazer, Milliardär und für die hartgesottenen ManU-Fans das personifizierte Böse aus den Vereinigten Staaten von Amerika."

Oder anders: Die rund 4.000 Gründungsmitglieder haben genug. Genug von gnadenloser Kommerzialisierung, von Entscheidungen zu Ungunsten der Fans und Verschleierungstaktiken. „Seit Jahren müssen wir als Fans absurde Anstoßzeiten, überteuerte Eintrittspreise und eine Übersättigung durch die Übertragungen im Fernsehen über uns ergehen lassen. All dies führt dazu, dass sich Leute, deren Treue vorher nie in Frage gestellt wurde, gezwungen sehen, dem Profifußball den Rücken zu kehren", sagt der ehemalige IMUSA-Vorsitzende Jules Spencer, der sich ebenfalls dem FC United of Manchester angeschlossen hat. „Ich freue mich, endlich mal wieder ein Spiel erleben zu können, das an einem Samstag um 15 Uhr angepfiffen wird."

Power-Play im Traum-Theater
Die Scherze des Karl Power

Die Frühlingssonne durchflutet das Theater der Träume. Die Tribünendächer werfen ihre langen Schatten auf den Rasen des Old-Trafford-Stadions. Es ist kurz vor zwölf Uhr mittags, die Pubs im Zentrum von Manchester bleiben angesichts der Brisanz der Partie in weiser Voraussicht geschlossen. Die Spannung, die über dem Stadion lag, kann man förmlich greifen.

Mehr als 65.000 Menschen fiebern an diesem 5. April 2003 dem Premier-League-Duell zwischen Manchester United und dem FC Liverpool entgegen, *dem* Fußball-Klassiker auf der Insel. Zunächst betritt die Mannschaft von Manchester United den Rasen. Am Mittelkreis stellt sich die Elf den wartenden Fotografen zum Teamfoto. Doch kaum sind die ersten Fotos geschossen, geht ein mächtiges Raunen durch das Stadion. „Diese Mannschaft, die da in die Kameras grinste, kann doch unmöglich das Team von Manchester United sein", denken viele. Die Spieler in den ManU-Trikots tragen Baseball-Kappen, Sonnenbrillen und Perücken.

Als ein großer Mann mit Baseballmütze jubelnd zur Eckfahne rennt und dann Kurs auf den Liverpooler Fan-Block nimmt, wird auch dem letzten Zuschauer im Stadion und vor dem Fernsehschirm klar: Karl Power hat wieder zugeschlagen!

Mary Mathis von der Greater Manchester Police wird es zu bunt. Die Polizistin, die an diesem sonnigen Samstagvormittag die Einsatzleitung im Old Trafford hat, funkt entnervt ihre Kollegen am Spielfeldrand an: „Holt die Kerle endlich runter!" Wenig später ist der Spuk vorbei. Fast zwei Dutzend Polizeibeamte führen die fröhliche Schar unter dem Gejohle der Zuschauer ab. Das Ende eines spektakulären Husarenstücks von Karl Power.

Manchester United: Bitte keine Azubistreiche
Als „Besuchergruppe" eines Sponsors getarnt, haben Power und seine Leute den hochbezahlten Sicherheitsapparat des Old Traf-

ford gelinkt. „Es war phantastisch", erzählt Power, „alle im Stadion dachten, wir wären das echte Team und verabschiedeten uns mit stehenden Ovationen." Bei Manchester United ist man alles andere als erfreut über den Streich.

Power, seit seiner Kindheit eingefleischter United-Fan, und sieben seiner Freunde werden verhaftet, bleiben während des Spiels in der Arrestzelle des Old-Trafford-Stadions. Alle elf beteiligten Personen erhalten Stadionverbot für das „Theatre of Dreams" – auf Lebenszeit.

Solche Streiche sieht man in Manchester eben nicht gerne. „Wir möchten uns nicht zu Karl Power äußern, weil dies längst eine Sache der Polizei geworden ist", reagiert ManU-Pressesprecherin Diana Law auch dementsprechend angefressen, als die Rede auf Power kommt: Man behandele diese Sache „sehr ernst". Power und seine Freunde müssen sich wenig später vor Gericht wegen Hausfriedensbruch und Erregung öffentlichen Ärgernisses („Rioting") verantworten.

Stadionverbot, Gerichtsverhandlung – Sanktionen, die Karl nicht schocken können. „Mich kann man nicht aussperren", sagt er lächelnd, „schließlich habe ich ja gar nichts verbrochen. Das schwöre ich." Karl gilt auf der Insel als „Prankster", als Spaßmacher oder Possenreißer. Immer wieder ist er bei großen Sport-Events aufgetaucht und hat dabei alle mühsam im Vorfeld ausgetüftelten Sicherheitskonzepte ad absurdum geführt.

Karls Coup von München

Sein größter Coup steigt am 18. April 2001. Manchester United tritt zum Rückspiel im Viertelfinale der UEFA Champions League beim FC Bayern München im Olympiastadion an.

Es ist kurz vor Spielbeginn, die ManU-Stars um Fabien Barthez und Roy Keane posieren gerade für das offizielle Teamfoto, als sich ein zwölfter Mann im weißen Dress zu ihnen gesellt. Es ist Karl Power. Plötzlich steht der Mann, der ManU-Legende Eric Cantona zum Verwechseln ähnlich sieht, neben seinen Helden. „Die Ordner dachten alle, ich wäre Cantona, dabei war der damals schon längst in Rente. Ich grüßte freundlich und ging einfach vorbei", erzählt Karl in reinstem Manchester-Area-Dialekt. Das Spiel und damit auch seinen Auftritt sehen Zuschauer in mehr als 200 Ländern live im TV. „Zwei Fotos von diesem Streich gingen um die Welt", sagt Powers Busenfreund Tommy Dunn, „der Moment, als Karl neben dem ManU-Team auftauchte, und die Szene, als Gary Neville wie vom Blitz getroffen auf ihn zeigte."

Vik Iyer von der Dubliner Zeitung *Irish Examiner* geht sogar noch einen Schritt weiter: „Karl Power an der Seite des United-Teams wurde zum berühmtesten englischen Sportfoto seit Cantonas Kung-Fu-Tritt gegen einen Fan." Power erinnert sich noch genau an diese Szene: „Gary Neville brüllte mich an: ‚Was zum Teufel machst du auf dem Platz?'" Dies, so ist Power sicher, sei allerdings die einzige Reaktion der verdutzen Fußball-Stars gewesen. Simon Hattenstone von der Zeitung *The Guardian*, als Reporter im Stadion, sieht es ähnlich: „Die Mannschaft von United hat überhaupt nicht registriert, dass da ein zwölfter Mann auf dem Platz war." Bevor die Engländer wussten, was da mit ihnen gespielt wurde, war Power schon wieder verschwunden und genoss den, wie er selbst sagt, „schönsten Tag seines Lebens" in der Nordkurve des Olympiastadions.

Allerdings hat Power seinem Team mit dem Streich kein Glück gebracht: Schon nach fünf Minuten liegt ManU mit 0:1 zurück, verliert am Ende 1:2 und ist draußen. Während die deutschen Medien am nächsten Morgen den FC Bayern feiern, sucht ganz England den bis dahin völlig unbekannten „zwölften Mann". Karl und das United-Team zieren bei fast allen großen englischen Zeitungen die Titelseite. Die Spur führt schließlich nach London, wo sich das Männermagazin *Front* als Drahtzieher des Power-Streichs outet. Die Zeitschrift verrät den Namen des Schelms und liefert der Öffentlichkeit Details zum „Power-Play". „Wir haben Power mit einem falschen Presseausweis und einem Fotografenleibchen ausgestattet," berichtet *Front*-Chefredakteur Piers Hernu, „den Rest hat er dank seiner eigenen Frechheit selbst gemacht."

„River Dance" in Rom

Hernu ist Ende 2000 auf Power aufmerksam geworden. Er findet heraus, dass der Spaßvogel bei jedem ManU-Auswärtsspiel dabei ist, ohne Eintritt zu zahlen. Hernu weiter: „Der Streich von München wurde Teil eines Features, das wir über ihn brachten." In der

Folgezeit taucht Power dann auch bei einem Cricket-Länderspiel der Engländer in Headingley als Schlagmann auf und verblüfft in Rom das englische Rugby-Nationalteam mit einer etwas ungelenken „River-Dance"-Einlage.

Denn Power ist seit einem Unfall im Jahre 1994 schwer gehbehindert. In einer Telefonzelle verletzte ihn ein Unbekannter mit Machetenhieben in beide Beine so schwer, dass er fünf Jahre lang überhaupt nicht gehen konnte. Aber Power wäre nicht Power, wenn er seinen Unfall nicht mit Humor schildern würde: „Ich wollte nur telefonieren. Ein Typ kam in die Zelle und nannte mich Neil. ‚Ich bin nicht Neil', sagte ich, da wurde er böse." Noch heute leidet Karl an den Folgen des Unfalls und zieht das rechte Bein nach. Leicht poetisch beschreibt er deshalb seinen Lauf über den Rasen des Old Trafford „wie eine Dosis Morphium, die sie mir im Krankenhaus in den Arm gejagt haben".

Gerüchte, das *Front Magazine* hätte den ungelernten Hilfsarbeiter einer Abrissfirma für diese Streiche bezahlt, weist Karl Power energisch zurück: „An dem Tag, an dem ich dafür bezahlt werde, höre ich auf." Dann kommt der 11. September 2001. Nach dem Terror gegen Amerika stoppt Power seine Aktionen. „Aber", so erklärt er mit dem ihm eigenen, trockenen Humor, „George W. Bush sagte, dass jeder wieder an die Arbeit gehen soll, und das haben wir auch gemacht."

Auf dem Siegerpodest von Silverstone

Powers „Arbeit" besteht weiterhin darin, die Ordnungsdienste dieser Welt auf die Rolle zu nehmen, ob beim Fußball, beim Tennis oder bei Formel-1-Rennen. Mit dem Sohn seines Kumpels Tommy Dunn liefert er sich auf dem „heiligen Rasen" in Wimbledon ein Einlagespiel. Auch Formel-1-Champion Michael Schumacher staunt 2002 in Silverstone Bauklötze, als ihn auf dem Siegerpodest Karl Power in einem roten Overall angrinst. „Wir hatten über zehn Millionen Pfund für die Sicherheit des Kurses investiert, und Karl Power hat uns innerhalb von zwei Minuten lächerlich gemacht", ärgert sich ein Sprecher des für die Rennstrecke zuständigen Sicherheitsdienstes über das verrückte „Power-Play". Wie dem „Prankster" das mal wieder gelungen ist? „Wir arbeiten immer mit demselben Trick", erklärt Power, „aber den werde ich nicht verraten. Sonst wär' ja der Witz weg."

Karl, der Spaßvogel. Man kann dem 1,98-Meter-Hünen mit der Boxernase, den sie in seinem Wohnort Droylsden nur den „Speckhals" nennen, eigentlich gar nicht böse sein. „Ich möchte die Leute zum Lachen bringen, das ist alles. Ich bin kein Störenfried, ich bin Entertainer", sagt der Familienvater.

„Interviews", so meint er mit schelmischem Lächeln, „geben Dunn und ich nur, wenn wir absolut sicher sind, dass der Reporter kein Fan von Manchester City ist." Dunns Rolle im „Power-Play" war lange unklar. War er nur Freund, Aufpasser oder gar der Manager des ehemaligen Boxers? Mittlerweile sehen englische Sicherheitsexperten in ihm das „Gehirn" hinter den Power-Streichen. Denn Dunn selbst hat es wie sein Spezi Power faustdick hinter den Ohren. Über drei Jahre begleitete der Langzeitarbeitslose ab 1999 das Team von Manchester United als falscher Journalist und brachte sogar den stillen Sir Alex Ferguson mit aberwitzigen Fragen („Stimmt es, dass Sie Manchester City übernehmen?") zum Lachen.

Gefragt nach seinen Zukunftsplänen, meint Power, der ab und zu in einer Liverpooler Boxschule arbeitet: „Ein fester Job wäre nicht schlecht. Am besten als Sicherheitschef." Manchester United könnte sicherlich keinen geeigneteren Mann finden.

Rummelplatz der bösen Buben
Skandale in der Premier League

Der Golfplatz „Merridale" in Hale zwischen Chestershire und Manchester gehört zu den vornehmsten Sportanlagen im Norden Englands. Britische Postkartenidylle.

Hale ist keine Arme-Leute-Gegend. In der Nähe der noblen Golfanlage liegt eine Villa mit einem Wohnwert von 2,2 Mio. Euro. Sie gehört dem irischen Mittelfeldspieler Roy Keane von Manchester United. Keane ist oft in Merridale. Er führt hier regelmäßig seine drei Labrador-Hunde aus. Auch an einem schönen Spätsommersamstag im September 2004 geht Keane dort mit den Tieren spazieren. Zeitgleich spielt sein Heimatland, die Republik Irland, in der Weltmeisterschafts-Qualifikation gegen Zypern und gewinnt mit 3:0. Das interessiert Keane nicht die Bohne. Er hat schlecht geschlafen, er hat einen Kater und will nur mal kurz vor die Haustür.

Auf dem Rundkurs um den Golfplatz passiert es. Der 16-jährige Schüler Chris Needham fährt mit seinem Motorroller an Keane vorbei – und hupt. Einen solchen Star bekommt er in seinem Wohnort Baguley bei Manchester nicht jeden Tag zu sehen. Wenig später, so werden Augenzeugen berichten, trifft Keane wieder auf Needham, packt ihn wütend am Kragen und brüllt ihn an: „Bist du der Kerl, der eben gehupt hat?" Dann, so lauten die Zeugenaussagen, soll Keane den Jungen mit einem schweren Hundehalsband geschlagen haben.

Die Polizei bestätigt ein paar Tage später den Vorfall, und der Skandal ist perfekt. Es ist nicht das erste Mal, dass Keane außerhalb des Spielfelds Schlagzeilen macht. Es kommt zu einer Anklage, Keane muss sich vor Gericht verantworten.

Stammgast vor Gericht

Roy Keane – der „Hardman" von Manchester United. Vor dem Friedensgericht, der untersten Ebene der britischen Rechtsprechung, ist der WM-Teilnehmer von 1994 Stammgast. Nach einem zünftigen

Handgemenge in einem Hotel (1997) und verschiedenen Zaunstreitereien mit den Nachbarn wegen seiner streunenden Hunde kommt er jedoch fast immer straffrei davon. Nur 1999 verbringt Keane nach einer Auseinandersetzung in einer Bar eine Nacht hinter Gittern. So was gehört zu den Dingen, die britische Profis mindestens einmal in ihrer Karriere gemacht haben sollten. „Keane", so schreibt der Premier-League-Insider und Autor Simon Kuper am 21. Oktober 2004 in der *Welt*, ist das „Symbol einer Branche". Kuper weiter: „Das Verhalten von britischen Fußballspielern abseits des Rasens, Trunkenheit, Raufereien, Gruppensex und angebliche Vergewaltigung, versetzt England schon jahrelang in Entzücken. Zum Teil rührt dies auch daher, dass der Fußball den Briten ein Forum bietet, wo sie ihre sich wandelnden sozialen Gewohnheiten diskutieren können."

September 2002. Der ehemalige Boxer Roy Keane, der für Mike Tyson schwärmt, gerät in die Schlagzeilen, als er in seinem Buch *The Roy Keane Biography* zugibt, im Derby gegen Manchester City in der Saison 2000/01 den Norweger Alf Inge Haaland absichtlich gefoult und schwer verletzt zu haben. Keane ist es nicht einmal peinlich, die relevanten Zitate aus seinem Buch öffentlich wiederzugeben. Warum auch nicht? Für die Veröffentlichung hat er 1,5 Mio. Euro kassiert und darüber hinaus die Vorabdruckrechte an verschiedene Zeitungen verkauft, was ihm noch einmal 450.000 Euro eingebracht hat. „Ich habe ihn verdammt hart getroffen," schreibt Keane. „Ich hatte lang genug gewartet. Ich habe ihm so richtig einen mitgegeben. Das ist für dich, du Scheißkerl, habe ich gedacht. Und steh' nie wieder über mir und sage, dass ich eine Verletzung vortäusche."

Solche Sätze scheinen bei den Fans anzukommen. Kurz nach Erscheinen des Buches ziert ein großes Transparent mit der Aufschrift „Keane – angebetet in Manchester" die Außenfassade des Old Trafford. Auf den Rängen schwenken die ManU-Fans weiterhin ihre irischen Flaggen mit Keanes Konterfei und skandieren hartnäckig: „Keano, there's only one Keano."

Ärger bekommt Keane dagegen mit der FA, außerdem hat er eine Millionen-Klage von Haaland am Hals, der bei dem Foul einen Kreuzbandriss erlitt und nie wieder Tritt fasste. Haaland klagt an: „Keane hat mein Leben ruiniert."

„Ich konnte den Kerl noch nie leiden"

Keane hat Rache genommen für ein Foul von Haaland drei Jahre zuvor, bei dem sich der Ire ebenfalls einen Kreuzbandriss zuzog. Er macht keinen Hehl daraus: „Ich konnte den Kerl noch nie leiden und es war mir scheißegal, ob ich bei dem Foul einen Platzverweis riskiere." Den englischen Zeitungskommentatoren verschlägt das die Sprache. „Manchester United kann sich Keane nicht mehr länger leisten', glaubt der *Sunday Express*. Nicht nur, dass sie das Buch des irischen Mittelfeldspielers, des „„Motors" im Spiel von Manchester United, kopfschüttelnd rezensiert haben. Nein, mit so viel Tumbheit hatten die Kommentatoren nicht gerechnet.

Keanes schriftstellerische Abrechnung geht noch weiter. Fast selbstverständlich scheint es, dass auch seine irischen Spezis, Nationaltrainer Mick McCarthy sowie Teamkapitän Jason McAteer, der zu diesem Zeitpunkt beim FC Sunderland spielt, ihr Fett weg bekommen. Keane ist kurz vor der WM 2002 in Asien von McCarthy nach Hause geschickt worden. „McCarthy ist ein Weichei", schreibt er und das ist noch diplomatisch übersetzt, „ich halte von ihm weder als Spieler noch als Trainer oder als Mensch etwas." McAteer kontert Keanes Attacken auf dem Rasen, provoziert ihn im Premier-League-Duell im Stadium of Light in Sunderland im September 2002 mit hämischen Schreibbewegungen. „Na, was ist? Trittst Du mich jetzt auch aus Rache zusammen?", soll McAteer gefragt haben. Dafür gibt es einen kräftigen Ellenbogencheck – und Rot für Keane. McAteer nach dem Spiel trocken: „Keane ist nicht ganz dicht."

Danach liegt Hitzkopf Keane auf Eis. Hüftoperation und drei Monate Sperre. Nur einer nimmt Keane nach den skandalösen Enthüllungen noch in Schutz: ManU-Coach Sir Alex Ferguson. „Das Buch liest sich hervorragend. Es zeigt einen Menschen, der sich völlig öffnet," behauptet der Schotte. Das treibt sogar dem vornehmen *Guardian* die Schamesröte ins Gesicht: „Sir Alex läuft Gefahr, das nicht Vertretbare zu rechtfertigen", so das Blatt. „Ein feiger und brutaler Kapitän, ein starrsinniger Trainer, der ihn deckt, und ausbleibende sportliche Erfolge – von United kann sich der Betrachter des Manchester-Fußballs derzeit nur mit Grausen ab- und der Konkurrenz von City zuwenden", bilanziert Adrian Schimpf in seiner Kolumne Football@home bei *Spiegel online*. Keanes Ghostwriter, U2-Biograph

Eamon Dunphy, muss die Notbremse ziehen. Angesichts der drohenden Sperre und der ins Haus stehenden Klage von Haaland macht er in *Sports Monthly* den Rückzieher: Keane habe das „alles nicht so gemeint", und schließlich sei „der Wortlaut die künstlerische Freiheit des Autors". Kunst ist eben immer das, was man dafür hält.

Kalkulierter Tabubruch

Auch Jaap Stam räumt auf. Der 1,90 Meter große Holländer mit dem kahl rasierten Schädel holt 2001, ein Jahr vor Keane also, Feder und Dachlatte heraus und geht in seinem Machwerk *Head to Head* („Kopf an Kopf") auf seinen Noch-Trainer Sir Alex Ferguson los. Stam hält es für angebracht, illegale Methoden im Transfergeschäft zu enthüllen und trifft den Nerv der Briten. Ferguson, so berichtet Stam, habe zuerst mit ihm allein und dann mit seinem Klub PSV Eindhoven verhandelt. Das ist nach englischen Statuten verboten. Stam unterschreibt bei Manchester United und hängt den Tabubruch an die große Glocke. Die Abrechnung mit Ferguson ist perfekt. *Der Spiegel* sieht klar: Keane und Stam bzw. ihre Verlage haben sich „nur den Gepflogenheiten auf dem Markt mit Promi-Memoiren angepasst. Wer sein Werk in die Bestsellerlisten bringen will, muss mehr bieten als Erinnerungen an eine entbehrungsreiche Jugend oder das erste Profimatch. Der kalkulierte Tabubruch gehört zum Geschäft."

Die Wogen um die Skandalbücher der ManU-Stars glätten sich im Herbst 2002 ziemlich schnell, und auch im Februar 2005 wird Keane vom Trafford Courthouse in Manchester vom Vorwurf der schweren Körperverletzung freigesprochen. Die Attacke auf den hupenden Schüler bleibt ungeahndet. Als alles vorbei ist, zieht Keane, im dunklen Anzug, eskortiert von Polizeibeamten und mit blitzenden Augen triumphierend an den wartenden Journalisten vorbei. Er hat wieder einmal Glück gehabt.

Saufgelage als Folklore

Die Premier League als Rummelplatz für böse Buben – die Skandale der hochbezahlten Fußballprofis ziehen sich wie ein roter Faden durch die Geschichte der englischen Elite-Liga. Trotz ruiniertem Ruf wird ungeniert weitergekickt. „Britische Fußballspieler", weiß Simon Kuper, „haben getrunken und sich schlecht benommen, seit die Regeln für dieses Spiel 1863 festgelegt wurden, oder sogar schon davor. Viele der größten Spieler des Landes waren Alkoholiker: George Best, Jimmy Greaves, Paul Gascoigne. Von Bobby Moore und Bryan Robson wird es ebenfalls behauptet. Und doch scheinen im vergangenen Jahrzehnt die Formen des asozialen Verhaltens von Fußballspielern eine ausgeflippte Blüte erfahren und sich verlagert zu haben", schreibt Kuper, dessen Buch *Football against the Enemy* 1994 in England als „Sportbuch des Jahres" ausgezeichnet wurde. „Fußballspieler", so Kuper weiter, „sind jetzt in der Vorstellung der Briten fest als ‚Yobs', als Halbstarke, definiert, die so britisch sind wie Roastbeef."

Der Psychologe Cary Cooper macht die Vereine für das Verhalten ihrer Angestellten mitverantwortlich: „Die Schuld für diese Disziplinlosigkeiten tragen in manchen Fällen auch die Klubs. Sie holen oft unreife Jungs, die ihre Ausbildung noch nicht beendet haben, von zuhause weg, zahlen ihnen eine Menge Geld und lassen sie dann einfach mit sich und dem aufkommenden Erfolg allein." Gegen dieses Problem gäbe es laut Cooper nur eine Lösung, und zwar eine Art Patenschaft eines älteren und erfahreneren Spielers für die jungen Burschen.

„Dass englische Fußballprofis gelegentlich durch Saufgelage oder Kneipenpöbeleien auffällig werden, gehörte in der öffentlichen Wahrnehmung bislang zur landestypischen Folklore. Die unteren Stände fanden derlei Exzesse nur allzu menschlich, die feinere Gesellschaft fand sie peinlich, aber unabdingbar", schrieb Gerhard Pfeil 2001 im *Spiegel*. Doch die Affäre um Jonathan Woodgate und Lee Bowyer von Leeds United übersteigt die Toleranzgrenze der Öffentlichkeit. Im April 2001 stehen die beiden zu diesem Zeitpunkt 24 und 21 Jahre alten Jungstars wegen schwerer Körperverletzung, begangen an dem Pakistaner Sarfraz Najeib, vor Gericht. Die Presse läuft Sturm gegen Bowyer und Woodgate, die es mit ihrem Klub Leeds am Ende der Saison 2000/01 bis ins Halbfinale der UEFA Champions League schafften und dabei mit tollen Spielen (u. a. 1:0 bei Lazio Rom, 1:0 über den AC Mailand und 3:0 über Deportivo La Coruna) Fans und Fachwelt begeisterten. „Du Schläger", steht unter einem Bild von Jonathan Woodgate in der *Sun*, der *Mirror* sieht Lee Bowyer schlicht als „Madman" („Wahnsinniger"), und die

BBC bezeichnet in der Rubrik „The Bowyer Woodgate Affair" die beiden Rüpel als „tickende Zeitbomben".

In einem spektakulären, 22 Mio. Euro teuren Prozess werden die beiden Schläger von Leeds United lediglich zu 100 Stunden gemeinnütziger Arbeit verurteilt, doch so richtig als Sieger fühlen sich die beiden nicht, als sie mit hängenden Köpfen das Gerichtsgebäude in Hull verlassen. Im Verlauf des Prozesses erfährt die Öffentlichkeit zu viele unschöne Details über das Privatleben der englischen Jungprofis. Und das sieht im Falle Bowyer/Woodgate so aus: Man trifft sich, wie am 11. Januar 2000, in der In-Disco Majestyk in Leeds. Die Zeche zahlen selbstverständlich die beiden Jungprofis, deren geschätztes Wochengehalt mit umgerechnet 20.000 Euro um ein Vielfaches höher ist als das ihrer mitangeklagten Freunde Paul Clifford und Neale Caveney. Der Pakistaner Sarfraz Nadieb hat das Pech, der volltrunkenen Horde zwischen Tag und Dunkel zu begegnen. Er wird bewusstlos geschlagen. Dennoch kann nur Woodgates Spezi Clifford, einem ehemaligen Boxer, der Tatbestand der schweren Körperverletzung nachgewiesen werden. Er wandert für sechs Jahre ins Gefängnis. Bowyer und Woodgate, der 2002 zu Newcastle United und 2004 zu Real Madrid wechseln wird, atmen auf. Sie wissen beide, dass sie verdammtes Glück gehabt haben und mit einem Bein im Gefängnis standen. Denn: Bowyer beugt die Wahrheit ein wenig. Vor Gericht gibt der im berüchtigten Londoner East End aufgewachsene Mittelfeldspieler vor, an diesem Abend nicht in Leeds gewesen zu sein. Die Liste der von Bowyer und Co. im Majestyk vertilgten Getränke spricht dummerweise dagegen: Allein Bowyer kam auf viereinhalb Liter Bier. „Wir müssen versuchen, zur Normalität zurückzufinden", fordert Leeds-Vorstandschef Peter Ridsdale nach dem Prozess.

Doch das ist im Seuchenjahr der Premier League 2001 ziemlich schwierig. Wenige Monate später erwischt es John Terry und Jody Morris vom FC Chelsea. Sie müssen sich wegen einer Prügelei mit einem Nachtclub-Angestellten verantworten. Morris wird außerdem wegen angeblicher Vergewaltigung einer Studentin verhaftet, und der walisische Nationalspieler Craig Bellamy von Newcastle United wird fast zeitgleich wegen Trunkenheit und rüpelhaften Verhaltens verurteilt.

Leicester: Team unter Verdacht

Hoch her geht es im März 2004 in La Manga in Spanien. Hier, wo sich normalerweise deutsche und englische Pauschalurlauber in der Frühe einen gnadenlosen Kampf um die Liegen am Swimmingpool liefern, ist der Premier-League-Klub Leicester City zu Gast. Man will in der letzten Spielpause der Premier League noch einmal in Klausur gehen. Leicester City ist zu diesem Zeitpunkt mit 23 Punkten Tabellenvorletzter und hat schon vier Punkte Rückstand auf die Nicht-abstiegsränge. Die Spieler Paul Dickov, Keith Gillespie und Frank Sinclair scheint das wenig zu interessieren. Sie bedienen stattdessen alle Klischees englischer Mittelmeerurlauber und landen während des Trainingslagers wegen versuchter Vergewaltigung hinter Gittern. Ein bisschen Spaß muss sein.

Ein Hotelpförtner hat das Trio angeblich beim gewaltsamen Eindringen in das Zimmer afrikanischer Frauen beobachtet. Auch Danny Coyne, Nikos Dabizas, Matt Elliott, Lilian Nalis und James Scowcroft stehen bald unter Verdacht – also das halbe Team von Leicester City. Doch das Gericht in Cartagena behält zunächst nur Dickov, Gillespie und Sinclair in Haft. Ihnen droht nach spanischem Recht eine Haftstrafe von bis zu zwölf Jahren. „Es ist klar, dass uns diese Sache immensen Schaden zufügt", meint Leicester-Vorstandsmitglied Paul Mace beschämt, „aber die Spieler haben mir versichert, dass sie unschuldig sind und sich energisch gegen die Vorwürfe zur Wehr setzen werden." Statt zum Training müssen alle Spieler bei den örtlichen Polizeibehörden zur Befragung erscheinen. Während der Rest der Leicster-Elf am 5. März 2004 nach Luton zurückfliegen darf, bleiben der dreifache Familienvater Dickov, Gillespie und Sinclair in Haft. Dickov steht seiner Frau Janet beim Besuch im Untersuchungsgefängnis von Sangonera ebenso beschämt gegenüber wie Frank Sinclair und Keith Gillespie ihren Freundinnen. Indes muss Leicester-Coach Micky Adams seine Spieler am Flughafen von der Polizei abschirmen lassen. Gespräche mit den wartenden Reportern lehnt er ab, während Paul Mace betont, man werde „Himmel und Hölle in Bewegung setzen, um die drei frei zu kriegen". Das gelingt gegen eine hohe Kaution schließlich auch. Dickov, Sinclair und Gillespie dürfen am 12. März 2004 nach Zahlung von insgesamt 288.000 Euro das Gefängnis verlassen und zurück nach England fliegen. Ihr

Blick ist leer, als sie in Luton ankommen. Am Saisonende steigt Leicester City aus der Premier League ab.

Newcastle: „Smoky" kocht vor Wut

Und dann war da auch noch der 2. April 2005. Tatort diesmal: das Stadion St. James' Park in Newcastle. Die 52.000 Fans der „Magpies" kommen gegen Aston Villa mit großen Erwartungen ins Stadion. Sie hoffen endlich auf die Aufholjagd in Richtung UEFA-Pokal-Plätze. Auf dem Vorplatz, in der Nähe von Shearer's Pub, greifen sie die Stadionzeitung ab, in der Stürmerlegende Alan Shearer unter der Überschrift „Al: Why I stay" („Warum ich bleibe") erklärt, warum er mit 34 noch ein Jahr dranhängt. Nach dem Spiel ist Shearers Vertragsverlängerung kein Thema mehr. Dennoch ist es ein Nachmittag, über den man in England noch sehr lange reden wird. „Smoky" kocht vor Wut: „Diese beiden", giftet der sonst so besonnene Musterprofi Shearer, „haben den Klub in den Dreck gezogen."

„Diese beiden", das sind seine Vereinskollegen Kieron Dyer und der längst aktenkundige Lee Bowyer. In der 80. Minute – es steht 0:3 aus Sicht von Newcastle United – gehen sie aufeinander los, prügeln sich sekundenlang und können nur mit Mühe von mehreren Mitspielern getrennt werden. Alle im Stadion sind fassungslos, selbst die Spieler von Aston Villa. Bowyer, dessen Trikot von der Rauferei zerrissen ist, und Dyer sehen beide die rote Karte. Newcastle beendet die Partie mit nur acht Spielern, weil zuvor schon Steven Taylor vor dem 0:2 nach einer peinlichen Schauspieleinlage bei Handspiel auf der Torlinie vom Platz geschickt worden war.

Nach dem Spiel nimmt Newcastle-Coach Graeme Souness die beiden Sünder mit zur Pressekonferenz. „Kieron und Lee möchten sich beide zu dem Vorfall äußern, es dürfen den beiden aber keine Fragen gestellt werden", stammelt der sichtlich mitgenommene Schotte. „Es war ein dramatischer Tag, den wir erlebt haben." Bowyers Erklärung für den neuerlichen Ausraster ist banal: „Ich war erbost darüber, dass Kieron mich nicht angespielt hat." Umgerechnet 375.000 Euro Strafe muss Bowyer zahlen, die FA klagt ihn zudem wegen brutalen Verhaltens an. Kieron Dyer hat bei seiner Presseerklärung Tränen in den Augen: „Ich möchte mich bei allen Fans von Newcastle United entschuldigen", sagt der englische Nationalspieler leise. „Wir hatten unterschiedliche Meinungen und hätten diese besser nicht vor 50.000 Zuschauern austragen sollen." Jedenfalls nicht auf diese Art.

Golfschläger und Karaoke

Am 21. Februar 2007 gastiert der FC Liverpool zum Achtelfinal-Hinspiel in der UEFA Champions League beim FC Barcelona. Um sich auf das Duell mit dem Titelverteidiger vorzubereiten, hat der Champion von 2005 Quartier in Faro an der portugiesischen Atlantikküste bezogen. Zwar gelten britische Fußballprofis auf Reisen nicht eben als pflegeleicht, doch Liverpools spanischer Trainer Rafael Benitez scheint den Laden im Griff zu haben.

Aber eben nur scheinbar. Kurz vor der Abreise traut Benitez seinen Augen nicht, als sein Spieler Jerzy Dudek im Morgengrauen von der portugiesischen Polizei in Handschellen abgeführt wird. Während Benitez das Ganze für einen Scherz hält, dringen schnell Details an die Öffentlichkeit. Der Abschlussabend der Liverpooler Profis ist außer Kontrolle geraten. Erst haben sich der Pole Dudek und die beiden sorglosen Engländer Robbie Fowler und Jermaine Pennant mit dem Baseballschläger einige Autos vorgenommen. Zuvor hat der Waliser Craig Bellamy seinem Kollegen John Arne Riise einen Golfschläger vors Schienbein gehauen. Und das alles nur, weil Riise, als Norweger nicht unbedingt eine Stimmungskanone, sich weigerte, bei der nächtlichen Karaoke mitzusingen – Spaßbremse.

Bellamy ist einschlägig vorbelastet. In seiner Sündenakte finden sich Schlägereien, Körperverletzung, begangen an einem jungen Mädchen in einem Nachtclub in Cardiff, sowie rassistische Beleidigungen gegen einige Gegenspieler. Seine Karriere hat dies alles offenkundig nicht sonderlich gebremst.

Auch die nächtliche Prügelei an der Algarve scheint dem Spiel des FC Liverpool im Estadio Nou Camp keineswegs zu schaden. Vor 98.000 Zuschauern biegen die „Reds" gegen den FC Barcelona ein 0:1 noch in ein 2:1 um. Torschützen sind ausgerechnet Craig Bellamy, der nach seinem Kopfballtreffer einen Golf-Abschlag imitiert, und John Arne Riise. Ihr Kollege Jamie Carragher scheint es schon vor dem Spiel gewusst zu haben: „Wir haben uns optimal vorbereitet."

Der Tag, an dem Bill Nicholson starb
Wenn England trauert

Rund um das Stadion an der White Hart Lane im Nordosten Londons herrschte eine eigenartige, seltsam gedrückte Stimmung. Zäh bahnten sich die Massen den Weg durch die engen Straßen zu den Eingangstoren. Ganz anders als an anderen Tagen, wenn die Fans der „Spurs" gut gelaunt an den Bahnhöfen von Seven Sisters oder Tottenham Hale eintreffen. Am trüben Herbstwetter lag es nicht. An diesem Samstag, dem 23. Oktober 2004, trug Tottenham Trauer.

Die Vereinsflagge auf dem Dach der Haupttribüne an der Tottenham High Road (West Stand) flatterte auf Halbmast. Denn wenige Stunden vor dem Heimspiel gegen die Bolton Wanderers war Bill Nicholson im Alter von 85 Jahren nach langer, schwerer Krankheit in einem Hospital in Hertfordshire verstorben.

„Billy war Tottenham, Tottenham war Billy"

Bill Nicholson – der „King of the Swinging Sixties", so der *Sunday Mirror* hatte die „Heißsporne" aus dem tristen Arbeiterviertel in den sechziger und siebziger Jahren als Trainer zu den größten Erfolgen der Vereinsgeschichte geführt. Tottenham holte unter seiner Regie acht Titel, darunter zwei Europacup-Trophäen. Den Grundstein für die goldene Ära bildete der Gewinn des „Double" mit Meisterschaft und FA Cup 1961. Den FA Cup konnte Tottenham 1962 erfolgreich verteidigen. Die „Spurs" von Bill Nicholson waren 1963 als Europacupsieger der Pokalsieger – nach einem magischen 5:1 gegen Atletico Madrid in Rotterdam – der erste Klub überhaupt, der einen internationalen Titel auf die Insel brachte. Der FA-Cup-Sieg 1967 und der Erfolg im UEFA-Pokal-Finale 1972 gegen die Wolverhampton Wanderers sowie zwei Liga-Cup-Trophäen von 1971 und 1973 komplettieren die Ehrentafel.

„Wenn man über Tottenham spricht", sagt Pat Jennings, der zwischen 1964 und 1977 sowie 1985/86 im Tor der „Spurs" stand,

Tribut an eine Legende: „Spurs"-Fans ehren Bill Nicholson.

„spricht man fast automatisch über Bill Nicholson. Er war für mich
wie ein Vater und hatte mit den größten Einfluss auf mein Leben
als Sportler."

Ehrung für die Trainerlegenden

Die Stars aus Nicholsons großer Mannschaft verneigen sich vor dem
verstorbenen Coach: „Billy war ein Genie, was den Fußball angeht",
sagt Cliff Jones und regt an, den großen Trainer posthum zum Ritter
schlagen zu lassen. Von den großen Trainern der englischen Liga war
diese Ehre bereits Weltmeister-Trainer Sir Alf Ramsey und ManU-
Denkmal Sir Matt Busby zuteil geworden. Der „Vater" der ersten
großen Elf von Manchester United („The Busby-Babes") war am 20.
Januar 1994 verstorben. Die Erinnerung an ihn wird in Old Trafford
niemals sterben, führt doch der Sir-Matt-Busby-Way direkt zum
Theater der Träume. Bei Liverpools großem Coach, dem legendären
Bill Shankly (1981 verstorben), ist es nicht anders. Das Eingangstor
zum Stadion an der Anfield Road, die „Shankly Gates" kennt wohl
jeder Fußball-Fan in Großbritannien.

Vier Wochen vor Bill Nicholson, am 20. September 2004, war Brian Clough, der erfolgreichste Coach in der Geschichte von Nottingham Forest, im Alter von nur 69 Jahren verstorben. Der starke Trinker Clough hatte die „Foresters" u. a. 1980 in Madrid gegen den Hamburger SV (1:0) zum Erfolg im Landesmeister-Cup geführt und mit ihnen 1990 den Liga-Pokal geholt – das Denkmal, das sie Clough setzen wollten, konnte nicht groß genug sein. Seine Team-Ansprachen waren ebenso kurz wie prägnant: „Meine Herren, dies ist ein Fußball, kommen Sie damit klar?", lautete stets seine simple Anfrage.

„Schickt mir keine Blumen, wenn ich tot bin, schickt sie mir jetzt", meinte er einmal nach einer Operation, die sein Leben rettete. Clough starb an Magenkrebs. Nach seinem Tod gab es bei Nottingham Forest vor dem Spiel gegen West Ham United eine bewegende Gedenkfeier – und die mittlerweile in die Zweite Liga (Football League Championship) abgestiegenen „Foresters" gewannen im City Ground mit 2:1.

Busby, Clough, Shankly, Ramsey, Nicholson – Trainerlegenden, die sie in England nicht vergessen. Es ist diese Eigenart der Briten, errungenen Erfolgen auch posthum einen Riesen-Respekt zu zollen. Eine eigenartige Heldenverehrung.

„Wir haben sie alle verloren", schreibt Neil Curtis in der *Sun*, „Nicholson, Ramsey, Shankly, Busby und Clough. Eine Galerie der ganz Großen. Ihr Vermächtnis lebt weiter, aber ihre Erfolge werden nicht wiederkommen." Curtis sieht nur bei Ex-Nationalcoach Sir Bobby Robson, ManU-Denkmal Sir Alex Ferguson und Arsenals französischem Erfolgstrainer Arsène Wenger ansatzweise die Aura der großen Trainerlegenden: „Das sind Männer, die Respekt verlangen und Teams trainieren, die Unterhaltung bieten müssen."

„Und jetzt verpiss dich"

Wie tief die Beziehung zwischen Nicholson und seinem Klub war, erklärt der 57-fache englische Nationalspieler und Weltmeister von 1966, Jimmy Greaves. „Die Spurs haben Bill so viel bedeutet, dass er wirklich glaubte, wir Spieler müssten eigentlich dafür bezahlen, um für Tottenham spielen zu dürfen."

Nicholson stand 1961 eines Morgens in einem schlichten Lodenmantel und mit Lederhandschuhen vor dem Appartement von

Jimmy Greaves in Mailand und holte den Stürmer, der sich in diesem Jahr erfolglos beim AC Milan versucht hatte, zu den „Spurs". „Schon von diesem Moment an hatte ich den größten Respekt vor ihm", erinnert sich Greaves, „er ist einfach nach Mailand gekommen und hat mich mitgenommen."

Cliff Jones, der kernige Waliser, weiß noch einige Anekdoten mehr über seinen Ex-Coach zu berichten: „Ich erinnere mich an unser sensationelles 1:1 mit Wales in Brasilien. Die brasilianischen Zeitungen schrieben, ich sei der beste Außenstürmer der Welt. Ich kam nach Hause und klopfte an Billys Kabinentür. ‚Mach auf', rief ich, ‚ich bin jetzt der beste Außenstürmer der Welt und will mehr Geld.' Billy meinte nur: ‚Das ist deine Meinung, nicht meine. Und jetzt verpiss dich.'"

Bill Nicholson war mitunter auch ein Meister des trockenen englischen Humors, wie Jimmy Greaves zu berichten weiß. Bei einem Europacup-Spiel der Londoner irgendwo in Osteuropa soll sich des Nachts in einem Lokal eine leicht bekleidete, vollbusige Dame vor Nicholson aufgebaut und ihm ein verlockendes „Super Sex" zugeflüstert haben. Nicholson allerdings habe bei all dem Trubel stattdessen „Soup or Sex" („Suppe oder Sex") verstanden – und sich prompt entschieden: „Ich nehme die Suppe."

Erfolge und Originalität – das ist der Stoff, aus dem Legenden gewoben werden. Nicholson war schon zu Lebzeiten eine. Zum letzten Mal zeigte er sich 1999 an der White Hart Lane. Martin Chivers führte den greisen Ex-Trainer an den applaudierenden Massen vorbei durch das Stadion.

Fans trauern auf der Tribüne

Die Nachricht von Nicholsons Tod macht am 23. Oktober 2004 rasch die Runde und schweißt die „Spurs"-Familie an diesem Tag noch mehr zusammen als sonst. Größen, die das weiße Trikot getragen haben, kommen ins Stadion, um Bill Nicholson zu gedenken. Pat Jennings, die „Spurs"-Torhüterlegende aus Nordirland, ist ebenso anwesend wie Martin Chivers, Dave MacKay, Weltmeister Martin Peters und Enfant terrible Paul Gascoigne, der während der Gedenkminute verlegen am Reißverschluss seiner hellbraunen Lederjacke herumzupft. Die „Spurs" haben sich ebenso wie ihr

Gegner, die Bolton Wanderers, Arm in Arm am Mittelkreis aufgestellt. Es ist so ruhig im Stadion, dass man eine Stecknadel fallen hören könnte. „Spurs"-Torjäger Robbie Keane hat während der Gedenkminute die Augen geschlossen, und auch der sechsjährige Aramide Oteh, der als Maskottchen sein Idol Ledley King auf den Rasen begleiten darf, schaut traurig drein.

Keiner wagt es, die Ruhe dieser Ehrenbezeugung zu stören. Auf den Tribünen verdrücken jugendliche Fans ein paar Tränen. Sie haben die großen Zeiten unter Nicholson nicht selbst miterlebt, trotzdem trauern sie. Weil sie eine Familie sind. Eine Familie, die ihre Helden nicht vergisst. „Ich habe heute morgen schon geweint", bekennt Dave MacKay, „wenn solche Dinge passieren, ist man sehr, sehr traurig."

Erinnerungen an den „Fantasy Football"

Dave MacKay gehört zusammen mit Martin Chivers, Alan Gilzean, Jimmy Greaves und Martin Peters zu den Leistungsträgern von Tottenhams erfolgreicher Mannschaft der sechziger und siebziger Jahre, die, so schreibt Anthony Clavane in seinem Nachruf für Bill Nicholson im *Sunday Mirror*, „eine fußballbesessene Generation so in ihren Bann gezogen hat, wie die Beatles es mit ihrer Musik getan haben. Noch heute inspirieren diese Spieler die Straßenfußballer auf den Spielplätzen, den Schulhöfen und in den Parks."

Nicholson war ein Perfektionist. Er schaffte bei seinem Amtsantritt 1958 das bei den „Spurs" zuvor praktizierte stupide „Push-and-Run"-System ab und ließ die Weißen einfach „schönen Fußball" spielen. „Fantasy Football", wie man auf der Insel sagt. So eine Art englisches Mönchengladbach. „Er hat uns immer daran erinnert, dass wir da rausgehen sollen, um das Publikum zu unterhalten. Sein Credo: Vergesst nicht, dass es die Fans sind, die euer Gehalt bezahlen!", sagt der Schotte Dave MacKay, der für schlappe 30.000 Pfund von Heart of Midlothian zu Tottenham wechselte. „Nicholson formte das Team, das mit den attraktivsten Fußball spielte, den England je gesehen hat", sagt der Radio-Journalist Jonathan Pearce, der dem stillen Mann bei seinem Sender *Capital Radio* fast jährlich einen Preis überreichen konnte, „schon allein deshalb, weil dieser Mann Anerkennung verdiente. Bei diesem Preis gab es für unseren Sender mehr Rückmeldungen als bei irgendeiner anderen Aktion."

Pearce preist Nicholsons Ehrlichkeit und Integrität als „traditionelle Werte, die im Fußball immer mehr verloren gehen". Nicholson war Spieler, Trainer und Fan der „Spurs" in einem – eine fast einmalige Liebesbeziehung. Mit einem kleinen Schönheitsfehler: Als Nicholson 1974 abtrat, „vergaß" der Verein, ihm ein Abschiedsgeschenk zu machen. „Auch", so schreibt Neil Curtis in der *Sun*, „vergaß Tottenham, auf dem Fundament, das ihnen Nicholson gelegt hatte, aufzubauen." Stattdessen verschuldeten sich die „Spurs" Anfang der achtziger Jahre durch den längst fälligen Umbau der White Hart Lane und diverse andere finanzielle Drahtseilakte bis unter die Halskrause. Und sie waren auch 1994 in den großen Premier-League-Skandal, bei dem es um verdeckte Gehaltszahlungen ging, verwickelt. Man zog ihnen sogar sechs Punkte ab. Nur die Übernahme des Hauptaktienpakets der „Tottenham AG" durch den Computer-Millionär Alan Sugar und den späteren Trainer Terry Venables retteten den Klub 1991 vor dem Bankrott. Nicholsons Nachfolger holten allerdings ebenfalls einige Titel, wie 1984 den UEFA-Cup im Elfmeterkrimi gegen den RSC Anderlecht und den FA Cup 1981, 1982 und 1991.

„Er war einer von uns"

Auf Tottenhams Trauertag nehmen die Bolton Wanderers, die Multi-Kulti-Truppe aus dem Nordwesten Englands mit Spielern aus zwölf Nationen, keine Rücksicht. Das Team, dem u. a. der nigerianische Ex-Bundesligaprofi Augustine „Jay-Jay" Okocha (90 Spiele für Frankfurt), der griechische Europameister von 2004, Stelios Giannakopoulos, und der ehemalige spanische Nationalspieler Fernando Hierro angehören, gewinnt mit 2:1. Robbie Keane konnte zwischendurch für Tottenham ausgleichen. Der Ire brüllt seine Anspannung nach seinem Treffer heraus – und ist nach dem Match ganz schnell und kleinlaut verschwunden. „Heute will ich nicht viel sagen, ihr wisst warum", signalisiert der sonst so eloquente Stürmer den im Dauerregen vor der „Mixed Zone" ausharrenden Reportern.

„Ich bin ehrlich", erklärt Boltons Trainer Sam Allardyce („Big Sam") nach dem Spiel auf der Pressekonferenz, „die meisten meiner

Spieler erinnern sich nicht an Bill Nicholson. Der traurige Hintergrund heute hat für uns keine Rolle gespielt." Profis eben. Tottenhams Coach Jacques Santini will an diesem tristen Nachmittag nicht mit den Journalisten sprechen („No Press") und schmeißt kurzerhand die Pressekonferenz. Santini wird später bestreiten, dass der Tod von Bill Nicholson der Grund für sein Nichterscheinen war. Bereits zwei Wochen später, nach einer peinlichen 2:3-Heimpleite gegen den Stadtrivalen Charlton Athletic, wird Santini von seinem Amt zurücktreten. Für den ehemaligen französischen Nationaltrainer waren die in Tottenham allgegenwärtigen Fußstapfen von „Mr. Tottenham", Bill Nicholson, mindestens eine Nummer zu groß. Ebenso wie zuvor für Glenn Hoddle, David Pleat, Terry Venables, Osvaldo Ardiles oder George Graham.

Nach dem Spiel leert sich das Stadion rasch. Die zahlreichen Blumengebinde, Trikots, Schals und Transparente, die Fans seit dem frühen Nachmittag zu Ehren Bill Nicholsons hinter der Haupttribüne niedergelegt haben, sind längst vom Regen aufgeweicht. Ein trauriges Bild. Auch Stewart Alazia hat ein Trikot mit seiner ganz persönlichen Widmung für Bill Nicholson hinterlegt. Was er geschrieben hat, will er nicht verraten. „Er war einer von uns", sagt der wortkarge „Spurs"-Fan, der auf den Falkland-Inseln geboren wurde.

Mit seinem Kumpel Warren Stafford macht sich Alazia auf ins Fan-Pub „Valentino's", dessen Eingang sich direkt am Bill-Nicholson-Way, der Haupteinfahrt zum Stadion befindet. Dort wachen Türsteher, damit auch ja kein Arsenal-Fan den Schuppen betritt. Es herrscht Hochbetrieb, Frust-Saufen ist angesagt. Vom Spiel gegen Bolton redet keiner mehr. Auch der 2:0-Erfolg des FC Liverpool über den Stadtrivalen Charlton, der über die Großbildleinwand flimmert, ist an diesem tristen Tag kein Trost. Wie auch? Sie trauern um Bill Nicholson, schmettern die Fangesänge, die in den sechziger Jahren auf ihn gedichtet wurden. „Einen wie ihn wird es nie mehr in Tottenham geben", sagt der Endvierziger Keith Dawson, der seit seinem achten Lebensjahr zu den „Spurs" geht. „Ich trinke jetzt noch einen auf Billy, und dann gehe ich nach Hause."

Regentage im Reebok
Fredi Bobic bei den Bolton Wanderers

Eine Fahrt auf dem englischen Motorway M60 von London in Richtung Nordwesten ist eine Fußball-Traumreise. „Nach Liverpool", verheißt irgendwann, nach zahlreichen, mühevollen Kilometern Linksverkehr, ein Hinweisschild. Bis zum legendären Stadion an der Anfield Road ist es dann nicht mehr weit. Wenig später folgt ein Schild mit der viel sagenden Aufschrift „Leeds". Wer hier abfährt, kann an der Elland Road die „Whites" von Leeds United sehen. Bleibt man konsequent auf dieser Strecke, so folgt nur wenige Kilometer später die Abfahrt „Trafford Park". Hier geht es direkt ins „Theater der Träume", zu Manchester United ins Old Trafford. Dann ist die Traumreise zu Ende. Wer dann noch weiterfährt, kommt nach etwas mehr als 17 Kilometern im englischen Fußball-Realismus an: in Bolton.

In der schlichten Industriestadt weht ein rauer Nordwestwind. Hier darf neben dem Rathaus an der Victoria Street und dem Octagon Theatre das „De Vere Whites"-Hotel (125 Zimmer) zu Recht zu den Sehenswürdigkeiten gerechnet werden. Es ist direkt ins Reebok-Stadion integriert. Dieses wurde 1997 für rund 35 Mio. Pfund gebaut, 19 der Hotelzimmer bieten einen perfekten Blick auf den Rasen. Einige Zimmer werden sogar nur an Spieltagen vermietet.

Das weiße Pferd von Wembley

Im Januar 2002 rückt dieses Hotel in Bolton unversehens ins Interesse der Fußball-Öffentlichkeit. Auch in Deutschland. Die Bolton Wanderers starten nach ihrem Aufstieg in die Premier League 2001 eine Investitions-Offensive, und so wird ausgerechnet das „De Vere Whites"-Hotel zur neuen Adresse von Fredi Bobic. Als erster Bundesliga-Star wechselt er zu den „Trotters". Der Stürmer ist zu diesem Zeitpunkt 30 Jahre alt. Sein Klub Borussia Dortmund hat ihm mit dem Tschechen Jan Koller und dem Brasilianer Marcio Amoroso Konkurrenz vor die Nase gesetzt, die sich als zu stark erwies. Im Winter 2001/02 geht alles sehr schnell. Bobics Management knüpft erste Kontakte nach England, und im Januar übersiedelt der Bundesliga-Torschützenkönig und Europameister (beides 1996) auf die Insel.

Bolton-Coach Sam Allardyce („Big Sam") war Bobic schon im Sommer 2000 aufgefallen, als der BVB im Trainingslager in Spanien gastierte, wo auch die Bolton Wanderers Station gemacht hatten. Man ist sich schnell einig. Bobics Wochenverdienst, so wird kolportiert, liegt bei umgerechnet 55.000 Euro, als ihn Borussia Dortmund Bobic schließlich an Bolton ausleiht. „Der erste Eindruck war sehr gut, obwohl mir Bolton bis dahin ehrlich gesagt nicht wirklich ein Begriff im englischen Fußball war", erinnert sich Fredi Bobic, „aber alles war unglaublich professionell. Ich bin super empfangen worden."

Bobics neuer Klub gehört 2002 nicht wirklich zu den ersten Adressen in England. Ein Traditionsklub zwar, aber immer im Schatten der beiden großen Nachbarn aus Manchester, United und City. Geschichte schreiben die Wanderers bei ihrem Erfolg im FA-Cup-Finale 1923 gegen West Ham United, dem legendären „White Horse-Final". Hier versuchte die Polizei u. a. mit einem mutigen Beamten auf einem weißen Pferd, die 200.000 Menschen im Wembleystadion sowie zusätzliche 50.000 weitere Fans ohne Eintrittskarten irgendwie im Zaum zu halten.

Bolton und das „tragische Dreieck"

Ab 2002 prägen nun neue Namen das Klub-Image der Bolton Wanderers. Der ständig kaugummikauende Sam Allardyce bekommt von der Klubführung um Phil Gartside alle seine Wunschkandidaten. Und das sind zumeist Spieler mit großen Namen, die auch noch ablösefrei sind.

Auf Bobic folgen zunächst weitere Bundesliga-Legionäre. Den Dänen Stig Tofting vom Hamburger SV zieht es im Februar 2002 nach Bolton. Tofting hat das Gefühl, dass ihm HSV-Trainer Kurt Jara nicht mehr vertraut: „Ich war in Deutschland ohne Familie, nur mit dem Zweck, Fußball zu spielen. Da muss man weg, wenn man nur noch auf der Bank sitzt." Dem Franzosen Youri Djorkaeff, zu diesem Zeitpunkt immerhin schon fast 34, geht es beim 1. FC Kaiserslautern nicht besser. Der Weltmeister von 1998 (17 Tore in 67 Spielen für Lautern) schiebt Frust auf der Bank und gibt im Machtkampf mit FCK-Coach und Chef-Rhetoriker Andy Brehme entnervt nach. Im Februar 2002 folgt auch der Grieche Kostas Konstantinidis von Hertha BSC Berlin dem Lockruf aus Bolton und unterschreibt einen Vertrag: „In der Premier League zu spielen, war für mich ein Wunschtraum. Es war genauso wichtig wie mein Wechsel von Griechenland in die Bundesliga."

Trainer Sam Allardyce ist begeistert von seinen vier Bundesliga-Legionären, kommt allerdings um die bissige Frage eines Journalisten („Was fasziniert Sie ausgerechnet an der deutschen Bundesliga?") nicht herum. Allardyce bleibt gelassen: „In der Bundesliga wird taktisch hervorragend und diszipliniert gespielt. Die Jungs sind fit und nervenstark. Genau richtig für unseren Abstiegskampf."

Das Zusammenwirken der Bundesliga-Exilanten in Bolton ist jedoch zunächst nicht von Erfolg gekrönt. Der *Kicker* spricht im Zusammenhang mit Bobic, Djorkaeff und Töfting schon vom „tragischen Dreieck", spielt damit süffisant auf Bobics erfolgreichste Zeit beim VfB Stuttgart (1994-1999) an. Hier hat der in Maribor (Slowenien) geborene Schwabe gemeinsam mit Giovane Elber und Krassimir Balakov als „magisches Dreieck" 1997 den DFB-Pokal geholt und auch englische Härte kennen gelernt: Im Europacupfinale der Pokalsieger 1998 unterliegt Bobic mit dem VfB in Stockholm dem FC Chelsea London.

Die „Blues" vom FC Chelsea sind auch der Gegner bei Bobics erstem Auftritt im Trikot der Bolton Wanderers. Zu diesem Zeitpunkt rangiert Bolton trotz eines furiosen Saisonstarts auf einem Abstiegsplatz. Zeit für Taten, es folgen aber erstmal neun endlos lange Spiele ohne Torerfolg.

„Geht raus und werdet Helden"

Dann platzt der Knoten. Beim 3:2 über Aston Villa gelingt Bobic sein erster Treffer für Bolton. Ein paar Tage später, am 6. April 2002, tritt Bolton gegen Ipswich Town zum vorentscheidenden Duell um den Liga-Verbleib an und gewinnt mit 4:1. Bobic trifft dreimal. Ein denkwürdiger Tag. „Es war die kürzeste Besprechung meiner Fußball-Karriere", schreibt Bobic in einer Kolumne auf seiner Homepage (www.fredibobic.de). „Wenige Minuten, ehe wir ins Reebok-Stadium zum Spiel gegen Ipswich Town einliefen, sagte unser Team-Manager Sam Allardyce: ‚Wenn ihr heute gewinnt, seid ihr Helden. Nie zuvor gelang einem Bolton-Team nach dem Aufstieg in die Premier League der Klassenerhalt. Geht raus und werdet Helden!'" Die britischen Medien küren Bobic zum „Mann des Tages" („Man of the Day") der Premier League, eine große Ehre für den Mann aus Stuttgart. „Der Fußball in der Premier League ist mir sehr entgegengekommen", schwärmt Fredi Bobic, „in den stets prall gefüllten Stadien hat es einfach Spaß gemacht."

Spaß verstehen in England aber längst nicht alle: Sol Campbell vom FC Arsenal entpuppt sich als Bobics härtester Gegenspieler: „Den konntest du nicht wegschieben." Und im Spiel gegen den FC Southampton fühlt sich der Schiedsrichter nach einem Foul Bobics von dessen lautstarken Protesten so sehr provoziert, dass er den Ball zum Freistoß für Southampton mal eben zehn Yards nach vorn legen lässt. Bobics Erkenntnis: „Diskussionen mit einem englischen Schiedsrichter sind so ziemlich das Sinnloseste, was es gibt. Da herrscht eine ganz andere Autorität auf dem Platz."

Seine neue Wahlheimat im Nordwesten Englands erkundet Bobic zunächst im Leihwagen, einem Ford Mustang. Während er den Wagen im ungewohnten Linksverkehr durch die engen Straßen der Stadt chauffiert, hält er über Headset mit seiner Familie Kontakt. An spielfreien Wochenenden düst er regelmäßig nach Stuttgart. „‚Meine Telefonrechnung", lacht Bobic, „ging in dieser Zeit in die Tausende. Ich hab' anfangs über das deutsche Handynetz telefoniert."

Der Alltag in Bolton ist von wohltuender Ruhe und Beschaulichkeit geprägt. Kein Rummel wie in Manchester oder in London. „Es gab in der Woche nur einen einzigen Pressetermin, und das war traditionell der Donnerstag. Ansonsten hattest du da deine Ruhe."

Klassenverbleib und satte Fernsehgelder

Am Saisonende 2001/02 bleibt Bolton in der Premier League und kassiert allein in der folgenden Saison umgerechnet rund 50 Mio. Euro Fernsehgelder. Fredi Bobic hat einen guten Job gemacht. Er sagt: „Als Retter fühle ich mich nicht. Klar, meine Tore waren wegweisend, hatten nicht nur statistischen Wert. Für mich war das Tor gegen Aston Villa sehr bedeutsam, weil damit der hohe Erwartungsdruck von außen gemildert wurde." Seine Premier-League-Tore sind auch Borussia Dortmund nicht verborgen geblieben. Der Deutsche Meister von 2002 holt den Stürmer zwar zurück, verkauft ihn aber zu Beginn der Saison 2002/03 dann doch an den Aufsteiger Hannover 96. Dorthin zieht es auch Kostas Konstantinidis.

Auch in Hannover greift der Bolton-Effekt: Mit 14 Treffern in 27 Spielen ballert Bobic die „Roten" zum Liga-Verbleib und kehrt 2003 sogar in die Nationalmannschaft zurück. „Mir hat die englische Fußball-Mentalität gefallen. Ich habe mich jedes Mal auf den Samstag gefreut", blickt Fredi Bobic auf das turbulenteste halbe Jahr seiner Karriere zurück. „Gestört hat mich eigentlich nur das schlechte Wetter; der ständige Regen und der raue Wind waren auch bei den Spielen immer sehr unangenehm."

Nach Abgang von Bobic und Konstantinidis ist die Ära ehemaliger Bundesliga-Stars in Bolton noch nicht vorbei: Der Nigerianer Augustine „Jay-Jay" Okocha wechselt im Sommer 2003 von Paris St. Germain zu den Wanderers. Der Ex-Frankfurter kassiert jährlich geschätzte 3,7 Mio. Euro, aber er schnibbelt sich mit seinen unnachahmlichen Freistößen auch in die Herzen der Zuschauer und belegt bei einer Fan-Umfrage 2005 nach dem „größten Bolton-Spieler aller Zeiten" Platz zwei – natürlich hinter „Big Nat" Lofthouse. Der Spielerlegende, die 1944 bis 1960 in Bolton spielte, wurde die Schusskraft einer Kanone nachgesagt. Im Jahr 1953 holte er mit den „Trotters" den FA Cup.

Djorkaeff, der Ego-Tripper

Youri Djorkaeff hat ganz andere Pläne, als er nach Bolton wechselt. Zunächst schickt er seinen Bruder und Berater Denis dorthin, um die Lage zu checken. „Was für eine Atmosphäre! Ich war Anfang Februar 2002 im Reebok-Stadion, und jeder hat mich herzlich empfangen", erzählt Denis Djorkaeff. Und weil die Atmosphäre so gut ist, unterschreibt sein Bruder dann auch für 80.000 Euro Wochensalär bis zum Saisonende. Bolton-Boss Phil Gartside feiert die Verpflichtung des abgehalfterten Welt- und Europameisters als „größten Coup der Vereinsgeschichte" und tut fast so, als würde Djorkaeff direkt im Anschluss an seine aktive Karriere bei Bolton den legendären Nat Lofthouse als Ehrenpräsidenten ablösen. Dabei verfolgt Djorkaeff auf der Insel seine eigene Mission. Er will noch mit zur Weltmeisterschaft 2002 in Asien. Vor allem aber will er den Ausflug in die Bundesliga schnell vergessen: „Ich spreche nicht mit deutschen Journalisten", lässt er trotzig ausrichten.

Anders als Bobic und Töfting zieht Djorkaeff nicht ins schmucke „De Vere Whites"-Hotel, sondern mietet sich in einem Luxushotel in Manchester ein. Die „Torschlange" sucht die Nähe zur „French Connection" von ManU, seinen Nationalmannschafts-Kollegen um Fabien Barthez und Laurent Blanc. Insider tuscheln: „Djorkaeff ist das Hotel am Stadion wohl nicht gut genug. Er spielt hier aus purem Egoismus. Ob die Wanderers absteigen, ist dem doch scheißegal." Tatsächlich schafft es Djorkaeff in den WM-Kader, doch in Japan und Südkorea blamiert sich Frankreich bis aufs Hemd.

„Politik der großen Namen"

Die Bolton Wanderers setzen nach dem Klassenverbleib in der Premier League ihre „Politik der großen Namen" fort: 2003 wechselt der spätere griechische Europameister Stylianos Giannakopoulos (Olympiakos Piräus) ebenso ablösefrei nach Bolton wie der Spanier Ivan Campo von Real Madrid und der Brasilianer Jardel von Ancona Calcio. Fernando Hierro, immerhin schon 35, wechselt 2004 direkt aus der Wüste, vom Klub Al Rayyan aus dem Scheichtum Katar, ins kalte Bolton. Der langjährige Abwehrchef und Kapitän von Real Madrid kostet keinen Penny Ablöse. Hierro sorgt mit dafür, dass die „Politik der großen Namen" sich auszahlt für Bolton: Am Ende der Saison 2004/05 spielen sie erstmals um den UEFA-Pokal. Youri Djorkaeff ist zu diesem Zeitpunkt längst weg. Schon am Saisonende 2003 hat man in Bolton genug von Djorkaeff und schiebt ihn zu den Blackburn Rovers ab.

Für den Dänen Stig Töfting ist Bolton „die letzte Chance, den ewigen Traum vom englischen Fußball zu realisieren". Und auch sonst kickt der bullige Däne in Bolton auf Bewährung. Vorher hatte das Kraftpaket die Vereine wie die Hemden gewechselt: Aarhus GF, zweimal der HSV, Odense BK, und der MSV Duisburg sind in steter Regelmäßigkeit und in teilweise verwirrender Kombination die

Arbeitgeber des eigenwilligen Mittelfeldspielers. Erstmals an Bord hat ihn Bolton-Coach Sam Allardyce nach zähen Verhandlungen mit dem HSV dann im Februar 2002, gegen West Ham United.

Die gravierenden Unterschiede zur Bundesliga hat der Däne schnell erkannt: „In England spielst du für ein wöchentliches Fixgehalt, in Deutschland vor allem auch für die Auflaufprämie", so Töfting. Und er sieht klar: „Wer in der Bundesliga nicht spielt, der ist sauer auf die Mitspieler, weil die ihm sein Geld wegnehmen. Dementsprechend treten sie dich im Training fast tot, ziehen dann im Spiel vornehm den Schwanz ein. In England ist es umgekehrt."

Trotz dieser Erkenntnisse wird es für Töfting kein Happy End geben. Das liegt zunächst daran, dass die englische Boulevardpresse in Töftings Vergangenheit herumstochert und herausbekommt, dass seine Eltern 1983 bei einer Familientragödie starben. Dann stürzt „Töffe" über die eigene Unbeherrschtheit. Eigentlich sollte es am 16. Juni 2002 für den harten Kern der dänischen Nationalmannschaft nach der strapaziösen Weltmeisterschaft in Asien einen gemütlichen Ausklang geben. Nach dem Rückflug aus Japan, wo Dänemark im Achtelfinale England klar mit 0:3 unterlegen war, geht es im heimischen Kopenhagen nahe dem Tivoli ins Café Ketchup. Irgendetwas muss Töfting an der lockeren Atmosphäre in dem In-Lokal gestört haben, denn plötzlich geht der bekennende Nicht-Tänzer auf den Barkeeper los, der die Musik partout nicht leiser drehen will. Eine „Kopfnuss" für den Mann hinter der Theke, ein Kinnhaken für den Küchenchef – im Café Ketchup fliegen die Fäuste, und der Skandal ist perfekt. Das zuständige Gericht in Kopenhagen verurteilt Töfting zu vier Monaten Gefängnis, die er in Dänemark abzusitzen hat, das Aus für ihn bei den Bolton Wanderers.

Töfting tingelt vor Haftantritt durch die Talk-Shows und beteuert seine Unschuld: „Das Urteil ist sehr, sehr hart für mich. Ich war einfach zur falschen Zeit am falschen Ort." Eine Einsicht, die zu spät kommt. Auf Töftings tätowiertem Oberkörper, der ein Kunstwerk für sich ist, steht auch sein Motto. „No regrets" – Kein Bedauern.

Geheimnis einer Teufelsmaske
„Fred, the Red" und andere Maskottchen

Das Old Trafford von Manchester ist an einem Herbstabend im Jahr 2002 zum Liga-Cup-Spiel gegen den ewigen Rivalen FC Chelsea (1:0) mit 58.000 Zuschauern gut gefüllt. Die Stimmung ist prächtig, die Fans empfangen die beiden Teams beim Einmarsch in das „Theater der Träume" mit donnerndem Applaus. Ganz zum Schluss kommt der stillste Star von Manchester auf den Rasen. Er spricht nie, er macht keine Tore, und doch lieben ihn alle. Er trägt das Trikot mit der Nummer 55. Sein Name: „Fred, the Red", in England fast so bekannt wie David Beckham. Sein Beruf: Maskottchen bei ManU.

Manchester United leistet sich den Luxus eines Profi-Maskottchens. Das ist einmalig in der englischen Premier League. Seit Sommer 2000 ist „Fred, the Red" offizieller Angestellter bei Manchester United. Wie es sich für einen echten Profi gehört, hat er in der Osttribüne des Old-Trafford-Stadions sein eigenes Büro mit dem schlichten Türschild „Fred's Office". Und Fred hat auch eine eigene Sekretärin. Sie organisiert seine Termine und übernimmt auch die Interviews für ihn. Denn: Das Sprechen ist Fred streng verboten. „Sonst", sagt eine United-Sprecherin, „würde er rasch erkannt werden, und es soll ja ein Geheimnis bleiben, wer sich hinter der Teufelsmaske verbirgt." Insider rätseln seit Jahren, wer in dem Kostüm steckt und ob es sich dabei immer um dieselbe Person handelt. „Den Fans ist das aber letztlich egal", so glaubt man bei Manchester United, „denn sie glauben, Fred ist echt."

Dauerstress in der Weihnachtszeit

„Fred, the Red" feierte sein Debüt im letzten ManU-Heimspiel der Saison 1993/94. Seither, in dieser für den Klub so erfolgreichen Zeit mit mehreren Meistertiteln und dem Gewinn der UEFA Champions League 1999, gaben sich die Superstars die Klinke in die Hand, einer aber blieb. „Fred, the Red" tanzte sich mit seinen lustigen Einlagen in die Herzen der Fans. Das Kerlchen mit der Teufelsgabel hat bei jedem ManU-Spiel seinen festen Stammplatz neben der Trainerbank von Sir Alex Ferguson. Und natürlich auch feststehende Aufgaben. Fred verteilt während des Spiels Autogrammkarten der ManU-Stars an alle Zuschauer in den ersten Reihen, Kinder bekommen sogar noch mehr Geschenke, wie Süßigkeiten oder ein Schreibset fürs Schulmäppchen.

In der Vorweihnachtszeit sieht man Fred im Dauerstress. Der ManU-Teufel wird mit Terminwünschen regelrecht überhäuft. Bis zu sieben Auftritte hat das Maskottchen dann pro Woche. Zum vorweihnachtlichen Besuch im ManU-Mega-Store, dem Fanshop von der Größe einer Sporthalle, fährt Fred natürlich mit seinem eigenen Dienstwagen vor, einem roten Ford Kombi. Es ist ein wichtiges Date. Denn im Mega-Store trifft Fred den Weihnachtsmann persönlich. Er ist sein wichtigster Komplize. Fred und der Weihnachtsmann sind zwei Figuren, ohne die sich United-Fans die Welt nicht vorstellen können. Der Weihnachtsmann übergibt Fred den riesigen, etwa 20 Seiten langen Wunschzettel der Fans mit zuweilen recht ausgefallenen Ideen wie beispielsweise dem „Einzug ins Champions-League-Finale".

Fred konzentriert sich auf das Machbare und sucht im Fanshop nach Geschenken für die Kinder. Bleistifte, Autogrammkarten, Poster, T-Shirts. Er macht einen riesigen Präsentkorb fertig und düst sogleich ab zum nächsten Termin. Fred besucht ein Heim für geistig und körperlich behinderte Kinder im Süden von Manchester. Die Kleinen sind glücklich, die Augen glänzen, als sie von Fred die ManU-Souvenirs bekommen, und sie dürfen den roten Teufel natürlich auch umarmen, ihn streicheln und mit ihm tanzen. Einige Kinder wollen Fred sogar heiraten, so hört man immer wieder aus Manchester.

„Fred, the Red ist ein wichtiger Repräsentant bei der Aktion ‚United for UNICEF', er hilft mit, die Botschaft unserer Organisation in alle Welt zu transportieren", erzählt UNICEF-Sprecherin Kim Bohaxzuk. Seit 1999 arbeitet das UN-Kinderhilfswerk eng mit Manchester United zusammen, umgerechnet wurden mehr als zwei Mio. Euro an Spendengeldern für Kinder gesammelt. „Fred, the Red" rührt bei vielen Veranstaltungen die Werbetrommel.

Das große Rennen von Huntingdon

Bei so viel Stress muss natürlich auch ein wenig Ausgleichssport her. Das große Familientreffen der englischen Fußball-Maskottchen, das *British Mascot Grand National*, auf der Rennbahn in Huntingdon ist für Fred der ideale Anlass, seine Freunde zu treffen. Hier tummeln sich auch so skurrile Gesellen wie „Moonchester", das Maskottchen von Manchester City, oder die „Elster" von Newcastle United. Hier treffen sich Adler, Affen, Elefanten, Schwäne, Wölfe und Krabben – alle Maskottchen der fünf englischen Profi-Ligen dürfen teilnehmen. Ein 200-Meter-Lauf über sechs Hürden steht auf dem Programm. Grundregel: Wer keine großen Füße hat, startet ein paar Meter weiter hinten. „Die Kameradschaft ist großartig", erzählt „Captain Blade" von Sheffield United dem Journalisten Martin Endemann. „Für uns Maskottchen ist das Rennen das Highlight des Jahres, und wir treffen uns meist schon einen Tag vorher und feiern bis vier Uhr morgens."

Die Idee zum großen Maskottchen-Rennen hatten die Verantwortlichen des Huntingdon Racecourse, und seit 1999 rennen, tapsen, watscheln und trippeln bis zu 80 Maskottchen über die Rennstrecke. Ein herrlich-verrücktes, buntes Bild. Erster Sieger wurde „Beau Brummie Bulldog" von Birmingham City. Rekordmeister ist „Chaddy, the Owl". Die Eule von Oldham Ahtletic macht 2002 und 2003 das Rennen.

In einem handfesten Skandal endet das Rennen im September 2001. Heimlich hat sich Matthew Douglas, Olympiateilnehmer über 400 Meter Hürden im Jahr 2000 in Sydney, als „Freddie, the Fox" unter die Teilnehmer gemischt. Vielen ist Sache von Anfang an suspekt, da „Freddie, the Fox" Turnschuhe mit Spikes trägt und nicht etwa, wie alle anderen, die traditionellen Maskottchen-Flossen, -Tatzen oder -Stiefel. Kein Wunder, dass der Kerl allen anderen davonspurtet! Ausschließlich im Dienst der guten Sache, wie der Übeltäter später betont. „Es hat Spaß gemacht", erzählt Matthew Douglas. „Ich bin gefragt worden, ob ich mitlaufen möchte, um damit Geld für die Nationale Krebsforschung zu sammeln, und habe zugesagt."

Obwohl die Empörung riesengroß ist – viele wittern einen Wettskandal – versucht der sofort disqualifizierte Douglas die Wogen noch irgendwie zu glätten und die wütenden Maskottchen zu beruhigen.

Er übergibt die Sieger-Rosette an den Zweitplatzierten, „Dazzle, the Lion" vom Klub Rushden & Diamonds. „Dazzle", der im richtigen Leben Mark Walker heißt, bleibt trotz des Triumphs gefasst: „Ich werde jetzt nicht abheben."

Die Katze verprügelt: Aus für „Wolfie"

Im heimischen Stadion dagegen geht so manchem Maskottchen schon mal der Gaul durch. Das sorgt für Stimmung auf den Rängen. Prestons Ente „Deepdale Duck" musste nach einem Temperaments-ausbruch von Ordnern an den Federn vom Platz geschleift werden – er hatte sich über einen Platzverweis für sein Team allzu sehr aufgeregt. Swanseas Schwan „Cyril" riss Millwalls Löwen den Kopf ab und kickte ihn auf die Tribüne. Nicht eben die feine englische Art. Als „Wolfie", der Wolf von den Wolverhampton Wanderers, sich vor einigen Jahren zuerst die Katze von Bristol City vorknöpfte und dann auch noch auf drei kleine Schweinchen, die Maskottchen eines lokalen Sponsors, losging, war das Maß voll. Die FA dachte laut über einen „Verhaltenskatalog" für Maskottchen nach. Die Plüschbrüder wollten das nicht hinnehmen und drohten mit Streik. So weit kam es glücklicherweise nicht. Stattdessen wurden Übeltäter wie „Wolfie" von ihren Klubs an die Luft gesetzt. Schluss mit lustig.

Fußballmaskottchen haben in England einen weitaus höheren Stellenwert als anderswo. Sie repräsentieren ihr Team auf lustige Art und Weise und tragen als Plüsch gewordenes Symbol ihres Vereins einen großen Teil zur Identifikation der Fans bei. Das macht sich mitunter auch die Politik zunutze. Wie im kommunalen Wahlkampf 2002. Stewart Drummond wird zum Bürgermeister von Hartlepool gewählt. Vor der Wahl hat er versprochen, „alle lokalen Schulen kostenlos mit Bananen zu versorgen", und damit die Wählerschaft auf seine Spur gebracht. Denn Drummond steckt auch im Kostüm von „H' Angus, the Monkey", dem Affen im blau-weißen Trikot von Hartlepool United, der in der Stadt eine riesige Popularität genießt. Drummond gewinnt mit einer überwältigenden Mehrheit von 60 Prozent der Stimmen und lässt seinen Kontrahenten von den Tories fluchen: „Verdammtes Affentheater."

Die Tränen des Mohammed
Al-Fayed und sein FC Fulham

Ein verregneter Frühlingstag in Paris. Vor der Drehtür des berühmten Hotels „Ritz" nahe der Place Vendome eilen immer wieder Touristen vorbei, um den Ort zu fotografieren, wo Prinzessin Diana von Wales und ihr damaliger Liebhaber Dodi Al-Fayed am Abend des 31. August 1997 zum letzten Mal lebend gesehen wurden, bevor sie bei einem Autounfall ums Leben kamen.

In der Lobby des noblen Hotels sitzt an diesen Nachmittag im Jahr 2003 Mohammed Al-Fayed, Jahrgang 1929, der mächtige Präsident des englischen Premier-League-Klubs FC Fulham – und weint. Die Erinnerung an den tragischen Tod seines Sohnes Dodi lässt den Mann mit der Halbglatze nicht los: „Ich liebe England, aber ich muss gehen, weil man hier die Wahrheit über den Tod meines Sohnes zu sehr fürchtet", gibt Al-Fayed unter Tränen zu Protokoll. Im noblen „Ritz", das er 1978 kaufte und vor dem sicheren Konkurs rettete, inszeniert er seinen Abgang, gibt ein exklusives Interview mit einer englischen Zeitung. Er zieht in die Schweiz, später nach Monaco. Ins Exil.

Aber Al-Fayed geht auch, weil er seinen jahrzehntelangen Kampf um gesellschaftliche Anerkennung in seinem Gastland als verloren ansieht. Die „feine Gesellschaft" zeigt Al-Fayed immer noch die kalte Schulter. „Zu offensichtlich" nennen Society-Experten Al-Fayeds Streben nach Anerkennung. Weil er es als Geschäftsmann nicht geschafft hat, die nötige Anerkennung zu erlangen, will der Ägypter die Herzen der Briten auf andere Weise erobern: als reicher Gönner eines Fußballvereins.

Märchen aus 1001 Nacht

Im Mai 1997 kauft Al-Fayed den Drittligisten FC Fulham für rund 45 Mio. Euro. Als der ägyptische Kaufhauskönig im Londoner Westen auftaucht, sehen sich die Verantwortlichen des mit 36 Mio. Euro in der Kreide stehenden FC Fulham urplötzlich wie in einem Märchen aus 1001 Nacht. Eine Erfolgsstory beginnt. Mit Al-Fayeds schier unerschöpflichen finanziellen Mitteln – ein Engagement als Berater des Sultans von Brunei in den sechziger Jahren hat ihm zu ungeheurem Wohlstand verholfen – wird zunächst der riesige Schuldenberg abgetragen. Kritiker Al-Fayeds erheben bereits in der Anfangsphase seines Engagements mahnend den Zeigefinger: Der Mann aus Ägypten, so fürchten viele, könnte den Fußball respektive den FC Fulham nur als Werkzeug benutzen, um sich Popularität und Anerkennung zu verschaffen. Al-Fayed, in einem Elendsviertel von Alexandria geboren, beteuert dagegen: „Meine Begeisterung für den Fußball ist echt, schon in meiner Kindheit habe ich immer mit Cola-Flaschen gespielt und wollte immer Kapitän sein."

Jetzt ist er es. In Fulham. Erst Mäzen, dann Präsident und später alleiniger Eigentümer. Al-Fayed bestimmt wie ein Alleinherrscher die Geschicke des Vereins, holt nach und nach immer mehr namhafte Spieler und Trainer in den noblen Stadtteil im Südwesten Londons. Kevin Keegan ist der erste von vielen Prominenten. Der ehemalige Stürmerstar des FC Liverpool und des Hamburger SV coacht den FC Fulham ab 1998. Ein Transfer mit Kalkül. Als der britische Verband Keegan 1999 als Nationalcoach will, wird die „Mighty Mouse" ungewollt zu einer der Schachfiguren im Spiel des Mohammed Al-Fayed.

Der Ägypter hofft mit einem, wie er glaubt, cleveren Schachzug endlich die britische Staatsbürgerschaft zu erlangen. „Ich gebe euch Keegan, ihr gebt mir den Pass", fordert der Milliardär öffentlich – und blitzt ab. Keegan wird zwar Nationalcoach, aber die britischen Behörden bleiben hart. Kein Pass für Al-Fayed. Du kommst hier nicht rein.

Al-Fayed verliert die Contenance und poltert los: „Das ist eine Verschwörung von Verbrechern, Schwulen und Rassisten, die glauben, mir auf den Kopf scheißen zu können, nur weil ich für sie ein dahergelaufener Araber bin."

Al-Fayed rüstet auf
Die Folge: Nicht ohne eine gewisse Portion Wut im Bauch rüstet Al-Fayed den FC Fulham weiter auf. Und er hat Erfolg: Im Jahr 2001 gelingt unter dem französischen Coach Jean Tigana, Europameister

von 1984, der Aufstieg in die Premier League. Und der wird gebührend gefeiert. Mit Fulham-Schal und Mütze posiert Al-Fayed neben Tigana und hält mit einem gequälten Lächeln den Meisterpokal der First Division in die Kameras. „Abends gab es dann einen großen Gala-Empfang im fünften Stock von Al-Fayeds Kaufhaus Harrods in London", erinnert sich der deutsche Stürmer Karlheinz Riedle, der von 1999 bis 2001 beim FC Fulham spielte. „Aber", ergänzt Riedle, der für Werder Bremen und Borussia Dortmund insgesamt 207-mal in der Bundesliga spielte, „richtig groß eingekauft hat Fulham erst nach dem Aufstieg in die Premier League."

In der Tat: Nachdem Fulham von der Second Division in die Premier League marschiert ist, sitzt das Geld bei Al-Fayed besonders locker. Die Stars geben sich die Klinke in die Hand: Der niederländische Nationalkeeper Edwin van der Sar wechselt 2001 ebenso nach Fulham wie der schottische Internationale John Collins. Coach Tigana bringt seine Landsleute Sylvain Legwinski und Steve Marlet mit nach Fulham. Italiens Legende Franco Baresi wird zwischenzeitlich Sportdirektor, und für die Talentsichtung ist kein Geringerer als Brasiliens Fußball-Denkmal Pelé zuständig. Es fehlt eigentlich nur noch der universell einsetzbare Franz Beckenbauer als Mediendirektor. Al Fayed nutzt den Achtungserfolg nicht nur zur personellen Runderneuerung, sondern schraubt gleichzeitig auch die Ziele noch ein wenig höher: „Wir wollen nicht so gut wie Manchester United oder Real Madrid werden, sondern wir wollen die Besten sein", tönt er.

Die Yuppies gehen zu Chelsea

Alles heiße Luft. Obwohl Al-Fayed seit 2001 umgerechnet mehr als 125 Mio. Euro in den Verein gepumpt hat, kommt Fulham nicht aus dem Schatten des Rivalen FC Chelsea im Südwesten Londons heraus. Fulham stellt, was die Wohnlage angeht, ein Filetstück Londons dar. Zahlreiche Prominente, wie Stones-Gitarrist Ron Wood, Schauspieler Hugh Grant oder Supermodel Naomi Campbell, wohnen hier. Und wo edle Boutiquen, exklusive Geschäfte, vornehme Restaurants und In-Kneipen das Stadtbild prägen, gehört ein semi-bekannter Fußballklub wie der FC Fulham nicht gerade zu den ersten Anlaufstellen. Außerdem haben sich die Fußballinteressierten unter den Neureichen und den Yuppies im Südwesten längst den FC Chelsea als Favorit ausgesucht.

Auch mit seinem maroden Stadion kann Fulham nicht punkten. Das „Craven Cottage" („Feiglings-Hütte") ist im wahrsten Sinne des Wortes eine heruntergekommene Hütte. Selten verlieren sich hier mehr als 11.000 Fans. Das soll sich nach Al-Fayeds Meinung schnellstmöglich ändern, und so liegt im Herbst 2002 ein Plan für einen Stadionneubau für rund 130 Mio. Euro auf dem Tisch. Das „New Fulham Stadium" soll das alte „Craven Cottage" ablösen und *die* architektonische Perle im Südwesten Londons werden.

Bis zur geplanten Fertigstellung will Al-Fayed seine „Lilywhites" im Stadion an der Loftus Road, wo die Queen's Park Rangers zuhause sind, spielen lassen. Aber seine Finanzierung steht auf wackligen Beinen. Diverse Baugenehmigungen fehlen, der Stadionneubau wird zur Hängepartie. Allein die Umrüstung der Loftus Road auf Premier-League-Niveau verschlingt 30 Mio. Euro. Wenigstens hat das Stadion mit einem Fassungsvermögen von 19.100 Zuschauern dank Al-Fayed jetzt ein Wettbüro, einen Fanshop und eine Bar für den Supporters Club des FC Fulham. Dank der Großmannssucht des Mohammed Al-Fayed drücken den FC Fulham inzwischen aber auch 60 Mio. Euro Schulden. „Fulham ist zum größten Teil von Al-Fayed abhängig, er entscheidet über die Zukunft des Vereins", weiß Karlheinz Riedle.

Denn Fulham ist Al-Fayed und Al-Fayed ist Fulham. Ohne den barhäuptigen Mann aus Ägypten geht bei den Londonern nichts. Er ist bei jedem Heimspiel dabei, lässt sich vor jedem Spiel bei einer Art Ehrenrunde von den Fans huldigen. Die Spieler und die Fans applaudieren dann artig dem Macher aus dem Morgenland. „Wir müssen ihn ja mögen, schließlich hat er unseren Verein in die Premier League gebracht", meint Dave Gardner vom Fulham Supporters Club mit süß-saurem Lächeln.

„Es hat nicht viel gepasst"

Al-Fayed gibt sich basisnah. Beim Training des erfolgreichen Frauen-Teams taucht er oft mit Blumen und Schokolade auf, in der Geschäftsstelle hält er Smalltalk mit seinen Angestellten.

Trotz seiner riesigen Investitionen in den Kader und trotz des Durchmarsches vom UI-Cup in die dritte Runde des UEFA-Pokals bleibt am Ende der zweiten Premier-League-Saison 2002/03 der „Cottagers " ein bitterer Beigeschmack. Fulham rettet sich gerade mal so eben noch vorm Abstieg. „Es hat vieles nicht gepasst", resümierte Trainer Chris Coleman trocken, als nach dem 2:0 gegen den FC Everton die Rettung perfekt ist. Showman Al-Fayed kann durchatmen: Sein großer Gala-Empfang zum Saisonabschluss im Novotel in Hammersmith kann steigen.

Der Fulham-Boss lässt sich jedes Jahr für diesen Anlass einfliegen, um den geladenen Gästen noch einmal alle Highlights der Saison auf einer Videoleinwand vorzuführen. Die Fulham-Video-Show, die nach dem Vier-Gänge-Menü auf die Gäste wartet, fällt traditionsgemäß recht kurz aus, weil sich seine Truppe zur grauen Maus der Premier League entwickelt hat. In der Abschlusstabelle pendelt sie nach 2003 auf den Plätzen zwischen neun und zwölf. Dennoch werden Interessierte auf der Homepage des Vereins vorab angehalten, sich die besten Plätze rechtzeitig zu sichern. Wer mit der Mannschaft am Tisch speisen will, zahlt bis zu 2.300 Euro. Vornehm geht die Welt zugrunde.

Kung-Fu im Kristallpalast
Eric Cantona auf dem Sprung

Klara Ryan erschrak. Der Mann mit dem dunklen Anzug und der Sonnenbrille schien das Schild „Geschlossen", welches an der Eingangstür von Frenchie's Restaurant im Londoner Süden hing, ignoriert zu haben. „Eric ist draußen", sagte er mit französischem Akzent, „er lässt fragen, ob wir hier was essen können." Klara Ryan, die letzte noch anwesende Kellnerin, weiß sofort, wer mit Eric gemeint ist. Sie ist sicher, in dem Mann mit dem schwarzen Anzug vor der Tür den Fußballstar Eric Cantona von Manchester United zu erkennen. Sie ruft eilig ihren Chef an und fragt ihn, ob sie den Männern am späten Nachmittag noch etwas zu essen machen soll. Ihr Boss befiehlt ihr, Cantona und seine Begleiter hereinzubitten, aber „um Gottes Willen kein Trinkgeld" zu verlangen. Es sind fünf. Sie bestellen Pasta.

Klara Ryan ist von Cantonas Erscheinung beeindruckt: „Eric präsentierte sich als Gentleman vom Scheitel bis zur Sohle", erzählt die Kellnerin, „er trug einen dunklen Maßanzug und hat mir auf seiner Rechnung, die um die 55 Pfund betrug, sogar ein Autogramm gegeben." Eric Cantona vergisst auch nicht, Klara Ryan ein üppiges Trinkgeld zu geben. Dennoch spricht er nur wenig am späten Nachmittag des 31. März 1995.

Es gibt nichts mehr zu besprechen für Eric Cantona und sein Beraterteam, es ist alles gesagt. Cantona hat bei dem Gerichtstermin, der dem Essen in Frenchie's Restaurant voranging, gerade noch eine zweimonatige Gefängnisstrafe abgewendet. Für ein paar Stunden hat er sogar in einer Zelle gesessen, ehe eine nicht unerhebliche Kaution gezahlt wurde. Er muss stattdessen 120 Stunden gemeinnützige Arbeit leisten. In Manchester gibt Cantona Fußballtraining für Jugendliche. Dazu kommen neun Monate Sperre vom englischen Fußball-Verband und eine Geldstrafe von umgerechnet 30.000 Euro.

Dass Cantona vor dem Croydon Crown Court in London erscheinen musste, verdankte er dem folgenschwersten Blackout

seiner Karriere, in der Skandale und Peinlichkeiten stets seine treu-
esten Begleiter waren. Am 25. Januar 1995 hat er im Premier-League-
Spiel bei Crystal Palace im Selhurst Park Stadium den Zuschauer
Matthew Simmons getreten. Wie ein Kung-Fu-Kämpfer ist Cantona dem direkt an der Bande stehenden Simmons aufs Brustbein
gesprungen.

Cantona als Gesamtkunstwerk

„Kung-Fu Cantona" – ein Foto, das sich ähnlich stark ins Bewusstsein der englischen Fußball-Öffentlichkeit eingebrannt hat wie der
weinende Paul Gascoigne nach dem Aus der Engländer im WM-
Halbfinale 1990 gegen Deutschland oder die geschlagen auf dem
Rasen liegenden Spieler des FC Bayern München nach dem Champions-League-Finale 1999 gegen Manchester United.

Aber die Geschichte, die hinter dem Foto von Eric Cantona und
Matthew Simmons steht, ist anders, ist komplexer. Um sie zu verstehen, muss man Cantona als Gesamtkunstwerk begreifen. Eric
Cantona, geboren am 24. Mai 1966, ist in Marseille aufgewachsen.
In einem Vorort der südfranzösischen Stadt, um den man auch
tagsüber besser einen großen Bogen macht. Kung-Fu und andere
Kampfsportarten sind hier für die erfolgreiche Alltagsbewältigung
recht nützlich. Cantonas Großvater ist 1955 aus Sardinien nach Marseille gekommen. Der Vater seiner Mutter ist ebenfalls Exilant und
hat als Offizier der republikanischen Armee im spanischen Bürger-
krieg gegen General Franco gekämpft. Wildes Blut. Als Kind ist Eric
Cantona ein Fan der Holländer und ihres genialen Spielmachers
Johan Cruyff, mit 16 debütiert er beim AJ Auxerre in der französischen Liga und 1988 gehört er zu Frankreichs U21-Nationalmann-
schaft, die Europameister wird.

Cantona ist kein Spieler wie jeder andere, der in England sein
Fußball-Glück sucht. Das spüren alle, als der verrückte Franzose
von Olympique Marseille im Februar 1992 in Sheffield auftaucht. „Er
liest Baudelaire und Montesquieu, was im fußballerischen Umfeld
immer noch nicht gern gesehen ist. Er schreibt Gedichte und malt. Er
ist zur Hälfte Spanier, und die Fans seiner häufig wechselnden Vereine beten ihn an, ihn und sein Spiel", schreibt der spanische Autor
Javier Marías 2000 in *Alle unsere frühen Schlachten* über Cantona.

„Kung Fu Cantona" – ein Foto, das um die Welt ging.

Bei Sheffield Wednesday fällt die Betstunde für die Fans aus. Cantona macht nur ein einwöchiges Probetraining und läuft lediglich in der Halle für Sheffield auf – gegen ein amerikanisches Touristenteam aus Baltimore. Nach dem Spiel stellt Sheffields Trainer Trevor Francis entsetzt fest, dass Cantona verschwunden ist. Angeblich hat ihm niemand angeboten, noch eine weitere Woche zu bleiben. Cantona wechselt zu Leeds United und holt mit den „Whites" 1992 den letzten Meistertitel vor Einführung der Premier League.

Cantona ist eine Symbolfigur. „Im Jahr 1995", erklärt der englische Journalist und Autor Brian Oliver, „war Cantona wahrscheinlich das größte Los überhaupt für den britischen Sport. Mit seinem Hochmut, seiner Unbeherrschtheit und natürlich mit seinem einzigartigen Talent passte er hervorragend in die neue Starkultur des englischen Fußballs, der zu Beginn der Neunziger mit der Gründung

der Premier League, der Champions League und der immensen Aus-
schüttung von Fernsehgeldern durch *SkySports* in ein neues Zeitalter
vorgestoßen war."

Cantona, der Kantige. Der Autor Rick Broadbent beschreibt ihn
in seinem Buch *Looking for Eric* als einen „vor Wut kochenden Ord-
nungshüter". Schon in Frankreich war er durch seine derbe Sprache,
seinen übertriebenen Gerechtigkeitssinn und sein ungezügeltes
Temperament aufgefallen. Noch beim AJ Auxerre schlug er einem
Mitspieler ein blaues Auge. Nach einer Auswechslung im Spiel
gegen Torpedo Moskau feuerte er 1988 sein Trikot vor die Trainerbank und wurde von Olympique Marseille für kurze Zeit gesperrt.
Im französischen Fernsehen ging Cantona wenig später verbal auf
Nationaltrainer Henri Michel los („Er ist ein Sack voller Scheiße")
und handelte sich eine längere Sperre ein. Dass er 1990 nur für zehn
Tage gesperrt wurde, als er seinem Mitspieler in Montpellier, Jean
Claude Lemoult, einen Fußballschuh ins Gesicht geschleudert hatte,
ist schwer zu erklären. Im Spiel zwischen Olympique und Nimes
warf er dem Referee den Ball an den Kopf, kassierte eine einmo-
natige Sperre und beschimpfte die französischen Verbands-Offi-
ziellen hinterher als „Idioten", was noch mal einen Monat Sperre
als Zugabe gab. „Eric hatte immer Charakter und feste Prinzipien
und ist für sich und andere eingestanden", sagt Frank Sauzée, der
mit Cantona in Marseille gespielt hat. „Deshalb war er auch immer
eine Zielscheibe für die Verbände und die Öffentlichkeit. Deswegen
haben ihn viele Spieler verehrt, weil er unbequem war und das offen
ausgesprochen hat, was viele dachten."

In den Fußstapfen von George Best

Nun also England. In Leeds besticht Cantona zunächst durch sein
intelligentes Spiel und seinen Torriecher. Bravouröse Leistungen,
vor allem im Europapokalduell mit dem deutschen Meister VfB
Stuttgart – 0:3, 4:1 und 2:1 in Barcelona – machen ihn zum Liebling
der Massen an der Elland Road. Aber Cantona hält es nicht einmal
ein Jahr in Leeds aus. Er wechselt am 26. November 1992 für umgerechnet 1,8 Mio. Euro zu Manchester United. Bei ManU übernimmt
er das Trikot mit der berühmten Rückennummer sieben. Zwischen
1963 und 1974 hat es der wilde Nordire George Best getragen. Can-

tona wird ein mehr als würdiger Nachfolger. Bei der Rückkehr an die Elland Road hat Cantona nichts Besseres zu tun, als einen Leeds-Fan anzuspucken und eine Strafe von umgerechnet 1.500 Euro zu kassieren.

Im Herbst 1993 versammelt sich vor dem Ali-Sami-Yen-Stadion in Istanbul ein gewaltbereiter Mob. Steine fliegen. Stundenlang belagern aufgebrachte Türken die ManU-Kabine. Eric Cantona sind in dem hitzigen Qualifikationsspiel zur Champions League bei Galatasaray Istanbul (0:0) alle Sicherungen durchgebrannt. Erst hat er an der Außenlinie einen Gegenspieler umgemäht, sich wegen anschließenden Ballwegschlagens die rote Karte abgeholt und sich dann auch noch mit der türkischen Polizei angelegt. Erst nach zähen Verhandlungen kann Coach Alex Ferguson kurz nach Mitternacht freien Abzug für sich und sein Team erwirken. Die UEFA sperrt Cantona für vier Spiele.

Bei der Weltmeisterschaft 1994 in den USA sind zwar weder England noch Frankreich dabei, aber das ist für Cantona noch lange kein Grund, nicht mitzumischen. Er legt sich mit der amerikanischen Polizei an und wird als Zuschauer verhaftet. Das macht sich prima im Lebenslauf. Auch seine Bilanz auf dem Platz zwischen 1993 und 1995 kann sich sehen lassen: vier rote Karten in nur zwei Premier-League-Spielzeiten.

Begegnung im Kristallpalast

Und dann kommt dieser bitterkalte 25. Januar 1995. Es ist kurz nach 21 Uhr. Matthew Simmons sitzt auf der Haupttribüne des Selhurst Park Stadium von Cyrstal Palace. Ihm ist kalt und er muss dringend zur Toilette. Simmons begibt sich um insgesamt 14 Sitzreihen nach unten. Auf dem Spielfeld wird gerade Eric Cantona von Schiedsrichter Alan Wilkie mit der roten Karte verabschiedet, nachdem er seinen Gegenspieler Richard Shaw übel zusammengetreten hat. Simmons erreicht die Bande, während Cantona wütend vom Platz stapft. Es wird eine schicksalhafte Begegnung. Von einer Sekunde auf die nächste wird Cantona zur Furie. Er springt hoch, tritt Simmons und stürzt auf ihn.

„Der Kerl hat meine Mutter beleidigt", begründet Eric Cantona wenig später vor Gericht den schlimmsten Ausraster der englischen

Fußball-Geschichte, „das konnte ich nicht durchgehen lassen." Simmons soll Cantona „rassistische Beleidigungen der schlimmsten Art" (*The Observer*) zugerufen haben. „Französischer Bastard" soll noch das Harmloseste gewesen sein.

Die Hotelmanagerin Cathy Churchman und ihre Kinder Steven und Laura, beide im Teenageralter, werden Augen- und Ohrenzeuge der Auseinandersetzung zwischen Cantona und Simmons. Auf zahlreichen Fotos ist Cathy Churchman im hellen Wintermantel zu sehen. „Meine Kinder und ich haben nicht gehört, was Simmons gerufen hat", sagt Cathy Churchman, „weil in diesen Sekunden alle im Stadion Cantona nach seinem Platzverweis ausgebuht haben." Cathy Churchman muss in Interviews und Talkshows die Szene immer wieder schildern. „Der Tritt hat auch mein Leben verändert", erzählt Cathy Churchman „weil ich so dicht dran war, dass Cantonas Fußballschuh meinen Mantel gestreift hat." Ihr Sohn Steven erinnert sich aber auch an seinen Sitznachbarn, der im Moment von Cantonas Kung-Fu-Tritt offensichtlich andere Sorgen hatte: „Der Typ neben mir brüllte nur: ‚Oh mein Gott, hoffentlich bin ich jetzt nicht im Fernsehen, denn ich war heute nicht arbeiten.'"

Nachdem sich Cantona und Simmons ineinander verhakt haben, klinkt sich auch noch Paul Ince in die Schlägerei ein und darf sich als Belohnung dafür zusammen mit Cantona wegen Körperverletzung vor Gericht verantworten. Gehetzt von den Medien ziehen Cantona und Ince am Abend vor dem Gerichtstermin ins Park Hotel in Croydon. Hier erlebt Paul Ince am nächsten Morgen eine Überraschung. Cantona steht vor seiner Tür. Er trägt ein Sakko, sein Hemd steht komplett offen. Ince: „Ich sah ihn an und meinte: ‚Eric, so kannst du nicht vor Gericht erscheinen.' Er meinte nur: ‚Ich bin Cantona, ich kann vor Gericht erscheinen wie es mir passt.'" Ince überredet seinen Mitspieler dann irgendwie doch, mit Schlips und Kragen vor Gericht aufzulaufen. Und hinterher geht er zu Frenchic's Restaurant essen.

Lästige „Seemöwen"

Cantona hat getan, wozu sich vor ihm noch kein Spieler im britischen Fußball hat hinreißen lassen: Er hat einen Zuschauer tätlich angegriffen. „Es war der abscheulichste Zwischenfall, an dem ein

Spieler beteiligt war, den ich jemals in einem englischen Fußballstadion gesehen habe", kommentiert West-Ham-Legende Sir Trevor Brooking bei BBC. Von Einsicht ist bei Cantona jedoch nichts zu spüren. Er gibt ein Aufsehen erregendes Interview. „Ich bin ein gebildeter Mensch und habe meine Einstellung zu meinem Leben und zu meinem Sport", erklärt er im britischen Fernsehen, „beides werde ich nicht ändern, nur weil andere es wollen. Ich ändere mich nur dann, wenn ich es will." Auf einer Pressekonferenz im Herbst 1995 legt er sich mit beinahe kryptischen Worten mit der englischen Presse an, die er als eine „Horde von Seemöwen tituliert, „die hinter einem Frachter herfliegt".

Aber ausgerechnet die „Seemöwen" von der Presse werden zu Cantonas fleißigen Helfern. Die *Sun* deckt immer mehr Details aus der kriminellen Vergangenheit von Matthew Simmons auf, der zum Zeitpunkt des „Vorfalls", wie er die Cantonas Attacke gegen sich nur nennt, 20 Jahre alt ist. Simmons ist ein Ganove. Er ist ohne Vater aufgewachsen und vorbestraft, weil er in Croydon eine Tankstelle überfallen und den Inhaber mit einem Schraubenschlüssel schwer verletzt hat. Außerdem gehört Simmons zu den Nationalisten von der British National Party (BNP) und ist mehrfach unter den Teilnehmern der sommerlichen BNP-Zeltlager.

Nach diesen Enthüllungen campieren plötzlich Journalisten vor dem Haus von Matthew Simmons in Croydon. Die Medien veranstalten eine regelrechte Treibjagd auf ihn. Ex-Nationalspieler Jimmy Greaves ergreift in einer Kolumne in der *Sun* Partei für Cantona: „Wie wäre es, wenn wir die Verantwortung von Matthew Simmons einmal analysieren würden", stellt der Weltmeister von 1966 die rhetorische Frage, „und auch von jedem anderen, großmäuligen Rowdy, der denkt, dass ihm eine Eintrittskarte für zehn Pfund das Recht gibt, einem Mann zuzurufen, was er will?"

Simmons ist völlig überfordert. Selbst von der *Sun* wird er gelinkt. Die Zeitung bestellt den Ahnungslosen für ein Exklusiv-Interview in ein Hotel nach Gatwick und lässt Simmons ganz entspannt einen Tag lang warten. Er verliert die Nerven, ruft wütend bei Manchester United an und verlangt Coach Alex Ferguson. Der ist natürlich nicht zu sprechen. Simmons ist verzweifelt. Nach dem Kung-Fu-Tritt von Cantona bricht sein bisheriger Alltag komplett zusammen. „Diese Sache hat mein Leben ruiniert", bilanziert Simmons „den Vorfall". Zunächst sperrt ihm Crystal Palace wegen Verstoßes gegen die Stadionordnung die Dauerkarte, dann muss er sich aufgrund der angeblichen verbalen Attacken gegen Cantona selbst vor Gericht verantworten. Matthew Simmons wird zu sieben Tagen Gefängnis verurteilt, verbringt aber nur 24 Stunden hinter Gittern. Vorher lässt er seine Wut ebenfalls mit einem Kung-Fu-Tritt am Mobiliar des Gerichtssaals aus. Er verliert seinen Job, Freunde und Familienmitglieder meiden ihn. Sie treffen sich stattdessen mit Cantona. Aus Scham versteckt Simmons sich jahrelang bei seiner Mutter Jackie, die einst als Bedienung im Klubrestaurant von Crystal Palace gearbeitet hat und den Jungen mit zum Selhurst Park genommen hat. Zu „Palace" geht der ehemalige Balljunge Simmons nach 1995 nur noch selten und wenn, dann nur auf Sitzplätze in den hintersten Ecken des Stadions. Er will nicht erkannt werden.

„Ich glaube schon, dass ich mit einer Entschuldigung von Cantona gut leben könnte", erklärt Simmons, „aber ich habe auch Bammel vor einer erneuten Begegnung mit ihm. Ich kann nicht ausschließen, dass er wieder ausrastet." Mit Cantonas Version der Geschichte will sich Simmons nicht abfinden: „Wenn Cantona behauptet, ich hätte seine Mutter beleidigt oder ihm ähnliche Sachen zugerufen, dann lügt er", erklärt er im Januar 2005 in der Zeitung *The Observer*. „Wir haben beide bei dieser Sache unsere Fassung verloren, aber mit dem Tritt gegen mich hat sich Cantona komplett unprofessionell verhalten."

Auch Eric Cantona will nicht gern über den „Vorfall" sprechen. Die Bezeichnung „Karate-Tritt" lehnt er strikt ab. „Da war eine Barriere zwischen mir und ihm, und die musste ich überspringen. Andernfalls hätte ich ihn mit meinen Fäusten bearbeitet. Man begegnet Leuten wie Simmons jeden Tag, tausendfach. Und man hängt dabei bei jeder Begegnung wie an einer Strickleiter. Für mich ist das Wichtigste bei dieser Sache, dass ich in dieser Sekunde nur ich selbst war."

„Gottes Rückkehr" live im Fernsehen
Bei den Fans von Manchester United genießt Cantona trotz oder gerade wegen seines Auftritts im Selhurst Park Stadium Kultstatus.

Jugendliche Fans im Old Trafford haben am 1. Oktober 1995, dem Ende von Cantonas Sperre, vor dem Spiel gegen den FC Liverpool französische Flaggen mit seinem Konterfei mitgebracht, und auch ihre Gesichter sind bemalt: „God is back" haben sie sich aufgemalt, und das wird natürlich live im Fernsehen gezeigt. „Das Drehbuch für Erics Comeback hätte nicht besser sein können", sagt sein ehemaliger Mitspieler Steve Bruce. Cantona verwandelt beim 2:2 einen Foulelfmeter und tut danach so, als würde er wieder über die Bande in Richtung Zuschauer springen wollen. Verrückt.

Doch Cantona wird den neuen Drei-Jahres-Vertrag, den er im April 1995 bei Manchester United unterschreibt, nicht erfüllen. Völlig überraschend beendet er im Mai 1997 im Alter von nur 30 Jahren seine Fußballerlaufbahn. Cantona geht, er widmet sich fortan der Schauspielerei. In *Mookie* spielt Teilzeit-Karatekämpfer Cantona 1998 einen Boxer. „Wütend" wird er nur noch, wenn ihm ballverliebte Brasilianer und Portugiesen im Werbespot eines Sportartikelherstellers das Glas aus der Hand rempeln. Für die Fans von Manchester United bleibt Cantona, der im August 2004 für das Cover des Fußballmagazins *FourFourTwo* mit verfilztem Vollbart und Schmierbauch posiert hat, für immer ein König.

Das muss auch Kevin Corner feststellen, als er Anfang 2005 die Einteilung der Sicherheitskräfte zum Premier-League-Spiel zwischen Crystal Palace und Manchester United vornimmt. Der Stadion-Manager im Selhurst Park hat mitbekommen, dass ManU-Fans mit „Eric Cantona"-Masken anreisen wollen und auf diese eigentümliche Weise den zehnten Jahrestag der Kung-Fu-Einlage feiern wollen. Corner lässt alle Spaßvögel über die Medien wissen, dass jeder, der mit einer solchen Maske ins Stadion kommt, sofort weggesperrt wird. Am Spieltag schäumt Corner vor Wut. Rund 20 Unverbesserliche lassen es sich nicht nehmen, maskiert nach London zu reisen. Zu der Aktion hat das ManU-Fanzine *Red Issue* aufgerufen. „Ich habe eine Maske getragen", sagt der Herausgeber des Magazins, „und viele andere United-Fans auch. Es ist nicht gegen das Gesetz, und es gibt keinen, der etwas dagegen tun kann." Klingt irgendwie nach Cantona.

In der Endlosschleife
Die Sheffield Wednesday und England Supporters Band

Die Blasinstrumente waren bereits vom anderen Ende der Straße her deutlich zu hören. Als die Musik immer lauter wurde, reckten die ersten Anwohner die Köpfe aus dem Fenster und starrten ungläubig hinaus. Klar, es war Mitte Mai. Sicher war die Heilsarmee oder eine andere Wohltätigkeitsorganisation wieder mit der Sammelbüchse, einer Dixielandkapelle und jeder Menge Lebensweisheiten in London unterwegs. Doch als die seltsame Prozession näher kam, konnten die ersten voreilig herausgekramten Münzen beruhigt wieder eingesteckt werden.

Denn die kunterbunte Truppe, die da an diesem sonnigen Samstagmorgen zur besten Shoppingzeit mitten auf der belebten Oxford Street im Londoner West End für Tamtam sorgte, war nicht auf Spendenfang. Es war die beliebteste Blaskapelle der Insel: die England Supporters Band.

Die Combo hatte bei ihrem Umzug durch London, der natürlich in blütenweißen Nationalmannschaftstrikots vonstatten ging, einen semiprominenten Gast mitgebracht. Chas Smash, ehemaliges Mitglied der Achtziger-Kultband Madness („Our house"), führte die Musiker an. Mit schwarzem Sakko, Zylinderhut, Sonnenbrille und einem Megafon. Mit dieser eigenartigen Performance präsentierte die England Supporters Band am 18. Mai 2002 den inoffiziellen Song zur Weltmeisterschaft in Asien: „We're coming over." Ob es eine Drohung oder ein Versprechen war, konnte nicht endgültig geklärt werden. Anschließend schauten die lustigen Musikanten noch bei der japanischen Botschaft vorbei und übergaben den WM-Co-Gastgebern als „Zeichen guten Willens", so Chas Smash, Schnaps und eine fette Portion Fish & Chips. Gastfreundschaft wird auf der Insel eben groß geschrieben. „Unser Song, We're coming over", erklärt John Hemmingham, der Leader, Gründer und Trompeter der Band

Tröten für die „Three Lions": die England Supporters Band

in Personalunion ist, „war das Gegenstück zur offiziellen WM-Single ‚On the ball' und kam prima bei den Fans an."

„The Great Escape" als Ohrwurm

Dass Hemmingham und Co. trotz des humorigen Auftritts in London keineswegs etwas mit feucht-fröhlichem Humba-Täterä zu tun haben, zeigt ein Blick auf das Repertoire der England Supporters Band. Das Ensemble kann nahezu 130 Lieder auswendig spielen. Dazu gehören nicht nur Fußball-Songs, sondern beispielsweise auch das patriotische „Rule Britannia" oder der Gospel-Song „Swing low, sweet Chariot", den bekennende Nicht-Sänger noch aus der leidvollen Zeit im Schulchor kennen. Notenblätter werden nicht verteilt, die Musik der England Supporters Band ist oft Improvisation und lebt von der Stimmung im Stadion. „Wir sind ja nicht Luciano Pavarotti, als dass wir vor jedem Spiel eine Probe machen könnten", erklärt John augenzwinkernd. Denn schließlich sind seine 14 Männer und die beiden Frauen im Alter zwischen 14 und 79 Jahren allesamt reine Amateur-Musiker. Aus ganz England zusammengetrommelt, blasen sie den Gegnern des Weltmeisters von 1966 mit Pauken,

Trompeten, Saxophon, Posaunen und einer guten Prise Ironie den Marsch. Markiert ein gegnerischer Spieler auf dem Rasen den „sterbenden Schwan", wird ein deutlich vernehmbares Sirenensignal intoniert. „Allerdings", so betont John Hemmingham, „würden wir nie Songs mit rassistischen Inhalten spielen oder mit aggressiven Titeln die Massen aufputschen. Wir wollen für gute Laune unter den Fans sorgen. Das ist alles."

Absolutes Markenzeichen der England Supporters Band ist eine eingängige, immer und immer wieder gespielte Melodie. Diese hat wohl jeder Fußball-Fan, der seit 1996 ein Länderspiel des Drei-Löwen-Teams verfolgt hat, schon einmal gehört. Die Rede ist von „The Great Escape", der Titelmusik eines Filmklassikers mit Richard Attenborough, James Garner und Steve McQueen von 1962. Kinofans in Deutschland ist der Streifen unter dem Titel „Gesprengte Ketten" ein Begriff. „Diesen Film kennt in England wirklich jeder", sagt John Hemmingham, „denn er läuft traditionell jedes Jahr an Weihnachten, und auch die Titelmelodie ist ein Ohrwurm. Deshalb bringen wir die Leute damit in Schwung."

Ausgangspunkt Sheffield

Angefangen hat alles kurz nach der Europameisterschaft 1996. Glenn Hoddle, der damalige Team-Manager der Engländer, rief David Davis an, den Coach von Hemminghams Lieblingsklub Sheffield Wednesday. Er machte ihm den Vorschlag, die seit 1993 regelmäßig bei den Spielen der „Eulen" auftretende Sheffield Wednesday Supporters Band auch bei Länderspielen einzusetzen. Davis gab die Anfrage an deren Bandleader John Hemmingham weiter. Der war begeistert: „Wir fanden die Idee riesig und sagten für das nächste Spiel sofort zu."

John Hemmingham, ein gelernter Kaufmann, der hauptamtlich in Sheffield als Fan-Betreuer tätig ist, und seine Band traten erstmals im Herbst 1996 beim WM-Qualifikationsspiel gegen Polen (2:1) im Londoner Wembleystadion öffentlich auf. „Ein 0:1-Pausenrückstand wurde noch gedreht. Von da an waren wir gesetzt", lacht John.

Mit seinen Musikern hat der Familienvater seitdem kein Länderspiel der englischen Elf mehr verpasst. Die England Supporters Band fuhr mit ihrem Team zu Welt- und Europameisterschaften.

Spätestens seit ihrem ersten WM-Song, den sie 1998 mit Wembley-Torschütze Geoffrey Hurst aufnahmen, sind die Blechbläser mit ihrem Klassiker „The Great Escape" auf fast allen englischen Fußball-Samplern zu finden.

Verwunderlich bleibt, dass die Auftritte der Band bei den Spielen trotz dieses kommerziellen Erfolges nach wie vor Idealismus vom Feinsten sind. „Die FA zahlt uns dafür keinen Penny", stellt Hemmingham klar. „Wir würden auch kein Honorar nehmen, denn es ist uns eine Ehre, für die Nationalelf Musik zu machen." Die Reisekosten werden entweder von privaten Sponsoren übernommen oder aus eigener Tasche bezahlt.

Probleme mit gegnerischen Fans oder allzu peniblen Ordnungskräften hatten Hemmingham und seine Leute bisher noch nicht. Selbst bei der hoch brisanten „Battle of Britain", dem EM-Playoff-Spiel gegen Schottland im Glasgower Hampden Park im November 1999, spielte die Band in aller Gemütsruhe auf den Rängen auf. „Streit gab es keinen, aber die Schotten pfiffen so laut, dass uns kein Mensch hörte." John ist überzeugt, dass seine Musiker dazu beitrugen, dass sich die gefürchtete Atmosphäre bei England-Länderspielen in den letzten Jahren entspannt hat. Zumindest im Stadion. „Wenn die Leute unsere Lieder mitsingen, kommen sie wenigstens nicht auf die Idee, sich die Köpfe einzuschlagen."

England zum Erfolg trompetet

Einen Ländervergleich der besonderen Art erlebten die Zuschauer an der Londoner White Hart Lane im August 2001. Auf dem Rasen trat England zum Freundschaftsspiel gegen die Niederlande an, auf den Rängen lieferte sich die England Supporters Band ein musikalisches Duell mit der Oranjeboom Band der Holländer.

Mit leichten Vorteilen für John Hemmingham und seine Leute. „Die Musik der Holländer klang filigraner, dafür waren die Engländer lauter und hauten wesentlich kräftiger auf die Pauke", bilanzierte das Tottenham-Fanmagazin *My Eyes have seen the glory* in einer nicht ganz ernst zu nehmenden Kolumne zum „Grand Prix der Fan-Musik".

Die musikalischen Idealisten von der Insel hatten beim Länderspiel-Klassiker gegen Deutschland in Charleroi bei der EURO 2000 zum ersten Mal Gelegenheit, mit ihren Stars Smalltalk zu halten. „In Belgien spielten wir erstmals auf dem Rasen", erzählt John Hemmingham. Ein Schub für die Stars um David Beckham und Alan Shearer, wie sich am Ende der 90 Minuten herausstellte: England siegte 1:0. „Die Jungs von der Supporters Band sind für uns eine absolute Motivationshilfe gewesen", erinnert sich Alan Shearer, Torschütze beim historischen Erfolg über Deutschland. Obwohl die Engländer in Belgien und Holland trotzdem nach der Vorrunde die Koffer packen mussten, konnte ihnen den lang ersehnten Triumph über die Deutschen keiner mehr nehmen.

Und als ob sie Spieler und Fans des teutonischen Erzrivalen mit ihrer Endlosschleife von „The Great Escape" in Belgien nicht schon genug genervt hätten, setzte die England Supporters Band ein knappes Jahr später noch einen drauf. Am 1. September 2001 landete England im Münchner Olympiastadion den legendären 5:1-Erfolg über die deutsche Nationalmannschaft.

„Unser größtes Spiel", erinnert sich John Hemmingham an diesen englischen Fußball-Festtag, „wir spielten, bis uns die Puste ausging." Handgestoppte drei Minuten lang wurde zwischenzeitlich im Stadion „The Great Escape" geträllert. Während die englischen Boulevardblätter am folgenden Tag die schmucklose Anzeigentafel des Olympiastadions als zweiseitiges Farbposter druckten, wollten Hemmingham und Co. beim Triumph im Mutterland der Blasmusik allerdings nicht noch mehr Öl ins Feuer gießen. Einen Spontan-Auftritt der England Supporters Band im weltberühmten Münchner Hofbräuhaus gab es weder vor noch nach dem Spiel. Hemmingham, der mit einer Deutschen verheiratet ist, hat dafür eine typisch englische Erklärung: „Wir wussten nicht, wo das ist."

High Noon in Highbury –
Showdown in Old Trafford
FC Arsenal versus Manchester United

Herbst in London. Die Sonne blinzelt immer wieder zwischen den schweren Wolken hervor. Die Straßen rund um den Highbury Park sind gespenstisch leer. Aus der U-Bahn Station „Arsenal" im Norden der britischen Hauptstadt kommen vereinzelt junge Männer mit rot-weißen Trikots und hasten durch die engen Straßen. Aus den Fenstern der typisch englischen Backsteinhäuser mit ihren charakteristischen Erker-Vorbauten hängen rot-weiße Fahnen und Wollschals. Es ist später Sonntagnachmittag. Arsenal spielt. Vor dem Pub „The Gunner" steht bereits gegen 14 Uhr ein großes Schild mit der Aufschrift „Sold out" – ausverkauft. Mehrere bullige Türsteher in blauen Bomberjacken wachen darüber, dass niemand das Schild ignoriert, um doch noch irgendwie in die überfüllte, mit Arsenal-Postern, gerahmten Fotos und unzähligen anderen Fan-Utensilien vollgestopfte Kneipe zu kommen. Zwei Straßenecken weiter, in der „Arsenal Tavern", das gleiche Bild: Fast 150 Menschen drängeln sich um eine zwei mal vier Meter große Leinwand. Ihre Biergläser sind bis zum Rand gefüllt. Sie warten. Sie warten nicht auf irgendein Spiel, sondern sie warten auf das Spiel des Jahrzehnts. Arsenal spielt bei Manchester United.

Kein Spiel wie jedes andere

Mit Manchester United empfängt der Erzrivale die Londoner. Entschlossen, die schon beinahe unheimliche Serie der „Gunners", der „Kanoniere", von 49 Spielen ohne Niederlage zu beenden. Zuletzt hat Nottingham Forest 1977/78 mit 42 ungeschlagenen Spielen in Folge eine solche Serie hingelegt. Arsenal hält nun den Rekord.

Ausgerechnet in Manchester soll mit dem 50. Spiel ohne Niederlage das i-Tüpfelchen gesetzt werden. In der „Arsenal-Tavern" steigt die Stimmung. „Wir haben den Titel im Old Trafford geholt, wir haben den Titel in diesem Drecksloch geholt", singen sie – und zelebrieren die für Fußballfans so ureigene Stimmung aus Überheblichkeit und Vorfreude.

Schließlich konnte im September 2003 nicht einmal ein Elfmeter für ManU den FC Arsenal vom Erfolgskurs abbringen. In der Nachspielzeit verschoss ManU-Torjäger Ruud van Nistelrooy gegen den auf der Torlinie geschickt hin- und hertänzelnden Jens Lehmann, den deutschen Nationaltorhüter des FC Arsenal. 0:0 – danach gab es Jagdszenen. Arsenals Martin Keown stürmte auf den braven Ruud van Nistelrooy zu und brüllte ihm seine ganze Wut ins Gesicht. Er wollte ihm an die Gurgel. „Was die Arsenal-Spieler nach dem Schlusspfiff veranstaltet haben, war das Übelste, was ich je im Fußball gesehen habe", tobte United-Coach Sir Alex Ferguson. Sein Arsenal-Kollege Arsène Wenger darauf bildhaft: „Ferguson wäre es wohl am liebsten, wenn er uns mit dem Rücken an der Wand hätte, um uns abzuknallen."

Vor dem Spiel des Jahrzehnts im Old Trafford sind sowohl das Foto mit Keown und van Nistelrooy als auch die besten Sprüche der verfeindeten Trainer in fast allen britischen Zeitungen zu finden. Vom „Kampf der Titanen", schreibt der *Sunday Mirror* und widmet dem außergewöhnlichen Match bereits in der Vorschau sieben Sonderseiten. „Sie können schreien und spucken, aber sie brauchen ein Gewehr, um mich zu stoppen", tönt Arsenals Spanier José Antonio Reyes. Dagegen wünscht sich Ruud van Nistelrooy diesmal „keine Fights" und will viel lieber „das Notwendige für den Sieg leisten".

Arsenal hasst das „neue Tottenham"

Die Rivalität zwischen Arsenal und ManU gehört zur Premier League wie Hot Dogs mit Ketchup oder die frühen Anstoßzeiten um zwölf Uhr britischer Zeit. High Noon in Highbury und Showdown in Old Trafford – es gibt kein vergleichbares Duell zweier Großklubs in der englischen Eliteklasse. „Niemand in England mag Manchester United", sagt Arsenal-Fan James „Jim" Brown aus Highbury, der mal in Köln gelebt hat. Bevor er über Arsenal und die „Sesselfurzer" von Manchester United sprechen will, erkundigt er sich nach Essentiellem: „You know Deutsche Bank?" James weiß: „Nicht einmal die Leute in Manchester mögen diese Bagage. Für uns in Arsenal sind sie das ‚neue Tottenham‘ geworden.“ Und das ist in Highbury fast ein Schimpfwort.

Sein Kollege Stuart Dale, ebenfalls aus Highbury, sieht es ähnlich: „Manchester United, das ist die totale Kommerzialisierung des Fußballs. Obwohl sie und auch Chelsea mehr Kohle haben, ist Arsenal das bessere Team“, sagt er und blickt gebannt auf die Leinwand. „Es wäre sehr bedauerlich, wenn Arsenal trotz seiner sportlichen Überlegenheit und trotz des bevorstehenden Umzugs in das größere Stadion in Ashburton Grove eine ähnliche Entwicklung nehmen würde“, sagt Scott McDonnell aus Stanford Hill. „Die Rivalität zwischen Arsenal und Manchester United“, erklärt Jim Brown, „ist leidenschaftlich, aber niemals gewalttätig.“ Colin Hendrie, Biologe an der Universität Leeds und bekennender United-Fan, hat bis 2005, als er nach der Übernahme des Vereins durch Malcolm Glazer seine Dauerkarte zurückgab, alle Duelle zwischen ManU und Arsenal im Old Trafford gesehen. „Es gibt Vereine, die man bei United weit mehr hasst als Arsenal, wie Liverpool, Manchester City oder Leeds United“, erklärt er, „aber Arsenal und seine Fans haben keinen Stil, keine Würde. Sie waren vor Wenger nicht an Erfolg gewöhnt und haben deshalb auch ihre Erfolge stets ohne Würde gefeiert.“

Für Hendrie ist das Spiel an diesem 24. Oktober 2004 der Höhepunkt der Rivalität zwischen ManU und Arsenal. „Ich weiß, dass die Arsenal-Spieler bereits T-Shirts mit der Zahl 50 unter ihren Trikots trugen“, erzählt er, „sie wollten sie bei Remis oder bei einem Sieg den Zuschauern im Old Trafford präsentieren wie nach einer Meisterschaft. Von daher war die Niederlage doppelt peinlich für sie.“

Die T-Shirts fliegen auf den Müll, weil Wayne Rooney Großes vorhat, als er mit hochgeschlagenem Trikotkragen hinaus in den Dauerregen von Old Trafford läuft. In der 71. Minute ist es so weit. Rooney fädelt gegen Sol Campbell geschickt ein, Elfmeter für ManU.

Diesmal kann Jens Lehmann den Schützen Ruud van Nistelrooy nicht irritieren – der Niederländer verwandelt eiskalt und rutscht auf Knien über den Rasen. Wayne Rooney trifft in der Nachspielzeit zum 2:0.

Eingang zur legendären „North Bank" im mittlerweile ausgemusterten Highbury-Stadion des FC Arsenal London.

Für Arsenal gibt es Spott und Hohn von den Rängen. „49 und aus", liest man auf einem bissigen Plakat der ManU-Fans, „Wer ist jetzt unschlagbar, Arsène?", lautet die Frage auf einem anderen Pappschild.

Was danach folgt, klingt wie die Ballade von der heißen Schlacht am kalten Büffet. Arsenals Ashley Cole schnappt sich in seiner ganzen Wut über den vermeintlich „geschenkten" Elfmeter einen Teller Erbsensuppe. Manchester hat den durchgefrorenen Rivalen aus London diese regionale Spezialität in die Kabine bringen lassen. Nun kippt sie Cole ManU-Coach Sir Alex Ferguson gepflegt von hinten in den Hemdkragen, als wollte er sich mit dieser Nummer für die Stunt-Show *Jack Ass* bewerben. Bon Appetit, denn von Thierry Henry gibt es für Ferguson noch eine frische Pizza aus dem VIP-Raum gratis auf die Jacke.

Dass die Wogen so hoch schlagen, liegt wieder einmal am vorangegangenen verbalen Schlagabtausch der beiden Trainer Ferguson und Wenger. „Ferguson kann mich nicht schocken", erklärt Arsène Wenger vor dem Spiel im *Sunday Mirror*. „Fußball ist kein Krieg, aber seit ich in England bin, sieht es fast so aus."

Wenger gegen Ferguson – Weisheit kontra Kopfwäsche

Die Dauer-Fehde zwischen Manchester United und Arsenal beginnt im Sommer 1996. Die Londoner verpflichten einen Trainer, der mit seinen unkonventionellen Methoden nicht so recht in die hausbackene Übungsleitergilde der Premier League passen will: Arsène Wenger, geboren am 22. Oktober 1949. Der Franzose ist aus Japan zu den „Gunners" gewechselt, trainierte davor Racing Straßburg und den AS Monaco. Er lässt Offensivfußball französischer Prägung spielen, achtet peinlich genau auf Details. Seine Stars sind seine erfolgreichen Landsleute Thierry Henry, Robert Pires, Patrick Vieira und Sylvain Wiltord. Wengers Methoden muten eigenartig an. Zu seiner ersten Pressekonferenz an einem heißen Sommernachmittag bittet er die wartenden Journalisten kurzerhand in den Garten seines Hotels und versammelt sie im Schneidersitz um sich herum wie bei einem Esoteriker-Treffen.

Im Frühjahr 1997 erklärt Wenger angesichts zahlreicher Terminänderungen aufgrund der Champions-League-Termine von

Manchester United spöttisch: „Es ist falsch, den Spielplan auszuweiten, nur damit United sich ausruhen kann und alles gewinnen kann." Bei den Kollegen kommen solche Sprüche nicht gut an. Alex Ferguson, Coach des amtierenden Meisters ManU, lästert über Wengers Vorstoß: „Er ist ein Neuling und sollte sich seine Weisheiten besser für den japanischen Fußball aufheben", erklärt Ferguson und verpasst Wenger kurzerhand den Spitznamen „Professor".

Ferguson, geboren am 31. Dezember 1941, setzt auf Spieler, die er selbst entdeckt und „gezogen" hat, wie David Beckham, Nicky Butt, Gary und Phil Neville oder Paul Scholes. Mannschaftsdienlichkeit steht bei ihm an oberster Stelle. „Wenger und Ferguson sind zwei grundverschiedene Menschen. Ferguson pflegt die alte Trainertradition der Kopfwäsche", erklärt Wyn Grant, Premier-League-Insider und Professor für Politik an der Universität Warwick, „er kann sehr laut werden mit den Spielern. Auch hat er im Gegensatz zu Wenger ein teilweise recht armseliges Verhältnis zu den Medien."

Bevor Arsène Wenger nach England kam, war der Meistertitel für Manchester United und Alex Ferguson in der Premier League scheinbar in den Liga-Statuten festgeschrieben: 1993, 1994, 1996 und 1997 hieß der Champion Manchester United. Dann tauchte Wenger in London auf und es ging los. Wenger und seine „Kanoniere" werden erster Punktsieger im Dauer-Duell mit Ferguson, holen 1998 das „Double" mit Meisterschaft und FA Cup.

2001 und 2002: Showdown in Old Trafford

Dann kommt der 25. Februar 2001. Es ist ein herrlicher Vorfrühlingstag in England. Showdown in Old Trafford. Premiere überträgt live. Um 12.30 Uhr werden die Pistolen geladen, und dann feuert ManU volle Breitseite auf die schwarz-gelb gekleideten „Kanoniere" – 6:1! Es wird der ultimative Vorbeimarsch für Sir Alex Ferguson und seine Elf. Sie hängen Arsenal an diesem Nachmittag mit 16 Punkten ab und entscheiden die Meisterschaft frühzeitig.

Gerade mal zwei Minuten und zehn Sekunden sind gespielt, als Dwight Yorke zum 1:0 trifft. Thierry Henry schafft den zwischenzeitlichen Ausgleich für Arsenal. Doch ManU ist an diesem Nachmittag nicht aufzuhalten. Yorke trifft zum 2:1 und nach einer 25-m-

Flanke von David Beckham zum 3:1. Es sind gerade mal 22 Minuten gespielt. Roy Keane schießt nach Vorarbeit des wie aufgedreht spielenden Dwight Yorke zum 4:1 ein, und der Norweger Ole Gunnar Solskjaer erzielt noch vor der Pause das 5:1. Ein solches Ergebnis hat es in einem Spitzenduell der Premier League noch nie gegeben. Ferguson triumphiert: „Wir haben heute eindrucksvoll gezeigt, dass Arsenal uns so schnell nicht einholen wird."

Am 3. April 2002 sind die Vorzeichen umgekehrt. Erneut empfängt Manchester United den Rivalen Arsenal. Gewinnen die „Kanoniere", ist ihnen der Titel sicher. Es wird ein 1:0 durch ein Tor von Sylvain Wiltord – Wengers größter Triumph über seinen Spezi Ferguson, für den in dieser Saison so einiges schief läuft, ist perfekt. Arsenal holt den Titel, lässt sich nach dem 4:3 im letzten Spiel gegen Everton mit blonden Perücken ablichten. Die Frage nach dem guten Stil bleibt unbeantwortet.

2003: High Noon in Highbury

Im Oktober 2002 scheint die Premier League zum Langweiler geworden: Arsenal hat acht Punkte Vorsprung vor ManU, das sich in einer Luxuskrise befindet. Bei United fehlt mit David Beckham, Laurent Blanc, Nicky Butt, Rio Ferdinand und Mickael Silvestre fast die halbe Mannschaft, sogar das Lokalderby gegen Manchester City geht im November mit 1:3 verloren. Aber dann kommt der 19. Spieltag: Erneuter Showdown in Old Trafford. Wenger sieht beim Einmarsch ins Stadion der Partie gelassen entgegen. Ferguson spielt mit einer Verlegenheitself. Nur einer ist fit: Ruud van Nistelrooy. Er legt Paul Scholes das entscheidende 2:0 vor und verspricht hinterher: „Das war erst der Anfang." Manchester holt nun kontinuierlich auf.

Vor dem entscheidenden Rückspiel im April 2003 liegt ManU sogar drei Punkte vor Arsenal. Zeit für das obligatorische Säbelrasseln. „Es ist immer der gleiche, schlechte Stil von Herrn Ferguson, er versucht Arsène Wenger jedes Jahr vor den Spielen gegen Arsenal fertigzumachen – und hat einen drauf bekommen", schimpft Wengers Co-Trainer Pat Rice auf den Rivalen.

Die Spannung ist schier unerträglich. Wie bei jedem United-Gastspiel in London verdoppelt die Polizei ihr Aufgebot in Highbury. An einem milden Dienstagabend im April 2003 führt dann der angeschlagene David Beckham seine ganz in Blau gekleidete Elf auf den Rasen von Highbury. Arsenal muss siegen, sonst ist ManU der Titel nicht mehr zu nehmen. Die 38.000 Zuschauer in Highbury sowie Millionen vor den Fernsehgeräten sehen beim 2:2 ein Klasse-Spiel – mit dem wahren Sieger Manchester United. Als Arsenal dann am 37. Spieltag gegen Leeds United beim 2:3 vollends die Nerven versagen, ist der neuerliche Triumph für Ferguson über Wenger perfekt. ManU ist Meister, Ferguson feiert Arsenals Pleite auf der Geburtstagsfeier seines kleinen Enkelkindes.

Ende einer Trainer-Fehde

Vor dem nächsten Aufeinandertreffen der beiden Klubs im Liga-pokal im Januar 2005 ist endgültig Schluss mit Sprücheklopfen. Die Behörden schalten sich ein. Barry Norman von der Islington Metro-politan Police meldet sich zu Wort: „Alle Aktivitäten, die im Vorfeld der Partie den Hass zwischen den Fans schüren, sollten unterlassen werden", so der Polizeisprecher, „die Leute könnten sonst zu leicht aufgehetzt werden und zur Aggression verleitet werden." Ferguson und Wenger als Brandstifter? Auch die Trainervereinigung League Managers Association hat die beiden Streithähne öffentlich aufge-fordert, ihren jahrelangen Privatkrieg zu beenden. Geoff Thompson, Vorsitzender der FA, lädt zum Friedensgipfel. Ferguson und Wenger versprechen, nicht mehr verbal aufeinander loszugehen und ihrer Vorbildfunktion zukünftig nachzukommen. „Ich bin froh, dass dieses Pantomimenspiel endlich ein Ende hat", erklärt Sportmi-nister Richard Caborn im Anschluss an das Treffen. Das Ende einer historischen Feindschaft.

Einen „High Noon in Highbury" wird es auch nicht mehr geben. Die Traditionsstätte wurde ersetzt durch das neue, gut 600 Mio. Euro teure Emirates Stadium, gut einen Kilometer von Highbury entfernt. Der neue Fußballtempel wurde im Sommer 2006 mit dem Abschiedsspiel für Dennis Bergkamp eingeweiht.

Am 21. Januar 2007 kommt es im Emirates Stadium zum ersten Duell zwischen Arsenal und ManU, und erstmals spielen die beiden Erzrivalen in London vor mehr als 60.000 Zuschauern. Arsenal gewinnt – durch ein Kopfballtor von Thierry Henry in der dritten

Minute der Nachspielzeit – mit 2:1 und verhindert damit einen Alleingang von Tabellenführer ManU. Ferguson gibt Wenger mit eisigem Gesicht die Hand. Keine Sprüche mehr, keine fliegenden Lebensmittel. Selbst Wayne Rooney ist brav. „Die Fehde zwischen Ferguson und Wenger war real, aber sie wurde auch von den Medien mächtig angeheizt", sagt Wyn Grant, „denn es war für alle immer eine prima Story."

Zittern am Radio
Dramatische Abstiegsentscheidungen

Das Radio in dem kleinen Studentenappartement ist laut aufgedreht, und ein junger Mann läuft unruhig davor auf und ab. Die Stimme des Kommentators von *Radio 5 Live* ist zu hören. Sie scheint sich mitunter zu überschlagen.

Lyndon Lloyd aus Liverpool, der da vor dem Radio mitfiebert, studiert in Cardiff und ist bekennender Fan des FC Everton. Am 7. Mai 1994 erlebt er das, wie er selbst sagt, „dramatischste Spiel meines Lebens". Lyndon kann nicht vor Ort sein, wenn der große FC Everton rund 300 Kilometer weiter nördlich am letzten Spieltag der Premier-League-Saison 1993/94 im Goodison Park gegen den FC Wimbledon ums nackte Überleben kämpft. Nur ein Sieg hilft, sonst ist das Gründungsmitglied der Football League von 1888 abgestiegen. Ein Albtraum.

Lloyd steht mit seiner Anspannung ziemlich allein da. Für das entscheidende Spiel gegen Wimbledon hat er sich einige Studienkollegen eingeladen, die sich allerdings kaum für Fußball und schon gar nicht für den FC Everton interessieren. „Es ist nur ein Spiel, es ist nur Fußball", versuchen sie ihn zu beschwichtigen. Sein Versuch, den ahnungslosen Freunden den Ernst der Lage zu erklären, hat etwas von den Beschreibungen in Nick Hornbys *Fever Pitch*, dieser herrlich englischen Liebeserklärung an den FC Arsenal.

Fans auf den Bäumen

Die Anspannung, die an diesem Samstagnachmittag rund um den Goodison Park herrscht, ist förmlich greifbar. Bereits um die Mittagszeit ist der Andrang vor den Stadiontoren riesengroß. Sie stehen auf den Fensterbänken der typisch britischen Einfamilien-Reihenhäuser aus rotem Backstein, von denen man wenigstens einen kleinen Blick ins Stadion erhaschen kann. Sie klettern auf die Bäume im benachbarten Stanley Park, die sich im Frühlingswind leicht biegen, sie warten vor den Toren. „Ich denke, es waren mindestens 10.000 Leute vor dem Stadion, die keine Karten hatten", erzählt Evertons damaliger Trainer Mike Walker. Tatsächlich sind es fast 20.000 Everton-Fans, die sich ohne Tickets zum Stadion aufgemacht haben. Hinzu kommt, dass sich vor den Eingängen ein unglaublicher Rückstau bildet, weil der Goodison Park an diesem Tag nur von drei Seiten aus betreten werden kann. Die linke Hintertor-Tribüne, die „Stanley Park End Stand", ist wegen Bauarbeiten gesperrt. Hier wird um 6.000 Plätze aufgestockt, 40.127 Fans wird der Goodison Park ab August 1994 Platz bieten. „Wozu eigentlich?", witzeln viele „Evertonians" mit bangem Blick in das Stadion und auf die mehr als bedrohliche Tabellensituation ihres Teams.

Der FC Everton – eine Institution im englischen Fußball. Die Liste der Erfolge mit bis dahin neun englischen Meisterschaften, die letzte 1986/87, vier FA-Cup-Erfolgen und dem Gewinn des Europapokals der Pokalsieger 1985 durch ein 3:1 gegen Rapid Wien in Rotterdam ist ebenso beachtlich wie die Reihe der Großen, die hier gespielt haben. Weltmeister Alan Ball, Stürmerlegende William „Dixie" Dean, der Schwede Jan Eriksson (37 BL-Spiele für den 1. FC Kaiserslautern), Duncan Ferguson, Nordirlands Torwartlegende Pat Jennings, Englands WM-Rekordtorjäger Gary Lineker, Trevor Steven und auch das nordirische Wunderkind Norman Whiteside trugen das blaue Trikot des FC Everton. Die „Toffees" nennt man sie – den Spitznamen „Karamellbonbons" tragen sie deshalb, weil sich in der Nähe des Goodison Park, wo Everton seit 1892 spielt, einst der Süßwarenladen von Mother Noblett befand. Diese ebenso herzensgute wie geschäftstüchtige Frau, so die Legende, verkaufte ihre Süßigkeiten an Spieltagen auch im Stadion. „Toffees" nennt man im Liverpooler Slang seit dem frühen 19. Jahrhundert auch die zahlreichen irischen Einwanderer.

Eine riesige Tradition steht an diesem Nachmittag auf dem Spiel. Schon ein Unentschieden ist zu wenig; die Konkurrenten Sheffield United und Ipswich Town können bei Remis Everton noch überholen. Die „Toffees" haben den Vorteil, als einziger der abstiegsbedrohten Klubs zu Hause zu spielen. Sheffield tritt beim FC Chelsea an, Ipswich gastiert bei den Blackburn Rovers. „Der Klub befand sich damals vor allem auf der Führungsebene auf einer rapiden Talfahrt", erzählt Lyndon Lloyd, der nervöse Radiohörer. „Der Schuldenberg stieg, die Präsidenten wechselten fast monatlich, und mit Mike Walker kam ein Trainer, der nicht gerade für sportliche Erfolge stand."

„Heute steigen wir ab"

Der Gegner vom FC Wimbledon kommt mit der Empfehlung von zehn Spielen ohne Niederlage nach Liverpool, zudem hat der mächtige Klubchef Sam Hammam seinen Profis im Falle eines Sieges beim FC Everton eine Reise nach Las Vegas versprochen. Lohnende Aussichten also. Und schon bald scheinen die Tickets ins Spielerparadies von Nevada fest gebucht zu sein. Wimbledon führt nach sieben Minuten durch ein Elfmetertor von Gary Holdsworth mit 1:0. Der Schwede Anders Limpar hat im Strafraum ein Handspiel begangen. „Es war ein Gefühl purer Verzweiflung, das ich nie vergessen werde", erinnert sich Lyndon Lloyd.

Ein Eigentor von Gary Ablett (21.) bringt Everton ganz dicht an den Rand des Abgrunds. „Es sah komisch aus, als Ablett dem Ball hinterherhechelte und ihn ins eigene Tor lenkte, und man hätte lachen können, wenn es nicht so traurig gewesen wäre", kommentiert Lyndon Lloyd. Stimmt: An einem „normalen" letzten Spieltag, wenn es nur noch um die „goldene Ananas" geht, hätte er wohl darüber geschmunzelt. Heute ist er ebenso fassungslos wie die Zuschauer im Stadion. Es herrscht lähmendes Entsetzen auf den Tribünen des Goodison Park. „Es war ein Hauch von Resignation zu spüren", schildert Lyndon Lloyd die Gefühlslage, „alles schien total irreal zu sein, wie in einem Traum. Mir war klar: Heute steigen wir ab. Obwohl ich mir ein Leben außerhalb der Premier League nicht vorstellen konnte."

Die Hoffnung kehrt nach 24 Minuten zurück. Wieder gibt es Elfmeter, diesmal für Everton. Anders Limpar verlassen im Strafraum die Kräfte, er sinkt nieder, und Schiedsrichter Hart aus Darlington gibt sehr zum Ärger der Wimbledon-Kicker Elfmeter. „Ich werde heute nichts zum Referee sagen", schimpft Wimbledons Joe Kinnear nach Spielende, „aber der Typ hatte definitiv einen Everton-Schal an." Graham Stuart behält die Nerven und jagt den Ball ins zum 1:2-Pausenstand ins Tor.

In der zweiten Hälfte läuft Everton langsam, aber sicher die Zeit davon. Die Situation spitzt sich zu: Sheffield ist beim FC Chelsea in Führung gegangen, Everton ist abgestiegen. In der 68. Minute fasst sich Barry Horne ein Herz und jagt den Ball aus 22 Metern ins Tor von Wimbledon-Keeper Hans Segers. Er hat Glück: Der Ball touchiert noch den linken Innenpfosten und geht ins Netz. „Das war eine Ekstase wie man sie nur in den wildesten Träumen kennt", bemüht Lyndon Lloyd die Superlative. „Ich weiß auch nicht, was diesen walisischen Teufel Horne geritten hat, aber der Ball zischte ins Netz."

Jubel in der Studentenbude

Ein 2:2 aber reicht noch nicht. Ipswich hält immer noch ein 0:0 in Blackburn, Everton ist in der First Division. Die Fans in Goodison schicken die ersten Stoßgebete gen Himmel. Nie, wirklich nie hatten sie sich ein Tor von Blackburns Scharfschütze Alan Shearer mehr gewünscht als in diesen Minuten. „Das sind die Situationen, in denen du dir als Fußball-Fan alle nur erdenklichen Parallelen nimmst, um irgendwie an ein besseres Resultat zu glauben." Diese Ansicht hat Lyndon Lloyd wohl weltweit mit jedem Fan gemein, dessen Team in einer wichtigen Situation unbedingt ein Tor braucht. Sheffield führt neun Minuten vor Schluss immer noch in Chelsea, und in Blackburn steht es nach wie vor 0:0, so wird über die mitgebrachten Transistor-Radios vermeldet. Dann kommt dieser Pass von Tony Cottee zu Graham Stuart. Der lässt noch einen Wimbledon-Verteidiger stehen und zieht dann trocken aus halblinker Position ab.

Der Ball hoppelt über den schlechten Rasen ins lange Eck – 3:2! „Das Bild mit dem Ball, der ins Tor vor der Glwadys Street Tribüne einschlägt, sah ich später im Fernsehen. Das werde ich nie vergessen", berichtet Lloyd, der in diesen Sekunden seine Studentenbude zum Tollhaus macht. Der Goodison Park ist in diesem Moment ein einziges Jubelmeer. „Bis zum Schlusspfiff konnte ich nicht mehr sitzen", so Llyod, dem noch später, beim Betrachten der Fernsehbilder, Tränen in die Augen steigen.

Everton ist gerettet. Mit 44 Punkten bleiben die „Toffees" zusammen mit Ipswich Town (43) drin, Sheffield United (42) und Oldham Athletic (40) steigen zusammen mit dem bereits abgeschlagenen Team von Swindon Town (30) in die First Division ab. „Die ersten Bilder, die ich im Fernsehen sah, zeigten einen kleinen Jungen, der zusammen mit seiner Großmutter einen Schal schwenkte", berichtet Lloyd, dem zudem die beiden jungen Burschen, die am Anstoßpunkt Arm in Arm tanzen, in Erinnerung sind. Die Fans stürmen den Rasen.

Während im Goodison Park alle jubeln, steht Lloyd bei Spielende ziemlich allein mit seinen Glücksgefühlen da: „Ich suchte jemanden, dem ich die sensationelle Nachricht mitteilen konnte, jemanden, der sich mit mir freut. Aber ich fand niemanden."

D-Day in der Premier League

Elf Jahre später bereitet sich ganz England auf den „D-Day" vor. Keine verspätete Feier zum 60. Jahrestag der alliierten Landung in der Normandie, sondern der „Decision Day" der Premier-League-Saison 2004/05. Vor dem letzten Spieltag am 15. Mai 2005 hat sich die hochdramatische Konstellation ergeben, dass mit dem FC Southampton und den Aufsteigern Crystal Palace, Norwich City und West Bromwich Albion noch alle vier Abstiegskandidaten drinbleiben – aber auch alle noch absteigen können. So etwas hat es seit 1927/28 nicht mehr gegeben. Damals trennten gerade mal zwei Punkte die letzten elf Teams voneinander. Manchester United rettete sich seinerzeit dank eines 6:1 über den Erzrivalen FC Liverpool.

Der FC Southampton, Tabellenachtzehnter mit 32 Punkten, tritt zwar zuhause an, spielt aber gegen das immens auswärtsstarke Team von Manchester United. Norwich City (33 Punkte) muss nach London zum FC Fulham reisen, für Crystal Palace (32) ist im Stadtderby bei Charlton Athletic immer alles möglich, und Schlusslicht West Bromwich Albion (32) spielt zuhause gegen den FC Portsmouth.

„Nach so vielen Jahren in den gesicherten Gefilden der Premier League war der Abstiegskampf ein regelrechter Schock für mein Nervensystem", erzählt Southampton-Fan Tom James. Seit 1978 spielen die „Saints", die „Heiligen" von der Südküste, in der ersten Liga. Jetzt droht das Aus für den Klub, der im Winter Trainerfuchs Harry Redknapp als Retter holte. Gemeinsam mit seinem Sohn, dem Ex-Nationalspieler Jamie, plant Redknapp den Klassenerhalt als „Familienunternehmen". Das haut nicht hin. Bis zum letzten Spieltag können sich die „Saints" nicht entscheidend absetzen. Dennoch will Harry Redknapp nicht an Abstieg denken: „Mit der zweiten Liga beschäftige ich mich nicht, ich habe dafür überhaupt keine Planungen gemacht." Das wäre auch nicht ganz einfach: Bei einem Sturz in die Football League Championship drohen den Absteigern finanzielle Einbußen von umgerechnet 40 Mio. Euro.

Buddha, Engel und Inka-Krieger

Der Fußballer-Aberglaube treibt vor dem großen Abstiegsfinale seltsame Blüten. Harry Redknapp sieht man in den Tagen vor dem Spiel mit einer Engelsfigur, die er in seiner Hosentasche aufbewahrt. Während Redknapp seinen Talisman stets bei sich trägt, ist West Broms Trainer Bryan Robson überzeugt dass „nur Buddha" die „Baggies" noch retten kann. Robson: „Alle Umfragen sprechen gegen uns. Aber ich glaube an die Rettung. Ich muss!"

Norwichs Übungsleiter Nigel Worthington, der mit seinem stets korrekt liegenden Seitenscheitel verdächtig an die sympathischen Ausbilder der US-Marines herankommt und dessen Bleistifte immer gespitzt sind, macht für das entscheidende Spiel in Fulham sogar eine Ausnahme in Sachen Kleiderordnung: „Wenn es hilft, dürfen meine Jungs auch die Unterwäsche auf links tragen", scherzt er. So etwas hätte es bei den Marines nicht gegeben. Nur Palace-Trainer Iain Dowie, dem Insider den Charme eines Atomphysikers zusprechen, vertraut „allein auf den Fußball", um den Abstieg zu vermeiden.

„Ich habe mich in dieser Woche wie vor einem Pokalfinale gefühlt", sagt West-Brom-Fan Paul Hughes, „dieser Sonntag war ein Härtetest für die Nerven aller Beteiligten." Auch West Bromwich hat bereits den Trainer gewechselt: Am 9. November 2004 übernimmt Ex-Nationalspieler Bryan Robson von Gary Megson.

Die „Canaries", die „Kanarienvögel", wie die Spieler und Anhänger von Norwich City genannt werden, bemühen epische Vergleiche, um sich auf das so wichtige Spiel in Fulham einzustimmen. Norwich-Fan Adam Sayer schreibt in einem Internetforum von *BBC Sport*: „Seit unserem legendären Sieg in München haben die kleinen gelben Vögel so tapfer gekämpft, beinahe wie Inka-Krieger." Sayer meint damit den Auftritt im UEFA-Pokal am 20. Oktober 1993, als Norwich City mit 2:1 beim FC Bayern München im Olympiastadion gewann. Norwich hat vor dem Anpfiff in Fulham als Siebzehnter zumindest tabellarisch gesehen die beste Ausgangsposition und wäre bei einem Sieg auf jeden Fall gerettet.

Bei Crystal Palace sind die Anhänger froh, „überhaupt noch im Rennen zu sein". Das jedenfalls sagt Palace-Fan Alistair Williams. Ihm ist der peinliche Fauxpas vom Saisonbeginn, als im Palace-Fanshop eine Reihe von fehlerhaften Replica-Trikots auftauchte („Chrystal Palace"), noch in schlechter Erinnerung. „Rechtschreibreform bei Crystal Palace", unkt die *Welt,* und die Buchmacher sind sich einig, dass das Team von Trainer Iain Dowie mit dem kleinsten Etat der Liga schon in der Winterpause abgestiegen ist. Zu den wenigen namhaften Gesichtern beim Klub aus dem Londoner Süden gehören der ehemalige Hertha-Keeper Gabor Kiraly und der Finne Jonas Kolkka, der für 700.000 Euro von Borussia Mönchengladbach gekommen ist.

Norwich fliegt als Erster raus

Die Norwich-Fans haben sich beim Einmarsch ihrer Elf ins Stadion Craven Cottage in Fulham etwas ausgedacht: Sie halten alle Schilder mit dem Spruch ihrer Präsidentin Delia Smith „Let's be having you", hoch. Diesen seltsamen und kaum übersetzbaren Ausspruch hat die Kochbuch-Königin Anfang März, als ihr Team gegen Manchester City zurücklag, in der Halbzeitpause ins Stadionmikrofon gebrüllt. Insider gehen allerdings davon aus, dass Smith zuvor ein bisschen zu viel Rotweinsauce genascht hatte. Wie auch immer, Norwich jedenfalls hat an diesem sonnigen Nachmittag in London keine Chance. Die „Canaries" werden vom FC Fulham so richtig gerupft, verlieren 0:6 und sind damit raus aus dem Rennen um den letzten freien Premier-League-Platz. „Wir haben es verschenkt", lautet Nigel Worthingtons knapper Kommentar.

Nach zehn Minuten ist der FC Southampton dagegen ganz dicht dran am Liga-Erhalt: 1:0 für die „Saints" durch ein Eigentor von ManU-Verteidiger John O'Shea. Harry Redknapp, der bei sommerlichen Temperaturen sein Jacket ausgezogen hat, ist noch skeptisch. Zu Recht: Nur neun Minuten später dämpft ein Kopfballtreffer von

Darren Fletcher nach butterweicher Linksflanke von John O'Shea die Hoffnungen der „Saints." Die Fans, deren Ohren schier an den mitgebrachte Radios kleben, ahnen spätestens ab der zweiten Hälfte nichts Gutes.

Nach 63 Minuten ist es passiert: ManU-Torjäger Ruud van Nistelrooy nickt aus kurzer Distanz eine Flanke von Alan Smith ins Tor des FC Southampton. Auf den Tribünen brechen die ersten Fans zusammen. Als Henri Camara in der 82. Minute aus fünf Metern nur die Latte trifft, ist die Messe für die „Saints" gelesen. Zwar geht beim Verkünden der Nachspielzeit von fünf Minuten noch mal ein lautes Raunen durchs St. Mary's Stadium, aber zwei Tore in den Schlussminuten sind eher die Spezialität des Gegners von ManU. Dann ist es vorbei. Die typisch britische Trotzreaktion der Fans kommt sofort: donnernder Applaus für die Absteiger. Währenddessen sitzt Altstar Graem Le Saux, Jahrgang 1968, mit leerem Blick auf der Bank. „Ich denke, wenn wir es packen, dann ist das eine größere Leistung als der Titelgewinn mit Blackburn 1995", sagte er vor dem Spiel. Falsch gedacht.

Himmel und Hölle über dem „Hawthorns"

Das Stadion „The Hawthorns" in Birmingham, wo die „Baggies" von West Bromwich Albion zuhause sind, ist der nördlichste der vier Schauplätze, bei denen es um alles geht. Bis zur 58. Minute sind die Fans von West Brom an diesem Sonntagnachmittag ziemlich ruhig. Sie wissen: Nur wenn Norwich, Crystal Palace *und* Southampton nicht gewinnen und ihr Team gegen Portsmouth siegt, kann es was werden mit dem Liga-Erhalt.

Die 58. Minute bringt Bewegung in die Sache: Crystal Palace gelingt im Stadion „The Valley" bei Charlton Athletic durch Dougie Freedmans herrlichen Lupfer der 1:1-Ausgleich. Jetzt fehlt Crystal Palace nur noch ein Tor zur Rettung. In der gleichen Minute erzielt Geoff Horsfield mit einem herrlichen Drehschuss die 1:0-Führung für West Brom und weckt das „Hawthorns". Jetzt wäre West Bromwich weiter erstklassig. Die Fans schwenken jetzt ihre übergroßen, pinkfarbenen Plastikhandschuhe, die West Broms Hauptsponsor, ein großer deutscher Telekommunikationskonzern, vor dem Spiel verteilen ließ. Mobiltelefone sind an diesem Tag die besten Freunde der „Baggies"-Fans. Dass Norwich in Fulham baden gegangen ist, wissen sie längst, und Southampton trauen sie spätestens nach 70 Minuten gegen Manchester die Wende nicht mehr zu.

Abflug für die „Eagles", Märchen für West Brom

Was aber macht Crystal Palace in Charlton? Die „Eagles", die zuletzt im Oktober 2004 bei Birmingham City ein Auswärtsspiel gewonnen haben, bekommen in der 71. Minute einen Handelfmeter zugesprochen. Torjäger Andy Johnson vollstreckt eiskalt. Sein 21. Saisontor bringt die Londoner wieder in die Premier League zurück. Die schlechte Nachricht aus London wird in Birmingham nur über die Radios vermeldet. Zwischenergebnisse der anderen Spiele werden auf der Anzeigetafel nicht gezeigt.

Totenstille im „Hawthorns", was nun? Erst mal zaubern: Hackentrick Horsfield auf Kieran Richardson, und der trifft nach 75 Minuten zum 2:0-Endstand. In Charlton zählen die Fans von Crystal Palace wenig später bereits die Minuten bis zum Klassenverbleib herunter. Es läuft die 82. Minute. Bei Charlton hat Jonathan Fortune, der beim 1:1-Ausgleich pennte und den Elfer zum 1:2 verschuldete, was gut zu machen. Er schraubt sich im Fünfmeterraum hoch und köpft zum 2:2 ein – das „Aus" für Crystal Palace.

In Birmingham wird derweil gezittert. Die Fans rauchen, sie bibbern. Unten auf dem Rasen hat Bryan Robson seine Spieler um sich versammelt. Es wird fieberhaft herumtelefoniert. Die Fans wissen es vor den Spielern: Bevor auf dem Rasen unbändiger Jubel ausbricht, stürmen die ersten Anhänger bereits die Stadionstufen hinunter. Wenig später ist der Rasen des „Hawthorns" übersät mit glücklichen Menschen. Torschütze Geoff Horsfield hat bei all dem Trubel mächtig Mühe, den bulligen Fan mit dem Grunge-Bart abzuschütteln, der ihn anscheinend erdrücken will.

Das Fußball-Märchen von West Bromwich ist perfekt. Noch nie in der Geschichte der Premier League gelang es einem Team, das an Weihnachten auf einem Abstiegsplatz stand, sich noch zu retten. Am zweiten Weihnachtstag war West Brom zuhause vom FC Liverpool übel mit 0:5 verdroschen worden. Viele ihrer Spiele waren zum Gähnen, West Brom verbrachte 90 Prozent der gesamten Saison auf den Abstiegsrängen. „Das ist jetzt Vergangenheit", meint der überglückliche Trainer Bryan Robson nur, als er hinterher auf diese Fakten angesprochen wird. „Die Reaktionen der Fans auf den Rängen haben mir immer einen Hinweis darauf gegeben, wie es in den anderen Stadien steht", erzählt Robson, „wir wussten, dass wir es schaffen können. Das ist das Beste, was es je gab." Für Verteidiger Neil Clement sind es am Ende gar überirdische Gefühle: „Ich fühle mich, als wäre ich auf dem Mond."

Kaum ist der erste Jubel verflogen, haben die Fans der „Baggies" ein anderes Problem: In den wenigen Pubs in Stadionnähe haben an Spieltagen nur Stammgäste Zutritt.

Verrückte Deutsche in der Stadt
Eine Fan-Reise von Hamburg nach Ipswich

George Rutherford nutzte seine Mittagspause sinnvoll. Am 9. Januar 2006 schrieb der Brite eine E-Mail direkt an die Pressestelle des Deutschen Fußball-Bundes (DFB). Er wollte die Herren in Frankfurt umgehend über ungewöhnliche Aktivitäten deutscher Fans vom vorangegangenen Wochenende informieren, durchgeführt im Mutterland des Fußballs.

Es war kein Protestschreiben, das Rutherford aufgesetzt hatte, denn es ging nicht etwa um eine Aktion, die sich an der traditionellen Fußball-Feindschaft zwischen England und Deutschland abarbeitete. Sondern im Gegenteil um eine, an der die Engländer ihre helle Freude hatten: 90 Anhänger der deutschen Klubs Fortuna Düsseldorf und FC St. Pauli hatten bei nasskaltem Wetter eine 36-stündige Busfahrt an die Ostküste Englands auf sich genommen. Nur, um sich im Stadion an der Portman Road mal eben das FA-Cup-Spiel zwischen Ipswich Town und dem Premier-League-Klub FC Portsmouth (0:1) anzusehen. Wie in fast allen englischen Stadien betreten die Deutschen dabei eine traditionsreiche Stätte. Die Portman Road mit einem Fassungsvermögen von 30.311 Zuschauern war nach dem Taylor-Report 1993 das erste reine Sitzplatzstadion in England. Heiliger Boden. Die Derbys gegen Norwich City schrieben hier britische Fußballgeschichte.

Der Besuch der Deutschen verblüfft die Engländer auf der ganzen Linie. Ein lokaler Radiosender bringt sogar eine Sondersendung, über „Crazy Germans in Town". „Dieser Besuch", so schloss Rutherford seine Mail, „hat eindeutig bei einigen Engländern dazu beigetragen, über deutsche Stereotypen nachzudenken." Im WM-Jahr 2006, wo schon frühzeitig Horror-Geschichten über wilde Horden englischer Fans auf dem Weg nach Deutschland kursieren, ein bemerkenswertes Unterfangen.

Ganz so idealistisch sieht Tour-Organisator Ulli Münsterberg, genannt „der Hildener", die Sache allerdings nicht: „Wir wollten nicht den Friedensbotschafter markieren, sondern einfach eine Party-Tour von Fans für Fans machen." Dennoch: Der Respekt der 15.500 Zuschauer an der Portman Road ist der bunt gekleideten Gruppe sicher, kleine Gastgeschenke gibt es inklusive. Einer von vier mitgereisten Fans unter 18 Jahren erhielt von einem freundlichen Kassierer 21 der zuvor für eine Erwachsenenkarte entrichteten 25 Pfund zurück. Very British.

Ein Stadion ist baff

Um die Engländer nicht komplett zu überrumpeln, hat Münsterberg vorab über das Internet den Kontakt zu Ipswich gesucht und das Fan-Pub Punch & Judy als Treffpunkt für den ersten realen Kontakt ausgesucht. „Ich glaube nicht, dass dieses Pub schon einmal so etwas gesehen hat", schwärmt der Ipswich-Fan Bluebird in seinem Forumseintrag. „Die Deutschen waren fantastisch, und sie haben uns eine großartige Lehrstunde gegeben, wie sich Fußballfans wirklich benehmen sollten."

Die englischen Gastgeber sind ihrerseits höflich: Der Stadionsprecher begrüßt die Deutschen eigens vor dem Spiel, und während der Partie flimmert mehrmals die Information über die Anzeigetafel, dass heute Gäste aus Deutschland nach Ipswich gekommen sind.

Im Stadion legen „die Deutschen" auf der Cobbold Stand, Ipswichs Heimtribüne, stimmungsmäßig noch einmal nach. „Das ganze Stadion war baff, denn wir haben uns einige Mühe gegeben, Ipswich zu unterstützen", so René Otsman, einer von vier Mitfahrern aus Hamburg. „Bei Abpfiff", ergänzt Ulli Münsterberg, „applaudierte uns der gesamte Ipswich-Block." Viel Zeit bleibt den Überraschungsgästen aus Deutschland nach Spielende nicht. Eine Übernachtung ist nicht im Preis enthalten. Noch ein letzter Blick auf die romantisch beleuchtete Fassade der Portman Road, ein schnelles Bier im Punch & Judy, und dann ab auf die Rückreise. Die Hamburger sind erst am späten Sonntagnachmittag wieder zuhause. Hinter ihnen liegen mehr als 78 Stunden Fußball und Wahnsinn.

Ausflug zu den „Bienen"

Die meisten Teilnehmer der Tour kommen aus Düsseldorf und kennen sich von verschiedenen Internet-Foren, die sich mit For-

„Das Stadion war baff" – Fortuna-Fans an der Portman Road in Ipswich.

tuna Düsseldorf, aber auch mit Fußballkultur allgemein befassen. „Die Idee war, Fortuna-Fans aus den einzelnen Foren zusammenzu-bringen", erklärt Ulli Münsterberg, „und zu einem Klub zu reisen, der zu Fortuna passt."

An Weihnachten 2004 starten die Fußball-Maniacs ihre erste England-Reise – zum Drittligisten Brentford FC in den Griffin Park. Die „Bees" („Die Bienen") aus dem Londoner Westen spielen zu diesem Zeitpunkt in der League One. Das letzte Mal, dass der Klub die großen Schlagzeilen für sich hatte, war im Jahr 1997. In den Play-off-Spielen um den Aufstieg in die Division One zog Brent-ford gegen Crewe Alexandra im Wembleystadion den Kürzeren. Im gleichen Jahr stiegen auch Fortuna Düsseldorf und der FC St. Pauli mal wieder aus der Bundesliga ab.

Der Gegenbesuch der Engländer lässt nicht lange auf sich warten. Im Mai besuchen einige der „Tractor Boys" ein Heimspiel von For-tuna Düsseldorf gegen Holstein Kiel im Flingerbroich. Gefeiert wird anschließend in einem Irish Pub, die nächste Einladung steht schon. Im Januar 2006 geht es dann, wie erwähnt, erstmals nach Ipswich. Dass auch die nächste Tour der deutschen Fußball-Fernfahrer kurz vor Weihnachten 2006 nicht zum FC Chelsea oder zu Manchester United gehen konnte, liegt auf der Hand. Ipswich Town passt halt besser zur Fortuna.

Angst vor dem „Ripper"

Als Münsterberg und seine fröhliche Schar zum zweiten Besuch in Ipswich ankommen, um sich das Spiel in der Football League Championship gegen Leeds United (1:0) anzusehen, ist alles anders. Eine Nachricht liegt wie ein schwarzer Schatten über der Stadt. Der „Ipswich Ripper" geht um. Die Prostituierten Tania Nicol (19), Gemma Adams (25), Anneli Alderton (24), Paula Clennell (24) und Annette Nicholls (29) sind seine Opfer. Sie wurden innerhalb von zehn Tagen brutal ermordet. Ganz Ipswich ist in Angst. Unheilvoll: Der Täter hat die Frauen stets in unmittelbarer Nähe des Stadions angesprochen, am Sir Alf Ramsey Way.

„Diese Sache mit dem Frauenmörder", erklärt Münsterberg, „sorgte für zusätzliche Brisanz und für eine ganz eigenartige Stimmung vor dem Spiel gegen Leeds." Man befürchtet zunächst, dass die berüchtigten Fans der „Whites" die vor dem Spiel angesetzte Gedenkminute stören oder boykottieren könnten, doch die mitgereisten Anhänger aus Leeds unter den 23.000 Zuschauer halten ebenfalls den Atem an. Ipswich trauert.

Die Deutschen haben sich schon vorher zu dem Fall ihre Gedanken gemacht. Bereits vor der Ankunft sammeln sie im Bus rund 300 Euro, die der Stiftung „Sombody's Daughter" zugunsten der Hinterbliebenen der fünf Frauen zukommen. Diese große Geste bringt die deutsche Fangruppe in die Schlagzeilen. Die lokale Zeitung *Evening Star*, die auch „Sombody's Daughter" mit initiiert hat, bringt einen größeren Artikel über die England-Fahrer.

„Wir haben uns vor dem Spiel getroffen, und das Erste, was mir die Deutschen erzählt haben, war, dass sie Geld gesammelt hätten, aber nicht sicher seien, wohin die Spende gehen soll", erzählt Eddie Clark, der Kontaktmann aus Ipswich und Betreiber der unabhängigen Ipswich-Fanseite *tractor-boys.co.uk*. „Diese Leute sind einzigartige Fußballfans, die sich Ipswich Town auf ihre ganz eigene Art und Weise als Lieblingsklub ausgesucht haben. Ihre Spende ist eine fantastische Geste."

Im Januar 2007 geht die Spendenaktion des *Evening Star* weiter. Mittlerweile hat man eine stattliche Geldsumme gesammelt und plant eine Versteigerung wertvoller Erinnerungsstücke von Ipswich Town. Auch die Rentnerin Beryl Bullock aus Felixstowe spendet. Sie trennt sich von einer Fanmütze und einem Trikot, die ihr Ipswichs legendärer Spieler Mick Mills (WM-Teilnehmer 1982 und Kapitän in der erfolgreichen Town-Ära unter Bobby Robson) einmal bei einem Dinner geschenkt hat. Früher hat die alte Dame mit ihrem Ehemann den Fanshop betrieben: „Ich dachte mir, die Älteren unter den Ipswich-Fans könnten so etwas gebrauchen, darum habe ich gespendet".

Ohne Glamour- und Glitzergehabe

Während die Welle der Anteilnahme in Ipswich weitergeht und die Stadt sich langsam von dem Schock erholt, hat Ulli Münsterberg in Sachen Tour-Organisation eine schöpferische Pause eingelegt. „Drei Monate lang machst du echt nix anderes", stöhnt er, „als Mails beantworten, Webseiten aktualisieren und die Ipswich-Fanforen zu durchstöbern, erst dann hast du eine gewisse Planungssicherheit, wie viele Leute mitfahren und wohin es ungefähr geht."

Denn auch dem Abenteuer Fußball sind Grenzen gesetzt. „Weiter als 700 Kilometer geht es nicht", weiß Münsterberg, „weil du sonst zwei Busfahrer brauchst und die Sache dann entsprechend teurer wird." Auch ein gewisses Fingerspitzengefühl gehört dazu: „Einige Vereine, insbesondere in London, scheiden aufgrund der extremen Lokalrivalität aus, denn wenn wir zum Beispiel die Rivalen von Brentford oder Norwich City unterstützen würden, wäre das absolut unglaubwürdig und wir würden uns die Gastfreundschaft verprellen."

Trotz dieser verständlichen Argumente ist für Münsterberg klar: „Jede Fahrt, die wir machen werden, geht zu einem Verein ohne Glamour- und Glitzergehabe." In Ipswich ist man sich daher sicher: Die verrückten Deutschen werden wiederkommen.

Heilsbringer aus dem Pub
Der Höhenflug des Wayne Rooney

David Beckham kam sich überflüssig vor. Es hatte sich zu viel verändert, seit er das letzte Mal zuhause war. Die Zuschauer im Old Trafford Stadion in Manchester jubelten zwar, aber ihre Begeisterung galt nicht ihm. Für den Popstar des englischen Fußballs war ungewohnt, im „Theater der Träume" nicht mehr im Mittelpunkt zu stehen.

Als David Beckham im November 2003 beim Freundschaftsspiel zwischen England und Dänemark zum ersten Mal nach seinem Weggang nach Madrid wieder in Manchester spielt, feiern ihn die Fans noch. Am Abend des 9. Oktober 2004, vor dem Qualifikationsspiel zur Weltmeisterschaft 2006 in Deutschland gegen Wales, ist alles anders.

Old Trafford feiert trotz seines Treffers zum 2:0-Endstand nicht den richtigen, sondern den „Anti-Beckham". Wayne Rooney. „Sie vermissen ihn nicht mehr in Manchester. Old Trafford hat einen neuen Hausherrn, seit Wayne Rooney mit unvergleichlicher Wucht über das Stadion gekommen ist", stellt die Tageszeitung *Die Welt* treffend fest. Aber Beckham hat nicht erst an diesem Oktoberabend 2004 als Heilsbringer des englischen Fußballs ausgedient. Den Spitzenplatz unter den Hoffnungsträgern hat ihm dieser Wayne Mark Rooney, geboren am 24. Oktober 1985 in Liverpool, schon im Sommer 2004, bei der EURO in Portugal, abgejagt.

Die Wachablösung erfolgt in der 71. Minute von Englands Auftaktmatch in Lissabon gegen Frankreich (1:2). Rooney startet mit der ihm eigenen Dynamik ein Solo, wird im Strafraum gefoult, und es gibt Elfmeter für England. David Beckham verschießt. Bis zum Viertelfinale gegen Portugal gelingen Rooney in vier Spielen vier Tore. Gegen Portugal bricht sich Rooney den Mittelfuß, Beckham verschießt erneut einen Elfmeter. England ist draußen.

Die neue Werbe-Ikone: Kraft statt Glamour
Nach dem Turnier humpelt Wayne Rooney nach seiner Rückkehr aus Portugal in sein neues Zuhause, eine Villa in Formby bei Liver-

Durchsetzungsfähig: Wayne Rooney, hier im Zweikampf mit Marco Materazzi.

pool mit Schwimmbad, Fitnessraum, Spielsalon, Heimkino und einem geschätzten Wohnwert von 5,5 Mio. Euro. Abends hat seine Verlobte Coleen McLoughlin in dem großen Haus manchmal Angst. Deswegen hat Wayne ihr „Fizz" gekauft, einen lustigen Chow-Hund, der für Ordnung sorgt. Zu Hause überrascht ihn sein Berater Paul Stretford mit jeder Menge guter Neuigkeiten. Mehr als 120 Anfragen potenzieller Sponsoren sind nach den beeindruckenden Darbietungen bei der EURO eingegangen. Über Nacht ist der 18 Jahre alte Stürmer Wayne Rooney zum begehrtesten Werbeträger auf der Insel geworden.

Für den Londoner Sport-Marketing-Experten Matthew Kleinman von der Agentur First Artist ist klar: Englands Fußball hat eine neue Werbe-Ikone. „Rooney verkörpert einen ganz anderen Spieler-Typus als Beckham. Er repräsentiert nicht Lifestyle, Metrosexualität und Glamour, sondern er steht für das Kraftvolle, das Urige", urteilt Kleinman. „Nach den lackierten Fingernägeln von David Beckham braucht man jetzt anscheinend wieder echten Dreck als Maniküre", mutmaßt Thomas Hüetlin in einem *Spiegel*-Special zur Weltmeisterschaft 2006. Der britische Autor Chris Goodwin sieht Rooneys Erfolgsrezept in seiner „kindlichen Unbekümmertheit": „Er ist eine Art Heilsbringer für England, er weckt Hoffnungen und Sehnsüchte, das kommt bei den Fans an."

Rooney wirbt also unbekümmert für Cola, Sportartikel und Mobiltelefone und katapultiert sich in der Rangliste bei den an Fußballer ausgezahlten Werbehonoraren direkt hinter David Beckham und den Brasilianer Ronaldinho.

Rooney im Puff: „Der beste Fehler meines Lebens"

Neben dem in diesen hektischen Sommertagen 2004 als zu schön, zu brav und zu affektiert abgestempelten David Beckham wirkt Rooney wie einer aus dem nächstbesten Pub an der Ecke. Sein Händedruck ist rau, sein Fußballspiel aggressiv, seine Gestik wild und mitunter obszön.

Als England im Oktober 2006 ein EM-Qualifikationsspiel in Kroatien mit 0:2 verliert, bezeichnen wütende Fans die Darbietung als „Geldverschwendung" und beschimpfen Rooney auf dem Weg zum Mannschaftsbus als „fettes Schwein." Das geht dem schlecht gelaunten Jungstar gegen die Hutschnur und er zeigt den Fans das böse V – in England eine noch schlimmere Beleidigung als anderswo der „Stinkefinger". Rooneys Kommentar ist nach dem Ausraster ebenso bescheiden wie hilflos: „Macht es halt besser!" Sein Sprecher Ian Monk hat alle Hände voll zu tun: „Alles, was Wayne eventuell gemacht hat, richtete sich gegen einen, und zwar nur gegen einen ganz bestimmten Fan." Zwar erfährt die Öffentlichkeit nicht, wer der ominöse „Stalker" ist, doch die Boulevardpresse hat eine neue Rooney-Geschichte.

Der Rooney-Clan meint es gut mit dem Boulevard. So erzählt Coleen McLoughlin im September 2006 dem Promi-Magazin *Closer* freizügig, dass sie „am liebsten große Schlüpfer" trage, weil diese „diskreter und einen Tick aufregender für Wayne" seien.

Wie viele Kids seines Alters steht Schlüpferstürmer Wayne Rooney nicht nur aufs Kuscheln, sondern auch auf den Rapper

Eminem und ist bemüht, so viele Kraftausdrücke wie möglich in seine Sätze einzuflechten. Er schert sich nicht um sein Äußeres, trägt Seidenhemden und Goldkettchen und ein großes keltisches Kreuz als Tätowierung im Oberarm. In Sachen Frisur ist er Realist und hat seit seiner Kindheit keinen Kurswechsel mehr vollzogen.

Und auch sonst ist Rooney einer aus dem Volk. Er trinkt gern Bier und isst gern fett. Und in den Puff geht er auch. Dumm nur, dass ihn dabei die Überwachungskamera filmt. „Für Charlotte, ich habe dich am 28. Dezember gevögelt. Alles Liebe, Wayne Rooney", kritzelt Rooney auf eine Autogrammkarte. Zu seinen Gespielinnen gehören eine nicht mehr ganz so schlanke 48-Jährige im Latex-Ganzkörperanzug und eine sechsfache Mutter im Cowboykostüm. Wenn Rooney sich einmal, wie in diesem Fall, öffentlich äußert, wird es wie früher bei Paul Gascoigne („Ich mache keine Vorhersagen und werde dies auch niemals tun") unfreiwillig komisch. „Ich war jung und unreif", knirscht er, als sein Bordellbesuch auffliegt, „aber es war der beste Fehler meines Lebens." Die Seifenoper ist perfekt, als ihm Coleen („Um ihre Hand anzuhalten, war schwieriger, als für England aufzulaufen") öffentlich eine Szene macht. Zur Versöhnung gibt es einen Brillantring – Diplomatie im Hause Rooney.

Auch in der Öffentlichkeit ist die Entrüstung nur von kurzer Dauer. „Eigentlich", so schreibt die Zeitung *The Guardian,* „ist der Besuch bei mittelprächtigen Prostituierten doch herrlich harmlos in einer Zeit, in der gegen andere englische Profis regelmäßig Vergewaltigungsvorwürfe erhoben werden. Rooney ist ein erfrischend altmodischer Fußballer."

Training mit Cola-Dosen

Während David Beckham ehemalige Mitglieder der britischen Spezialeinheit SAS für seine Sicherheit sorgen lässt, steht Rooney bei Prügeleien auch mal in der ersten Reihe und schreibt eine kräftige Handschrift.

Die bekommt im Herbst 2006 auch Fußball-Profi Michael Gray von den Blackburn Rovers zu spüren. In einer Bar in Manchester macht Gray nach, wie Augenzeugen berichten, „einigen Drinks" zunächst Faxen und schlägt Wayne Rooney und Coleen McLoughlin dann Sexualpraktiken zu dritt vor. Rooney will sich auf derartig unmoralische Angebote nicht einlassen und schlägt Gray ein blaues Auge. Zack – und das auch noch im Sitzen.

Schließlich ist er der Sohn eines Preisboxers aus dem heruntergekommenen Liverpooler Arbeiterviertel Croxteth. „Im Western Approaches, dem Stamm-Pub von Wayne Rooney senior, stehen die Männer schon am frühen Nachmittag mit dem dritten Bierchen am Tresen", beobachtet der in London lebende Autor Raphael Honigstein im Magazin *Countdown*. Trostlos. Mit seinen Eltern hat er in einer Sozialbauwohnung gelebt und sich dort mit seinen jüngeren Brüdern Graham und John ein kleines, mit Fanartikeln des FC Everton vollgestopftes Zimmer mit Blick auf die Straße geteilt.

Bis zu seinem 14. Lebensjahr hat Rooney im abgewrackten St. Theresa Amateur Boxing Club und im Holy Name Boxing Club trainiert, jedoch schnell gemerkt, dass er „für Fußball mehr Talent" hat. Kicken hat er mit einer leeren Cola-Büchse gelernt, die er unablässig gegen die Hauswand seiner Großmutter donnerte. Zum Training in der Kindermannschaft kommt er manchmal eine Stunde zu früh, und er verlässt auch als Letzter den Platz. Mit neun fällt er Evertons Chefscout Bob Pendleton auf. „Wayne war mit neun Jahren schon zu gut für unsere Auswahl", erinnert sich der Liverpooler Fußball-Lehrer Tom O'Keefe, der als Trainer einer U11-Schulauswahl mit Robbie Fowler und Steve McManaman große Talente der Stadt unter seiner Regie hatte. „Er hat allein in seiner ersten Saison 72 Tore gemacht. So etwas gab es noch nie und wird es wohl nie wieder geben."

Zum ersten Mal läuft Rooney für Everton schon mit zwölf auf: Als Maskottchen darf mit den „Toffees" vorm Merseyside-Derby gegen den FC Liverpool auf den Rasen marschieren. Drei Jahre später holt Everton das Talent bereits in sein U19-Team. Gerüchten zufolge will ihn ManU-Trainer Alex Ferguson schon jetzt nach Manchester dirigieren. Er bietet umgerechnet 7,5 Mio. Euro für den 16-Jährigen, wird aber von den Verantwortlichen des FC Everton noch entrüstet zurückgewiesen.

Urknall in der Premier League

Im Oktober 2002 landet Wayne Rooney mit einem Urknall in der Premier League und damit im Bewusstsein der englischen

Fußballfans. In der letzten Spielminute der Partie zwischen dem FC Everton und dem FC Arsenal (2:1) erzielt Rooney mit einem spektakulären Schuss das Siegtor. Natürlich eine Rekordmarke: Mit 16 Jahren und 360 Tagen ist er der jüngste Torschütze in der Geschichte der Liga, was ihm den Titel „BBC-Nachwuchssportler des Jahres" einbringt. Arsenals Trainer Arsène Wenger erzählt bei der Pressekonferenz Richtungweisendes: „Rooney ist das größte Talent, das ich gesehen habe, seit ich in England meinen Job angetreten habe."

„,Furchtlos' ist das Adjektiv, mit dem man auf der Insel seine Spielweise charakterisiert", so Raphael Honigstein über Rooney. „Auf dem Platz lässt er sich voll und ganz von seinem Instinkt leiten. Niemand kombiniert so viel brachiale Kraft mit Ballfertigkeiten von atemberaubender Schönheit."

Am 12. Februar 2003 bricht Wayne Rooney seinen nächsten Rekord, als er beim Freundschaftsspiel gegen Australien im Londoner Upton Park zum jüngsten englischen Nationalspieler aller Zeiten wird – mit 17 Jahren und 111 Tagen. Der bisherige Rekord datiert noch aus den Kindertagen des englischen Fußballs: Ein gewisser James Frederick McLeod Prinsep von den Clapham Rovers war 17 Jahre und 317 Tage alt, als er am 5. April 1879 zum ersten Mal für England spielte. Prinsep suchte sein Glück später in der britischen Armee und fand den Tod. Mit nur 34 Jahren starb er bei einem Gefecht in Ägypten.

Wayne Rooney ist seine Rekordmarke schon nach etwas mehr als drei Jahren los. Am 30. Mai 2006 löst ihn Theo James Walcott vom FC Arsenal als jüngster Nationalspieler seines Landes ab.

Rekordsummen für „Roonaldo"

Mit seinen Rekorden kann Wayne Rooney im Sommer 2004 allerdings prima wuchern und geht mit dem bulligen Paul Stretford an seiner Seite gerne an den Verhandlungstisch. Mittlerweile verdient er beim FC Everton 22.000 Euro pro Woche, und der FC Chelsea, Manchester United und Newcastle United veranstalten ein regelrechtes Wettbieten um ihn. Im August 2004 gibt sich sein Mentor, Evertons Trainer David Moyes, geschlagen: „Es gibt immer wieder Angebote, denen man sich nicht verschließen kann." Moyes hat unmittelbar nach dem ersten Hype um Rooney eine Maßnahme angeordnet, die nicht wenige Betrachter als sinnvoll erachten. Er hat Rooney Interviewverbot gegeben. Jetzt ist für David Moyes die Zeit des Loslassens gekommen.

Newcastle United hat schon 30 Mio. Euro für Rooney geboten, Manchesters Geschäftsführer David Gill ist am Zug. Es ist schon spät, als am 31. August 2004 in den Konferenzräumen von Old Trafford die Lichter ausgehen. Wayne Rooney verlässt seinen neuen Arbeitsplatz durch den Hinterausgang. Für 40 Mio. Euro wechselt er wenige Stunden vor dem Ablauf der Transferperiode zu Manchester United. Rooneys Gehalt liegt jetzt bei 4,5 Mio. Euro pro Jahr – ohne Werbeverträge versteht sich. Der ehemalige ManU-Keeper Peter Schmeichel beglückwünscht Rooney zu diesem Schritt. „In der Metropole London wäre Rooney zu vielen Versuchungen ausgesetzt", fürchtet Schmeichel.

Bei Manchester United darf Wayne Rooney endlich auch Interviews geben. Für ein Honorar von 400.000 Euro äußert er sich im September 2004 ausführlich in einer Interview-Reihe der *Sun*. Andere Gesprächsanfragen werden vorher von seinem Management zensiert, die Fragen werden ausgewählt. Es darf nichts gefragt werden, was Wayne Rooney geistig überfordern könnte.

So verwundert es schon, dass Wayne Rooney im März 2006 einen Vertrag mit dem Verlagshaus *HarperCollins* über die Erstellung einer Autobiografie unterschreibt. Fünf Bände sollen es bis zum Jahr 2018 werden. Für Rooneys gesammelte Werke gibt es einen satten Vorschuss von 7,5 Mio. Euro. Noch nie ist bis dahin in Großbritannien ein höheres Honorar für eine Fußballerbiografie bezahlt worden. Der Titel für den ersten Teil steht schon: „Meine Geschichte – bis jetzt." Sie endet mit der Weltmeisterschaft 2006 in Deutschland.

WM 2006: Rote Karte für Rooney

Diese wird nicht das erhoffte große Turnier für Wayne Rooney. Der Heilsbringer kann die hohen Erwartungen nicht ansatzweise erfüllen. Am 29. April 2006 bricht er sich im Premier-League-Spiel gegen den FC Chelsea den Knöchel und muss – wie David Beckham 2002 – bis zum Schluss um seine Nominierung bangen. Es gleicht einer Sensation, dass er nur sechs Wochen später schon wieder einsatzbereit ist.

Wie sehr die Öffentlichkeit und vor allem die Werbewirtschaft auf Rooney als Hoffnungsträger setzen, zeigt sich wenige Tage vor dem Start der WM in Deutschland. In gewohnt martialischer Pose ziert Rooney in London und auch andernorts riesige Werbeplakate eines amerikanischen Sportartikel-Giganten. Nackter Oberkörper mit aufgemaltem St. Georgs-Kreuz in den Farben Rot und Weiß, die Arme sind ausgebreitet, das Gesicht zum Schrei verzerrt. Die Botschaft ist simpel und unfreiwillig paradox: Die Angelsachsen kommen über den Kanal, und Rooney, der nach seiner Verletzung immer noch humpelt, führt sie an.

Britische Kirchenkreise zeigen sich geschockt über die Rooney-Plakate und liefern ihre eigene Interpretation. „Das Bild Rooneys erinnert an den gekreuzigten Christus", heißt es in einer Erklärung der Church of England, „es ist ziemlich verstörend, weil die Farbe nass ist. Es sieht wirklich aus wie Blut." Bei den Fans kommen derartige Posen gut an. Vor dem letzten Vorrundenspiel gegen Schweden (2:2) am 20. Juni 2006 in Köln tragen zahlreiche England-Anhänger das Motiv auf Flaggen mit sich und halten es triumphierend in die Kameras. Über Geschmack lässt sich bekanntlich nicht streiten.

Obwohl Rooney beim Zittersieg der Engländer im zweiten Vorrundenspiel gegen den Neuling aus Trinidad und Tobago (2:0) in Nürnberg endlich zum Zuge kommt, ist der Anführer der angelsächsischen Eroberer seinem Team in Deutschland keine große Stütze. Alle Spekulationen um die ersehnte Rettung der englischen Fußballnation beendet er schließlich höchstpersönlich und katapultiert sich in der 61. Minute des Viertelfinalspiels gegen Portugal (1:3 n. E.) in Gelsenkirchen ins Aus.

Es ist drückend heiß unter dem Arena-Dach auf Schalke, das Spiel ist zäh und schleppend. Wie bei allen bisherigen Spielen in Deutschland kommt England nicht in die Gänge. Zu viel Phlegma für Rooney. Er dreht durch. Erst tritt der Hitzkopf dem Portugiesen Ricardo Carvalho in den Intimbereich, dann zeigt ihm der argentinische Schiedsrichter Horacio Elizondo die rote Karte. Wie einst David Beckham gegen Argentinien (Achtelfinale, 1998) schwächt Rooney mit einem Platzverweis in einem WM-Spiel das englische Team entscheidend. Die Bilder gleichen sich: Rooney schaut wie einst Beckham entgeistert auf den roten Karton.

Doch im Gegensatz zu Beckham, der danach monatelang auf der Flucht ist, geht Rooney danach in die Offensive. Er ist bei seinem Abgang kaum zu bändigen, tritt wütend in Richtung Stadionumrandung. Cristiano Ronaldo, eigentlich sein Mitspieler bei Manchester United, hatte beim Referee den Platzverweis eingefordert. Auch nach dem WM-Aus der Engländer und lange nach der Rückkehr nach Manchester ist Rooneys Zorn nicht verraucht. „Ich werde Ronaldo in zwei Teile zerbrechen", droht er kurz vor dem Saisonstart 2006/07 dem Portugiesen, der vorsichtshalber schon mit einer Flucht zu Real Madrid liebäugelt. Erst Trainer Sir Alex Ferguson sorgt für Versöhnung. Manchester United setzt sich mit dem ungleichen Duo nach langer Abstinenz wieder an die Spitze der Premier League. Das englische Fanzine *When Saturday Comes* verarbeitet im Februar 2007 den mittlerweile beinahe historischen Zoff zwischen Rooney und Ronaldo in seiner Titelstory auf satirische Weise. Auf dem Cover tätschelt der Engländer Ronaldo, scheint ihm zu gratulieren. Wer genauer hinschaut, sieht zwei Sprechblasen. „Ich hasse dich immer noch", sagt Rooney – „Ich hasse dich auch", entgegnet der Portugiese. Schön, wenn man sich so gut versteht.

„Over the Moon, we've got the Roon"
Was dagegen die angekündigten Rooney-Memoiren enthalten und welche kulturell hochwertigen Episoden aus dem Leben von „Wild Wayne" abgehandelt werden, lässt sich nur schwer erahnen – trotz eines herzergreifenden Vorabdrucks in einer Boulevardzeitung, wo Rooney u. a. mit viel Liebe zum Detail preisgibt, dass er ohne die Geräusche eines Haartrockners oder eines Staubsaugers einfach nicht einschlafen kann.

Jedoch dürften Rooneys Ghostwriter um den 28. September 2004 wohl nicht herumkommen. Manchester United überrollt an diesem Abend in der Vorrunde der UEFA Champions League den türkischen Klub Fenerbahce Istanbul, der zu diesem Zeitpunkt von dem deutschen Trainer Christoph Daum betreut wird. Wayne Rooney spielt erstmals nach seinem Fußbruch bei der EURO wieder und trifft bei seinem Europapokal-Debüt für ManU, einem 6:2-Erfolg, gleich dreimal. „Vielleicht", orakelt Christoph Daum nach dem Spiel, „haben wir heute hier den Spieler des Jahrhunderts gesehen."

Die Zeitung *The Observer* nimmt es kaum eine Nummer kleiner und spricht von „37 Minuten, die den englischen Fußball veränderten". Und man hätte fast wetten können, dass findige Chronisten auch hier einen Rekord entdecken. Seit 99 Jahren hat kein Spieler von Manchester United mehr Tore beim Einstand erzielt. Respekt.

Es sind die Details, die an diesem Abend wichtig sind, als Wayne Rooney mit hochgeschlagenem Trikotkragen seine „erste Party im neuen Zuhause" *(Die Welt)* feiert. Kopfschmerzen hat dabei Istanbuls Abwehrspieler Deniz Baris. 2001 hat er in Nürnberg mal den FC St. Pauli in die Bundesliga geköpft, jetzt soll er Wayne Rooney stoppen und steht auf verlorenem Posten. „Ehrlich gesagt, so einen 18-Jährigen habe ich noch nicht gesehen. Er ist technisch überragend, hat einen platzierten Schuss, ist extrem antrittsschnell und für sein Alter unglaublich robust", erzählt Baris im *Welt*-Interview. „Auch wenn man versucht, ihn mit einem Foul zu stoppen, läuft er einfach weiter. Die Stürmer in der türkischen Liga kann man dann wieder einholen, Rooney aber nicht."

Ein kleiner Junge schwenkt auf der Tribüne eine Papptafel mit einem etwas kringeligen Halbmond und der vielsagenden Aufschrift „Over the Moon, we've got the Roon" – eine eindeutige Ansage für die Türken und eine herrlich-romantische Liebeserklärung an Rooney.

„Rooney saß ein paar Jahre vor seinem Durchbruch noch selbst im Stadion bei den Fans", schreibt Raphael Honigstein, „er ist einer von ihnen, und er will gar nichts anderes sein. Beckhams Aufstieg stand für die Wandlung des Fußballs vom ritualisierten Stammeskampf zu einem integrativen Bestandteil der Unterhaltungsindustrie. Mit Rooney kehrte der Fußball auf der Insel wieder dahin zurück, wo er sich am wohlsten fühlt. Auf die Straße. Wo es nach Kebabs und weniger angenehmen Dingen riecht."

Irgendwie erfrischend echt.

Importiertes Weißbier
Didi Hamann beim FC Liverpool

Sie versuchten alles, um sie irgendwie zu erreichen. Sie beugten sich über die Brüstung. Sie brüllten ihnen zu, sie gestikulierten.

Für die Fans des FC Liverpool, die bis zu 700 Euro für ihre Sitzplätze über dem Spielereingang des Atatürk Olympiastadions in Istanbul gezahlt hatten, scheint dieser Appell an ihre Spieler, die nach der Pause wieder den Rasen betreten, ein letzter Akt der Verzweiflung. Ihr Team liegt an diesem windigen 25. Mai 2005 im Finale der Champions League zur Halbzeit gegen den favorisierten AC Mailand beinahe aussichtslos mit 0:3 zurück. Jetzt kehrt die Mannschaft aufs Spielfeld zurück, doch die Stars Jamie Carragher und Steven Gerrard scheinen die Worte der Fans nicht zu hören.

Etwas weiter vorn läuft Dietmar Hamann über den roten Teppich mit der orientalisch gehaltenen Aufschrift „Istanbul – The Final 2005" in Richtung Rasen. Der deutsche Nationalspieler plauscht auf dem Weg zum Spielfeld ein wenig mit Schiedsrichter Mejuto Gonzalez. Wohl eher eine Geste der Höflichkeit. Denn der Spanier hat in der ersten Halbzeit nicht gerade über die Maßen zugunsten des FC Liverpool entschieden. Bei einem Vorstoß des Liverpoolers Milan Baros in der 38. Minute übersah er ein klares Handspiel von Mailands Alessandro Nesta im Strafraum. Kurz darauf fiel das 2:0 für den AC Mailand. Wirklich Pech.

Hamann klatscht in die Hände. Sein Blick drückt pure Entschlossenheit aus. Er brüllt seine Kollegen an, feuert sie an, will sich nicht mit einem vernichtenden 0:3 aus diesem großen Finale verabschieden.

Vor allem die deutschen Boulevardzeitungen werden Hamann die sensationelle Wende in einem der packendsten Europapokal-Endspiele aller Zeiten zuschreiben. Der FC Liverpool macht aus einem 0:3 ein 3:3 und gewinnt schließlich nach Elfmeterschießen.

Hamann selbst erinnert sich eher an die Aufmunterung durch die Liverpooler Fans, die auch in der Halbzeit trotzig ihr „You'll never walk alone" anstimmten: „Dieser Verein ist unglaublich. Die Anhänger haben auch noch gesungen, als wir 0:3 zurückgelegen haben. Was muss das für eine Liebe zu diesem Klub sein?"

Anfield hält den Atem an

Der FC Liverpool steht in der Champions-League-Saison 2004/05 für Dramatik und Leidenschaft. Wie im letzten Vorrundenspiel gegen Olympiakos Piräus. Die „Reds" brauchen am 8. Dezember 2004 in Anfield unbedingt einen Sieg mit zwei Toren Differenz, um gegen die punktgleichen Griechen in die K.o.-Runde einzuziehen. Als der brasilianische Weltmeister Rivaldo einen Freistoß ins Tor des LFC jagt, sinken die Hoffnungen auf ein Weiterkommen bei den Engländern auf den Nullpunkt. Die Wende kommt in der zweiten Halbzeit: Erst trifft der Franzose Florent Sinama-Pongolle zum 1:1 (48.), dann netzt der Stürmer Neil Mellor, den in Liverpool in Anlehnung an den deutschen Rekordstürmer alle nur „Müller" nennen, zum 2:1 ein (79.). Das erlösende Tor zum Achtelfinale gelingt nach 85 Minuten. Liverpools Kapitän Steven Gerrard lässt mit einem Hammer aus 18 Metern und einer gemessenen Ballgeschwindigkeit von 117 Stundenkilometern die Begeisterung überborden. Gerrard: „Ich habe als Kind immer wieder die Bilder der früheren Finals im Fernsehen gesehen. Jetzt war es an uns, diesen Pokal nach Liverpool zu holen. Dafür wollten wir alles tun. Wir haben die Chance, Legenden zu werden." Eine magische Nacht. „Es ist schon viel über die Materie Anfield geschrieben worden", heißt es hinterher in einem *SkySports*-Kommentar, „aber dieser Abend könnte ein ganzes Buch allein füllen."

Vor dem Viertelfinal-Hinspiel gegen den italienischen Vizemeister Juventus Turin hält die Anfield Road den Atem an. Man gedenkt der Todesopfer der Stadionkatastrophe von Brüssel 1985, als vorm Finale zwischen Juve und Liverpool (1:0) 39 Menschen bei Zuschauerausschreitungen starben. Mit eisiger Miene tragen Juventus-Legende Michel Platini und die beiden ehemaligen Liverpooler Spieler Phil Neal und Ian Rush eine Gedenktafel auf den Rasen, während beide Teams Arm in Arm bei der Gedenkminute verharren. Liverpool entscheidet dieses so bedeutsame Spiel durch Sami Hyypiä und Luis Garcia mit 2:1 für sich und erzwingt im Rück-

Erfolg in der Champions League 2005: Didi Hamann im Trikot des FC Liverpool.

spiel in Turin ein 0:0. Torlos endet auch das erste Halbfinale gegen den amtierenden englischen Meister FC Chelsea.

Die „Blues" haben Liverpool in dieser Saison bereits dreimal bezwungen, darunter einmal im Liga-Cup-Finale. Die Ansage von Liverpools Jon Arne Riise – „Wir werden im Rückspiel eine Menge Tore machen" – klingt daher wenig glaubwürdig. Es fällt auch nur ein Tor und dazu noch ein äußerst umstrittenes. In der vierten Minute erwischt Chelseas William Gallas nach Ansicht von Schiedsrichter Lubos Michel aus der Slowakei einen Schuss von Luis Garcia erst hinter der Torlinie – 1:0. Liverpool hält das knappe Ergebnis, lässt sich auch von zwei Irren, die mit einer katalanischen Flagge Mitte der zweiten Hälfte auf den Rasen stürmen, nicht ablenken. Erstmals seit dem tragischen Finale von Brüssel 1985 steht der englische Rekordmeister wieder im Endspiel der Königsklasse.

Das „größte Comeback aller Zeiten"

Das Finale in Istanbul sehen weltweit rund 150 Millionen Fernsehzuschauer. Die Stadt erlebt eine „Invasion" der Liverpooler Fans. Schon zwei Wochen vor dem Spiel sind in den Liverpooler Reisebüros die Flüge nach Istanbul ausgebucht. Mehr als 35.000 Liverpool-Fans sorgen in der Metropole am Bosporus und im Stadion für Gänsehaut-Atmosphäre. Fast 20.000 Anhänger der „Reds" ohne Karte sehen das Spiel direkt vor dem Stadion und am Taksim-Platz auf Großbildleinwänden. Ihr Einfallsreichtum beim Banner-Bemalen kennt keine Grenzen: „The Rafalution is there" ist auf einer roten Liverpool-Flagge zu lesen – eine Reminiszenz an den neuen Liverpooler Trainer Rafael Benitez aus Spanien.

Nach dem zermürbenden 0:3-Rückstand lässt Rafael Benitez die Kabinenwände wackeln. „Wir sind der FC Liverpool, wir haben so viele Fans da draußen, wir lassen uns nicht abschlachten", brüllt er. Und wechselt Hamann ein, dem die Liverpooler Zeitung *Daily Echo* nachsagt, er verliere den Ball „nur zweimal pro Saison". In der 54. Minute beginnt mit dem Kopfballtor von Steven Gerrard zum 3:1 die sensationellste Aufholjagd in der Geschichte des Europapokals. Noch nie hat ein Team in einem Finale einen Drei-Tore-Rückstand wettgemacht. Das 3:2 folgt zwei Minuten später. Ein satter 25-Meter-Schuss des Tschechen Vladimir Smicer zischt ins Tor der Italiener.

Hamann hat die Vorarbeit geliefert. Und in der 60. Minute egalisiert Xabi Alonso mit dem Nachschuss eines von Milans Keeper Dida zunächst parierten Elfmeters das Ergebnis.

„Ganz ehrlich: Ich habe nicht recht daran geglaubt, als ich zur zweiten Halbzeit eingewechselt wurde. Du denkst: Das ist nicht wahr, du bist im Traum", sagt Dietmar Hamann. Bis zum Ende der Verlängerung bleibt es beim 3:3. Auch, weil Liverpools oft belächelter polnischer Torhüter Jerzy Dudek an diesem Abend das Spiel seines Lebens macht: In der 117. Minute pariert er mit einem sensationellen Reflex einen Kopfball von Milans ukrainischem Stürmerstar Andrej Schewtschenko aus fünf Metern. „Es war dies nicht nur das sensationellste Comeback der Europacup-Geschichte", sucht der ehemalige Liverpooler Spieler Alan Hansen zwei Tage später in einem Kommentar im *Daily Telgraph* nach Superlativen, „es war auch nicht das größte Comeback, das ich im Fußball je gesehen habe, es war das größte Comeback, was es im Sport jemals gegeben hat."

750.000 Fans feiern

Ob Angus Loughran das auch gedacht hat, ist nicht bekannt. Fest steht nur, dass Loughran beim Londoner Buchmacher Ladbrokes am 19. Mai 2005 eine Wette platzierte, bei der er vorhersagte, dass sowohl das FA-Cup-Finale zwischen Arsenal London und Manchester United am 21. Mai und das Champions-League-Finale von Istanbul durch Elfmeterschießen entschieden würden. Er behielt in beiden Fällen Recht und gewann mit dieser gewagten Prognose eine beträchtliche Geldsumme.

In Istanbul versagen dem Brasilianer Serginho auf Seiten des AC Mailand als Erstem die Nerven, dann tritt Dietmar Hamann zum psychologisch so wichtigen ersten Elfer für die „Reds" an. Er trifft halbhoch ins linke Eck. Sauber. Später stellt sich heraus, dass Hamann den Elfmeter mit einem gebrochenen Fuß verwandelt hat; während des Spiels hat er sich einen Ermüdungsbruch zugezogen. Milan scheitert in Gestalt von Andrea Pirlo und Andrej Schewtschenko noch zweimal an Jerzy Dudek, für Liverpool treffen Djibril Cissé und Vladimir Smicer. In Istanbul brechen alle Dämme: Dudek und seine Kollegen stürmen in die Fankurve, toben wie kleine Kinder über die Tartanbahn des Stadions.

Rund 750.000 Menschen feiern den FC Liverpool am 26. Mai 2005 bei der Rückkehr. Überall zieren rot-weiße Fahnen Autos und Fenster, zeugen zerbrochene Biergläser von einer denkwürdigen Fußball-Nacht. Die Fans können es immer noch nicht glauben. „Ich bin 40 und Liverpool-Fan, seit ich denken kann", beteuert Danny Davies aus Doncaster, der das Spiel mit einem Freund in Istanbul verfolgt hat. „Als Gerrard den Pokal hochgehalten hat, bin ich in Tränen ausgebrochen." Aman Singh aus Birmingham geht es ähnlich: „Es war unglaublich. In der Nacht habe ich nicht geschlafen. Wenn ich nun nie mehr ein Europacup-Finale im Stadion sehe, kann ich wenigstens sagen: Ich war dabei."

Am Hillsborough-Memorial, der Gedenkstätte für die 96 Todesopfer der Stadionkatastrophe von Sheffield (1989) direkt an der Anfield Road, findet sich ein zerknitterter Gebetszettel: „Zwanzig Jahre haben wir geduldig darauf gewartet. Bitte, Herr, schenke uns diesen Sieg in Istanbul." Der Herr hat den unbekannten Bittsteller erhört.

Bayern-Burschen auf der Insel

Hamann, der zu den am meisten gefeierten Spielern des Finales gehört, zählte einst zu jener Bayern-Mannschaft, die Franz Beckenbauer 1993/94 als Trainer zur deutschen Meisterschaft führte. Auffallend viele dieser Bayern-Burschen von 1994 suchten später ihr Fußball-Glück auf der Insel: Christian Nerlinger wechselte 2001 zu den Glasgow Rangers, Dietmar Hamann 1998 zu Newcastle United und von dort ein Jahr später zum FC Liverpool, Markus Babbel folgte im Sommer 2000, Christian Ziege ging zum FC Middlesbrough und dann nach Liverpool.

„Ich bin sehr schnell ein Fan dieser Stadt geworden, weil sie unheimlich viel zu bieten hat. Die Leute sind freundlich, und man kann abends gut ausgehen", erzählt Markus Babbel über das Leben in Liverpool. Wie fest das Band zwischen Fans und Spielern ist, erfährt Babbel im Jahr 2002, als er plötzlich an dem seltenen Nervenleiden GBS (Giullain-Barre-Syndrom) erkrankt und vorübergehend sogar im Rollstuhl sitzt. Als er wieder gesund ist und für Liverpool auflaufen kann, gibt es von den Fans der „Reds" eine ganz besondere Huldigung: „Wir spielten in Cardiff vor 75.000", erinnert sich Babbel an sein Comeback gegen den FC Arsenal im März 2003, „schon beim Warmlaufen haben 40.000 Liverpool-Fans meinen Namen gesungen, und als ich zehn Minuten vor Schluss eingewechselt wurde, haben alle Zuschauer im Stadion applaudiert. Das war das Schönste, was ein Spieler erfahren kann."

Sein Resümee ist nachvollziehbar: „Die vier Jahre in Liverpool waren ein Höhepunkt in meiner Karriere. Was in Liverpool war, kann ich nicht in Worte fassen." Babbel und auch Hamann werden in der Hafenstadt hofiert. Wenn sie gemeinsam unterwegs sind, serviert man ihnen im Pub „White Horse", wo auch die Beatles in den sechziger Jahren einkehrten, Original Münchner Spezialitäten. Weißwurst und Weißbier werden eigens für die Deutschen importiert. Dietmar Hamann ist daher mit der Verpflegungslage zufrieden: „Wenn meine Frau Tina in München ist, kommt es vor, dass sie mir einen Schinken oder einen Leberkäse mitbringt, aber ansonsten werden wir hier gut mit bayerischer Hausmannskost versorgt." Die ehemaligen Bayern-Spieler wissen um die riesige Tradition des Klubs von der Anfield Road. „Die Leute hier sehnen sich nach den Erfolgen der siebziger und achtziger Jahre zurück. Für uns ist es eine Verpflichtung, an diese Zeiten anzuknüpfen", sagt Dietmar Hamann.

Details sind wichtig. Wie am Point of no return. Am Ende des Kabinengangs, in den Katakomben von Anfield, hängt das berühmte Schild mit dem Emblem des FC Liverpool und der vielsagenden Aufschrift „This is Anfield". Ab hier gibt es kein Zurück mehr, ab hier musst du alles geben. Es ist Tradition und eine Ehre, dieses Schild mit einer Hand vor dem Einlaufen ins Stadion zu berühren. Aber Dietmar Hamann weiß: „Es kommt nicht gut an, wenn du als Neuer dieses Ritual auch gleich pflegst. Den Respekt der Fans muss man sich erst verdienen."

Die einzige gemeinsame Spielzeit des deutschen Trios Babbel, Hamann und Ziege in Anfield ist 2000/01, eine Mammut-Saison. Liverpool bestreitet 63 Pflichtspiele. Die „Reds" schlagen den designierten Meister, ihren Erzrivalen Manchester United (2:0), sie siegen durch ein Freistoßtor von Gary McAllister aus 25 Metern in der vierten Minute der Nachspielzeit des Merseyside-Duells beim FC Everton (3:2). Sie holen am Ende ein „Triple", bestehend aus Liga-Cup, FA-Pokal und UEFA-Cup, und gewinnen trotz einer zweitägigen Party auch noch das letzte Saisonspiel mit 4:0 bei Charlton Athletic. Ein zusätzliches Happy End, denn das reicht zur Champions-League-Qualifikation.

Bier und Brit-Pop

Das UEFA-Pokalfinale 2001 in Dortmund gegen den spanischen Außenseiter CD Alavés wird als das bis dahin torreichste Endspiel dieses Wettbewerbs in die Europacup-Geschichte eingehen: Mit 5:4 gewinnt der FC Liverpool nach Verlängerung. Rund 25.000 Liverpooler Fans sind in Dortmund in Hochstimmung. Mit ihren Bannern verzieren sie die Fassaden der zahlreichen Kneipen in der Innenstadt. Am Hansa-Platz wird für die Liverpooler einiges geboten. Es gibt frisch gezapftes Bier und live gespielten Brit-Pop, auch wenn die Anlage ein wenig knarzt. Es wird ein Fest. „Where do you come from? – From Bochum", so lautet eine der gängigsten Begrüßungsformeln auf den Tribünen des Westfalenstadions. Denn die Mitglieder der riesigen Fangemeinde der „Reds" sind von überall her nach Dortmund gekommen. In Deutschland gehört Liverpool zu den beliebtesten ausländischen Klubs.

Schon nach vier Minuten reißt Markus Babbel die Fans von den Sitzen: 1:0 durch ein Kopfballtor des Deutschen für den FC Liverpool. Atemberaubend ist auch der Millimeter-Pass von Michael Owen auf den Fuß von Steven Gerrard, der nach 16 Minuten zum 2:0 vollenden kann. Alavés kämpft sich durch ein Kopfballtor von Alonso (27.) ins Spiel zurück, doch dann scheint ein Elfmetertor des Schotten Gary McAllister (41.) Liverpool endgültig auf den Weg zum dritten UEFA-Pokal-Sieg nach 1973 und 1976 zu bringen.

Das Westfalenstadion ist zur Halbzeit schon ganz in Rot getaucht. Ein Doppelschlag der Spanier durch Morero in der 48. und 51. Minute verhilft Alavés zum 3:3. Jetzt ist Liverpool im Zugzwang. In der 73. Minute schickt McAllister Robbie Fowler auf die Reise – 4:3. Dann folgt der Auftritt von Jordi Cruyff, der in der 89. Minute zum 4:4 einköpft und die Spanier in die Verlängerung bringt. Hier geht das Temperament mit ihnen durch: Mocelin und Karmona fliegen mit Gelb-Rot und Rot vom Platz, und dann köpft Geli in der 117. Minute eine Freistoßflanke von Gary McAllister ins eigene Tor – Liverpool ist UEFA-Cup-Sieger 2001.

„Ein Spiel für die Ewigkeit", jubelt Liverpools französischer Trainer Gérard Houllier, für den die Fans sogar einen eigenen Song kreiert haben. „Who let the Reds out – Hou-Hou-Houllier", singen sie zur Melodie des One-Hit-Wonders der Rapper „Bahamen" („Who let the dogs out"). Es lebe die Black Music. Die englischen Zeitungen philosophieren um die Wette: „Wer sagt, dass Fußball seine Seele verloren hat, dass nur noch Gier und Geld zählen? Diese Nacht zeigte, was diesen Sport so einzigartig macht", schreibt der *Daily Mail.* „Nach siebzehn Jahren ist Liverpool wieder unter den Endspiel-Legenden. Eines der besten Spiele aller Zeiten", befindet der *Mirror.*

Einen Tag später bahnt sich ein roter Autobus mühsam den Weg durch die jubelnden Massen. Er fährt die siegreiche Liverpooler Elf traditionsgemäß durch die Straßen der Stadt. Auf dem Heck des Busses hängt das Plakat „Tell your Mum we did it". Sag deiner Mutter Bescheid.

Ein paar Monate später findet sich der Münchner Dietmar Hamann im Fanshop am Williamson Square in Liverpool wieder. Und zwar in Gestalt einer sieben Zentimeter hohen Gummipuppe, die für drei Pfund zu haben ist. Keine schlechte Taxierung: Die Spielfigur von Michael Owen gibt es zum gleichen Preis, die der Altstars Kenny Dalglish, Graeme Souness und Kevin Keegan kosten nur zwei Pfund mehr.

Vorsicht, fliegende Fische!
Grimsby Town versus Scunthorpe United

Dunst liegt über der Bucht. Es ist windig, die Luft schmeckt salzig, und am Horizont ist ein großes Frachtschiff zu erkennen, das Richtung Immingham Docks fährt. Weiter unten tuckert ein Fischkutter mit holperndem Motor auf dem Humber River hinaus auf die offene See.

Zwischen beiden Wasserstraßen, auf der Landzunge zwischen dem Humber und der Nordsee, liegt das Stadion Blundell Park. Hier ist der Grimsby Town Football Club zuhause. Hier zieht es zu jeder Jahreszeit wie Hechtsuppe, hier brauchen Stadionbesucher ein dickes Fell. Nicht nur aufgrund der Wetterlage. Kaum ein anderer Klub auf der Insel hat so viel Höhen und Tiefen erlebt. Seit der Klubgründung 1878 und bis 2007 stieg Grimsby mehr als 20-mal auf und ab.

„Lieber zur Hölle als nach Grimsby"

Andere Klubs wollen es tunlichst vermeiden, in der gleichen Klasse wie Grimsby Town zu spielen. „Die meisten Fußballfans in England sagen, sie würden eher zur Hölle gehen als nach Grimsby zu fahren", weiß Grimsbys Pressesprecher Tim Harvey. „Wer hat schon Lust, sich an der Nordsee vom Wind durchschütteln zu lassen und sich nach beschwerlicher Fahrt über den Motorway 180 ein lausiges Match der First oder Second Division anzusehen?", konkretisiert Dave, Hafenarbeiter aus Hamburg und Fan des nicht wirklich erfolgreicheren FC Sunderland (2003 und 2006 schlechtestes Team der Premier-League-Geschichte) den Horror vor Grimsby. Denn die 120.000-Einwohnerstadt im Nordosten Englands und insbesondere der knapp 600 Meter von der rauen See entfernte Blundell Park gelten auf der Insel als *das* Synonym für das Ende der (Fußball)-Welt und für sportliche Verbannung.

Der Blundell Park ist ein enges, typisch englisches Stadion, das inmitten von schachbrettartig angelegten Wohnblocks liegt. „Dass die Stimmung fast immer mies ist", erklärt Grimsby-Fan Terry Hall,

„hängt mit dem Wetter, den schlechten Leistungen des Teams, aber auch mit diesem verdammten Umzug nach Cleethorpes zusammen." Während des Krieges zog Grimsby 1944 vom heimischen Abbey Park in das Seebad Cleethorpes. Damit verdarb es sich bei weiten Teilen der Anhängerschaft für alle Zeiten, denn bei denen ist der Nachbar-Stadtteil denkbar unbeliebt. „Seither leben wir in der Verbannung", klagt Terry, „die Fans sind mit dem Blundell Park nie wirklich warm geworden."

Grimsby ist also nicht gerade das Mekka der Fußball-Feinschmecker. Wer Fisch mag, ist in Grimsby allerdings bestens aufgehoben. Die Stadt am Humber ist berühmt für ihre Fish & Chips, die man am besten im Hafen und direkt vom Zeitungspapier serviert zu sich nimmt. „Viele sagen, es gibt in Grimsby mehr Fish & Chips-Shops als Fußballfans", lacht Terry Hall und verweist auf die mehr als 30 Fisch-Imbisslokale der Hafenstadt. Vielleicht stählt diese Kost. Der Grimsby-Fan jedenfalls zeichnet sich durch seine außerordentlich hohe Leidensfähigkeit aus. Denn die Vergangenheit der Schwarz-Weißen gibt wenig Anlass zum Schwärmen und ist phasenweise so trist wie das stürmische Wetter an der Nordsee. Die beste Platzierung der „Mariners" datiert noch aus Vorkriegszeiten: ein fünfter Platz in der First Division, 1934 als Aufsteiger errungen.

Nach dieser kurzen Erfolgsperiode ging es immer auf und ab, zeitweise (zuletzt 1979 und 2003) sackte Town sogar bis in die vierte Division ab. Selbst in den Jahren unter Trainer Bill Shankly, der später beim großen FC Liverpool zur Legende wurde, konnte Grimsby zwischen 1951 und 1954 keine Erfolge verzeichnen. Grimsby wechselte oft die Ligen. Einzige Konstante im Spielbetrieb der „Mariners": die Abneigung gegen den Lokalrivalen Scunthorpe United. Der Hass auf die „Scunts" (Ableitung von „Cunts" = dt. Fotzen), wie die Fans aus Scunthorpe in Grimsby abschätzig genannt werden, ist oberster Grundsatz bei den Hardlinern unter den Town-Fans.

Nüchtern kaum zu ertragen

Der zweitwichtigste Grundsatz für einen Grimsby-Fan: auf keinen Fall mit leerem Magen zu einem Spiel im Blundell Park gehen. „An den vielen Fisch-Imbissen rund ums Stadion kommt man kaum vorbei", weiß Terry Hall, „und außerdem ist Grimsby nüchtern

kaum zu ertragen." Terry, von Beruf Telefonist eines Taxiunter-
nehmens und alles andere als ein Hardliner, geht gerne ins „Pea
Bung", ein Café-Restaurant mit legendärem Ruf. Hier gibt's für die
frierenden Grimsby-Fans heißen Tee, Brot und Butter gratis zum
bestellten Essen dazu. Hier weiß man eben, was man der Kundschaft
schuldig ist. Haupt-Anlaufpunkte für die Fans der „Mariners" sind
allerdings das „Imperial" in der Nähe des Blundell Park und „Josh's
Restaurant", ebenfalls unweit des Stadions. Auch hier ist natürlich
Fisch auf der Speisekarte zu finden.

Der Fisch ist allgegenwärtig in Grimsby. „Früher", erinnert sich
PR-Manager Tony Richardson, „hat es in der ganzen Stadt und
auch im Stadion richtig nach Fisch gerochen. Die Docks waren ja
nur eine knappe Meile vom Blundell Park weg." Der Schellfisch,
der die Stadt bekannt gemacht hat, wurde sogar den Gästeteams
und den Schiedsrichtern in Präsentkörben mit auf den Heimweg
gegeben – bis die FA Bestechung witterte und diese kleine Aufmerk-
samkeit Ende der sechziger Jahre verbot. Beinahe zeitgleich ging es
mit der Fischindustrie und den Werften von Grimsby steil bergab.
Das schlug sich auf die Leistungen der „Mariners" nieder, die Fans
bleiben weg. „Die meisten von ihnen waren Fischer, und als sie
keine Jobs mehr hatten, blieben sie zuhause, ließen sich volllaufen
und hatten samstags um drei andere Sorgen, als sich um Fußball zu
kümmern", erzählt Terry Hall.

„You only sing, when you're fishing"

Auf den Rängen zeigen sich Grimsbys Fans äußerst kreativ und
spielen gesanglich mit der Fisch- und Fußballtradition. Ist es im
Stadion allzu ruhig, provozieren die Jungs vom Fanklubverband
„Mariner's Trust" den Rest der einheimischen Zuschauer mit „You
only sing, when you're fishing". Eine nette Marketing-Idee hat
der Lokaljournalist Nigel Lowther von der Zeitung *Grimsby Evening Telegraph* im Jahr 1989. Es ist die Saison, in der Grimsby im
FA Cup von sich reden macht. Dass die Fans bei den Erfolgen über
Manchester City, den FC Middlesbrough und den FC Reading aufblasbare Bananen schwenken, stört Lowther irgendwie. So fährt er
eigens nach London, um für das nächste Spiel gegen Cupverteidiger
Wimbledon aufblasbare Schellfische zu ordern. Bevor Lowther los-

fährt, wird das neue Maskottchen noch schnell „Harry, the Haddock"
(„Harry, der Schellfisch") getauft. Mit einem kleinen Schönheitsfehler: Lowther bekommt in London aufblasbare Regenbogenfo-
rellen untergejubelt, doch das stört die Fans in Grimsby nicht. Sie
werfen die Dinger munter von Block zu Block. Mehr als 2.000 Plas-
tikfische werden zum Spiel an der Plough Lane gegen Wimbledon
verkauft. Für umgerechnet 4,50 Euro. Ein gutes Geschäft.

Sportlich gesehen vergibt Grimsby am 28. Mai 2006 die Chance
zur Wende. Im Millennium Stadium in Cardiff verlieren die „Mariners", immerhin Vierter der vierten englischen Liga („Coca Cola
League Two"), das Playoff-Spiel zum Aufstieg in die dritthöchste
Spielklasse („Coca Cola League One") gegen Cheltenham Town mit
0:1. Trotz dieses erneuten Rückschlags hat Terry Hall die Hoffnung
noch nicht aufgegeben: „Wir gewinnen nicht oft, aber wir spielen
guten Fußball", betet er das Credo der Erfolglosen herunter. Tony
Richardson ist sicher: „Auch wenn wir in den nächsten Jahren
wieder einmal absteigen, werden die Fans die Spieler schon nicht
mit gammligem Fisch bewerfen."

Jungstars aus Scunthorpe: Clemence und Keegan

Die Fische heben sie sich viel lieber für ihren Lieblingsfeind auf.
Scunthorpe United. Die 62.000-Einwohner-Stadt liegt gut 30 Kilometer westlich von Grimsby entfernt. Während Grimsby in den
zwanziger Jahren der bedeutendste Fischereihafen Englands war,
gehörte Scunthorpe bis in die achtziger Jahre zu den wichtigsten
Produktionszentren für Stahl. Doch auch das ist lange her.

Auch in Scunthorpe ist man seit vielen Jahren mit der Gesamtsituation unzufrieden. Zwar ist man stolz, mit Ray Clemence und
Kevin Keegan zwei spätere Superstars des englischen Fußballs her-
vorgebracht zu haben. Aber der Klub, der erst 1950/51 durch eine
Aufstockung der damaligen Third Division in den Profifußball
gelangte, dümpelt beinahe traditionell in den Niederungen des englischen Liga-Fußballs. Gut, da war das FA-Cup-Spiel in der vierten
Runde gegen den FC Portsmouth am 30. Januar 1954, als das alte
Stadion „Old Showground" mit 23.935 Zuschauern ausverkauft war,
und da war der Aufstieg in die Second Division 1958, wo man mit
den Stars Barrie Thomas (31 Tore in 24 Spielen, 1960/61) und Jack

Brownsword (657 Spiele für Scunthorpe) bis 1964 sechs erfolgreiche Jahre verbrachte. Doch mit Ausnahme der einjährigen Rückkehr in die dritte Liga in der Saison 1972/73 sowie später noch in der Saison 1983/84, bleibt Scunthorpe bis 1999 in der vierten Spielklasse. Nicht viel, um damit angeben zu können.

Aber Scunthorpe United entwickelt sich unter der Regentschaft des Schiffsmagnaten Steve Wharton und mit Trainer Brian Laws, den man 1997 kurioserweise vom Erzrivalen Grimsby geholt hat, in den 1990er Jahren zu einem der am professionellsten geführten unterklassigen Vereine Englands: 1999 (nach einem 1:0 im Playoff im Londoner Wembleystadion gegen Leyton Orient) und 2004 gelang der Aufstieg in die Second Division. Zwischenzeitlich scheint sogar die Rivalität zu Grimsby erkaltet, jedenfalls aus der Sicht der Scunthorper. „Inzwischen", erzählt Luke Thornhill, Redakteur der Scunthorpe-Fanseite *Iron.Bru.net*, „spielten wir beinahe jedes Jahr gegen die benachbarten Klubs von Lincoln City, Boston United und Hull City, sodass viele jüngere Scunthorpe-Fans diese Vereine eher als Rivalen ansahen als Grimsby."

Nettigkeiten beim Derby

Fast 14 Jahre lang treffen sich die beiden Rivalen – mit Ausnahme des Pokalspiels im *Auto Windscreen Shield Cup* 1998 – nicht mehr in einem Ligaspiel. Bis zum 6. November 2004. „Coca Cola League Two" ist angesagt. Dutzende berittene Polizisten kommen wie apokalyptische Reiter aus dem Nebel. Sie wissen Bescheid. Denn im April 2004 hat es zwischen beiden Fanlagern schon einmal gekracht, obwohl beide Klubs gar nicht aufeinander trafen. Scunthorpe hat zuhause gegen Macclesfield gespielt und ungebetenen Besuch aus Grimsby erhalten.

Die „Mariners" haben damals in Stockport gespielt. Doch anstatt den direkten Nachhauseweg mit der Bahn über Manchester zu wählen, schauen sie mal eben in Scunthorpe vorbei und schlagen zu. Die Bilanz: 50 Festnahmen. „Es gab eine wahrhafte Massenschlägerei auf der Straße", berichtet ein Polizist, der dabei war, „sie bewarfen sich mit Billard-Queues und Bierflaschen. Es waren die schlimmsten Szenen, die ich je bei einem Fußballspiel hier in der Gegend gesehen habe."

Ein ähnliches Chaos will Sergeant Brian Burns von der Humberside Police beim folgenden Ligaspiel vermeiden. Wie viele Beamte an diesem Tag im sonst so beschaulichen Scunthorpe im Einsatz sind, will sich Burns nicht entlocken lassen. Berittene Kollegen, Hundestaffeln und Beamten in Zivil stehen bereit, die Pubs in Scunthorpe bleiben bis weit nach dem Spiel geschlossen. Auch nach der Öffnung der Kneipen sind Klubtrikots an diesem Tag tabu. Alles andere als alltäglich im britischen Fußball.

Dass sich beide Klubs in den Jahren ohne Humberside-Derby noch genügend Nettigkeiten aufgespart haben, belegen die Fangesänge während des Spiels. „Ihr seid Scheiße und ihr stinkt nach Fisch" („You're shit and you stink of fish") singen die Hardliner unter den Scunthorpe-Fans, „Wir pissen auf euren Fisch", antworten die Grimsby-Anhänger. Mehr als 2.000 sind mit nach Scunthorpe gekommen, davon viele mit gefälschten Tickets. Als die Scunthorpe-Spieler Paul Hayes und Steve Torpey mit abfälligen Gesten (Hände an den Ohrmuscheln: „Wir hören euch nicht") eines der beiden Tore bejubeln, sind sie kaum noch zu halten. Die Polizei marschiert sicherheitshalber in voller Kampfausrüstung vor der Gästekurve auf. Diverse Gegenstände fliegen aufs Spielfeld, Fische sind nicht dabei.

17.15 Uhr. Nach dem Spiel, einem 2:0-Arbeitssieg für die „Irons" aus Scunthorpe, trotten die beiden verfeindeten Fangruppen zögerlich vom Glanford Park in Richtung Stadtzentrum. An einem nahe gelegenen Kreisverkehr treffen die beiden Gruppen aufeinander, und schon geht das Geschubse los. Fäuste fliegen. Die Polizei ist rechtzeitig zur Stelle, nimmt einige Störenfriede fest. Es bleibt trotz dieser Scharmützel weitgehend ruhig. Vierte Liga eben.

Murmeltier-Tag in Anfield

FC Liverpool versus Newcastle United

Er hing wie leblos über der Bande. Sein Gesicht hatte er unter dem überdimensionalen, schwarz-weiß karierten Zylinder mit der Aufschrift „Newcastle United – The Toon Army" vergraben, die Windjacke in den Vereinsfarben seines Klubs hatte er hochgezogen. Er weinte. Das Bild eines zu Tode betrübten Newcastle-United-Fans im Stadion an der Anfield Road in Liverpool war am Abend des 10. März 1997 im britischen Fernsehen und am Tag darauf in fast allen englischen Zeitungen zu sehen. Eine traurige Schlusssequenz.

Der weinende Newcastle-Anhänger an der Werbebande und die vielen hundert mitgereisten „Toons" auf der Gästetribüne, der Anfield Road Stand, hatten mit Tränen in den Augen und zusammengekniffenen Lippen ihrem Team trotzig Beifall gespendet, während sie gegenüber auf dem „Spion's Kop", Liverpools legendärer Fantribüne, „You'll never walk alone" anstimmten... Es war das Ende eines der denkwürdigsten Abende der Premier-League-Geschichte. Mit 4:3 hatte der FC Liverpool den Meisterschaftsanwärter Newcastle United in der Nachspielzeit geschlagen. Und jeder Zuschauer im Stadion und am Fernsehschirm muss sich vorgekommen sein wie im Kino-Hit „Und täglich grüßt das Murmeltier" mit dem amerikanischen Comedy-Star Bill Murray. Hatten sie das nicht exakt eine Saison zuvor schon einmal erlebt? In exakt gleicher Aufwartung, mit dem gleichen beschissenen Wetter und dem gleichen Ergebnis? Natürlich hatten sie.

Das Spiel, das es zweimal gab

Ein Jahr zuvor, am Abend des 3. April 1996, hatte der FC Liverpool den Rivalen aus Newcastle schon einmal mit 4:3 geschlagen, wobei das Siegtor ebenfalls in der Nachspielzeit gefallen war.

4:3, zwei Spiele, 14 Tore, ein Ergebnis, eine Premier-League-Legende. Bei einigen der Beteiligten hat sich das Spiel, das es zweimal gab, für immer ins Gedächtnis eingebrannt. Wie bei Kevin Keegan:

„Das Spiel gegen Liverpool im April 1996 war das beste Spiel, an dem ich als Aktiver teil genommen habe." Und Keegan, den in England alle „The Mighty Mouse" („Die mächtige Maus") nennen, hat schon einiges erlebt. Eigentlich kann ihn nix mehr schocken. Zwischen 1971 und 1977 war der Stürmer in der erfolgreichsten Ära der „Reds" für den FC Liverpool am Ball, holte mit ihnen u. a. dreimal die englische Meisterschaft, 1973 den UEFA-Pokal und 1977 den Europapokal der Landesmeister. Bei seinem Gastspiel in Deutschland hat er den Hamburger SV 1979 zu seiner ersten Meisterschaft in der Bundesliga geführt und sogar eine Schallplatte mit dem Titel „Head over Heals" („Hals über Kopf") besungen.

Keegan kennt in Anfield jeden Grashalm. Nun ist er als Trainer von Newcastle United wieder an alter Wirkungsstätte. Er will Meister werden mit den „Magpies", den „Elstern". Doch dazu muss er in Liverpool gewinnen. Zu viele Patzer hat sich seine Elf nach einem famosen Saisonstart schon geleistet, hat neun Punkte Vorsprung gegenüber dem Verfolger Manchester United hergeschenkt. In Newcastle, der fußballverrücktesten Stadt Englands, machen sich Nervosität und leichte Resignation breit.

Newcastle hat die bislang beste Mannschaft in seiner Premier-League-Zugehörigkeit. Kapitän Peter Beardsley, Stürmerstar Les Ferdinand, der Franzose David Ginola und vor allem Faustino Asprilla sollen es richten. Der Kolumbianer Asprilla wechselt im Sommer 1995 vom UEFA-Cup-Sieger AC Parma für die damalige britische Rekordtransfersumme von umgerechnet 10 Mio. Euro nach Newcastle. Er ist umstritten, gilt aber als Keegans Wunschsspieler. Viel gebracht hat das Asprilla-Theater nicht. In Liverpool geht es für die „Magpies" schon um alles.

Keegan begrüßt vor dem Spiel kurz den Kollegen Roy Evans. Während der als Jugendcoach des FC Liverpool gearbeitet hat, hat Keegan nach dem Ende seiner aktiven Karriere, die er 1986 beim Weltklub Tigers Kuala Lumpur in Malaysia ausklingen ließ, acht Jahre lang nur Golf gespielt. Als Keegan in einem weinroten Jackett – das gleiche Modell gehört in dieser Zeit zwingend zur Garderobe der RAN-Moderatoren – auf der Trainerbank in Anfield Platz nimmt, weiß er genau, dass es bei einer Niederlage aus ist mit dem Meistertraum.

„Calamity-James" patzt

Murmeltier-Tag in Anfield. Nach handgestoppten 100 Sekunden klingelt für Newcastle United bereits der Wecker. Robbie Fowler trifft zum 1:0 für Liverpool. Die 40.702 Zuschauer, die an einem verregneten Mittwochabend ins Stadion an der Anfield Road gekommen sind, haben kaum Zeit zum Luftholen. Nach einem Fehler von Liverpools Torhüter David James, der sich schon in der Anfangszeit seiner Karriere den Spitznamen „Calamity-James" („Fisematenten-James") abholt und bei der EURO 2004 in Portugal vollends zum Trottel der Nation avanciert, kommt Les Ferdinand zum 1:1, 10. Minute. Und David Ginola trifft nach einem herrlichen Solo zum 1:2. Es sind gerade einmal 14 Minuten gespielt. Ginola wird in Liverpool ausgepfiffen. Der Franzose fällt leicht, und das mag man in Anfield und auch anderswo in England überhaupt nicht. Viel mehr schätzt man robuste Spieler wie den bulligen John Barnes, der noch bei der letzten Meisterschaft der „Reds" 1990 mitgewirkt hat.

Obwohl der FC Liverpool in den neunziger Jahren immer noch an den Nachwirkungen der Stadion-Katastrophen von Brüssel und Sheffield leidet und bis 1992 vom Europacup ausgesperrt ist, hat der ehemalige Jugendcoach Roy Evans wieder eine schlagkräftige Truppe geformt. Neben den Routiniers John Barnes und Vordenker Ian J. Rush („Für Juventus Turin zu spielen war für mich, als würde ich im Ausland spielen") gehören der Ire Jason McAteer, Jamie Redknapp und Stan Collymore zu Liverpools Leistungsträgern. Und zwei junge Wilde. Robbie Fowler, gerade mal 19 Jahre alt, und Steve McManaman, 23, spielen an diesem Abend mit das beste Match ihres Lebens. Vor allem der Lockenkopf McManaman, der später zu Real Madrid wechseln wird, ist nicht zu stoppen. Roy Evans hat sie beide entdeckt. „Robbie brauchtest du keine Anweisungen zu geben", erinnert sich der ehemalige Liverpooler Nachwuchscoach, „er war ein Naturtalent."

Obwohl die Rasenfläche mehr an ein Hochmoor als an einen Fußballplatz erinnert, wirbelt McManaman an diesem Abend Newcastle United durcheinander. Schleudertrauma inklusive. McManaman, Fowler & Co. bringen mit diesem Spiel den fast verloren gegangenen Zauber von Anfield zurück. „Liverpool hat ein unglaubliches Spiel gezeigt", erzählt Kevin Keegan, „es war ein Flutlichtspiel, das live im Fernsehen übertragen wurde. Ich glaube, sie haben von diesem Spiel mehr Videokopien verkauft als von ihren früheren Erfolgen. Leider habe ich kein Video bekommen." Trotz des tiefen Bodens liefern beide Teams auch noch nach 80 Minuten Tempofußball pur. Es steht 3:3.

Torriecher dank Nasenpflaster

Robbie Fowler spielt mit einem modischen „Nasenpflaster", einem Utensil das man guten Gewissens unter die „100 nervigsten Dinge der Neunziger" rechnen kann. Man bekommt damit besser Luft, versprechen die Hersteller. In der Bundesliga kennen es viele noch von der Nase von Kaiserslauterns sympathischem Stürmer Olaf Marschall her, in England ist es Fowlers Markenzeichen.

In der 55. Minute hat Fowler zum 2:2 getroffen, sein 35. Saisontor. Dann hat Asprilla mit einem herrlichen Außenrist-Kick aus 17 Metern nach Zuspiel von Rob Lee mal wieder David James alt aussehen lassen, und Stan Collymore hat in der 68. Minute nach Rechtsflanke von McAteer das 3:3 erzielt. In den letzten zehn Minuten macht Liverpool noch einmal mächtig Druck. Es läuft schon die Nachspielzeit. Kevin Keegan hat längst eine Teamjacke über sein weinrotes Sakko gezogen. Er ahnt Böses, blickt wie entgeistert aufs Spielfeld.

Dort kommt es, wie es kommen muss. Zunächst stehen sich in Newcastles Strafraum Ian Rush und John Barnes beinahe auf den Füßen, doch dann bringt Barnes das Leder irgendwie noch auf die linke Seite, wo Stan Collymore wartet und zum 4:3 einschießt. Der Stürmer geht in einer Jubeltraube unter, während Kevin Keegan sich auf der Bank am liebsten vergraben würde. „Nach dem Spiel war ich total leer", sagt er später.

Für Newcastle ist das Titelrennen gelaufen. „Auf der Rückfahrt war es bei uns im Bus so still, dass man eine Stecknadel fallen hören konnte", erinnert sich Les Ferdinand, „ein Alptraum." Kevin Keegan ist sicher: „Dieses Spiel hat uns das Genick gebrochen." Keegan wird als Trainer keine Meisterschaft gewinnen, auch nicht mit Manchester City, das er nach seiner unglücklichen Zeit als englischer Nationalcoach trainiert. Im Februar 2005 entschließt er sich, nicht mehr als Fußballtrainer zu arbeiten.

Collymore: Kampf gegen Dämonen

Liverpool-Newcastle 4:3. Das Video von diesem Spiel, *Kings of the Castle*, welches den jubelnden Stan Collymore auf dem Cover zeigt, wird zu einem der meisterverkauften Artikel in der riesigen, offiziellen Video-Edition des FC Liverpool. „Das erste 4:3 gegen Newcastle", sagt die langjährige irische Liverpool-Anhängerin Maura Clark, die seit 1982 in London lebt, „war das unvergesslichste Spiel, dass ich vom FC Liverpool gesehen habe. Auch, weil man allein über die beschwerliche Anfahrt bei Regen unter der Woche eine eigene Story schreiben könnte." Erling Baldorf aus Kopenhagen besitzt seit 1994 eine Dauerkarte auf dem „Kop". Über das 4:3 gegen Newscastle sagt der Däne: „Für mich war es neben den FA-Cup-Finals das bewegendste Liverpool-Spiel überhaupt."

Für Stan Collymore, den Tor-Helden der „Reds", gibt es nach diesem Auftritt allerdings nicht mehr viele große Abende an der Anfield Road. Er kritisiert Coach Roy Evans öffentlich und sägt sich beim FC Liverpool mehr und mehr das Brett ab. Im Sommer 1997 verkauft ihn Liverpool an seinen Stammklub Aston Villa. Collymore gerät in die Schlagzeilen, als er während der Weltmeisterschaft 1998 in Frankreich seine Freundin, die populäre Fernseh-Moderatorin Ulrika Jonsson, verprügelt. Es geht bergab, und Collymore kann nicht mehr gegensteuern: Aston Villa verkauft ihn zu Leicester City, wo er nach einem Zwischenfall bei einem Auswärtsspiel ebenfalls gefeuert wird. Bradford City und Leicester City sind seine weiteren Stationen, ehe ihm sein alter Kumpel Steve McManaman empfiehlt, nach Spanien zu wechseln. Doch auch bei Real Oviedo wird Collymore nicht mehr glücklich. Im Jahr 2001, mit 30, ist Collymore am Ende: Zwei Jahre zuvor hat er sich öffentlich zu seinen Depressionen bekannt, sich in die berühmte Priory-Klinik einweisen lassen und nach einem Rechtsstreit mit Oviedo seine Karriere beendet.

Auch bei *BBC Radio 5 Live* wird er wenig später entlassen, weil er öffentlich zugibt, an Freiluft-Sexorgien teilgenommen zu haben. Über sein wildes Leben schreibt Stan Collymore 2004 in *Tackling my Demons*. Die Zeitung *Sunday Business Post* (Dublin) sieht das Buch als „eines der besten Fußballbücher der letzten Jahre" an. Ein schwacher Trost: Collymores Karriere ist zu Ende. Auch ein avisiertes Comeback Ende 2006 platzt.

McManaman flippt aus

Der 10. März 1997, Murmeltier-Tag in Anfield. Wieder regnet es in Strömen, wieder ist es die Magie der Flutlichtspiele, die dieses Match so legendär werden lässt. Dieses Mal sind 42.000 Zuschauer im Stadion. Liverpool hat sich mit dem Tschechen Patrik Berger von Borussia Dortmund verstärkt, bei Newcastle sitzt Rekord-Transfer Alan Shearer ebenso auf der Bank wie Stan Collymore bei den „Reds". Das 1:0 gelingt Steve McManaman, den schon allein der Name Newcastle United auf Betriebstemperatur zu bringen scheint. „Steve kam rein, knallte den Ball ins Netz, fertig. Das gab uns Selbstvertrauen", erinnert sich Roy Evans. Das 2:0 markiert Patrik Berger nach einem Pfostentreffer von Robbie Fowler. Und nach dessen 3:0 sieht alles nach einem ganz normalen Heimsieg für den FC Liverpool aus.

Doch dann lässt Newcastles neuer Trainer Kenneth „King Kenny" Dalglish, mit acht Meister- und vier Europacup-Titeln als Spieler der „Reds" ebenfalls nicht gerade ein Unbekannter in Liverpool, bei der Halbzeitansprache die Wände wackeln. Denn schließlich ist Newcastle wieder mal drauf und dran, den ersten Titel seit 1927 zu verspielen. „Der Trainer hat uns zur Halbzeit ganz schön ins Gebet genommen", meint Warren Barton, der zwischen 1995 und 2002 für Newcastle United spielte. Barton: „Wir wussten, dass Liverpool nach der Pause seine schwächste Phase hat." In der zweiten Halbzeit geht Newcastle engagierter zu Werke, doch bis zur 70. Minute halten die „Reds" ihr 3:0.

Die letzten 20 Minuten sorgen für den erneuten Eintrag ins Geschichtsbuch der Premier League. In der 71. Minute trifft Gillespie zum 3:1, und dann geht alles sehr schnell. Ein Heber von Faustino Asprilla in der 87. Minute bringt das 3:2, und in der 88. Minute gelingt Warren Barton der 3:3-Ausgleich, der die Fans auf der Gästetribüne toben lässt. Barton: „Die Fans sind total ausgeflippt." Der BBC-Kommentator mutmaßt: „Liverpool muss jetzt total zerschmettert sein." Zerschmettert wird jedenfalls ein technisches Utensil der Rundfunkleute. Torschütze Barton: „Beim 3:3 bin ich total ausgeflippt. Ich trat gegen ein Mikrofon, das ich noch jahrelang abbezahlen musste."

Die „Reds" resignieren nicht, sie haben noch einen Pfeil im Köcher. Wieder läuft die Nachspielzeit, die 92. Minute. Eine Flanke von der linken Seite segelt herein, und in der Mitte steht Robbie Fowler, der den Ball gegen die Laufrichtung von Newcastles Keeper Shaka Hislop köpft – 4:3. Fowler, der als Junge ein Fan des FC Everton war, erinnert sich: „Ich sprang hoch gegen Robbie Elliot, es war kaum zu glauben. Genau wie im letzten Jahr, derselbe Spielstand, einfach unglaublich."

Auch John Barnes hat diese Szene gut in Erinnerung: „Ich wusste genau, dass Robbie in dieser Szene, wo er mit Elliot dicht an dicht war, nicht zurückzieht. Er ist ein Typ, der im Strafraum sogar seine Oma umhauen würde."

Noch berühmter wird Robbie Fowler zwei Jahre später bei einem Spiel seiner „Reds" gegen den FC Everton. Es wird für ihn selbst sogar „das größte Spiel, an dem ich teilgenommen habe". Fowler verwandelt einen Elfmeter und tut danach so, als wolle er die Linie wegschnupfen – sechs Spiele Sperre.

Am Ende der Straße
Maine Road, Manchester

Es herrschte eine gespenstische Stille. Der Wind strich leise über den Rasen, irgendwo bellte ein Hund, von fern war der Verkehrslärm des Motorway M 6 zu hören. Der Mann auf dem Podium verschränkte die Arme. Die Szene hatte einen eigenartigen, fast sakralen Charakter.

Am Morgen dieses Julisonntags des Jahres 2003 hat Ian Maycock, Auktionator bei Smith & Hodkinson in Manchester, gleich zwei traurige Pflichten übernommen. Zunächst hat der smarte Kaufmann die rund 1.000 anwesenden Fans im Stadion an der Maine Road gebeten, sich für eine Gedenkminute zu Ehren von Marc Vivien Foe, Nationalspieler Kameruns in Diensten von Manchester City, zu erheben. Foe ist am 26. Juni 2003 beim FIFA Confederations Cup während des Spiels gegen Kolumbien an einem Gehirnschlag gestorben. Danach soll Maycock die Versteigerung zahlreicher Einzelteile des stillgelegten Stadions an der Maine Road leiten.

Nun hat Maycock mit der legendären „Dell", dem ehemaligen Stadion des FC Southampton, und dem Stadion an der Filbert Street von Leicester City schon öfters Stadien unter dem Hammer gehabt, aber die Versteigerung „seiner" Maine Road verlangt dem City-Fan im feinen Zwirn einiges ab: „An diesem Tag sind Träume unter den Hammer gekommen." Die Versteigerung sei ihm „sehr schwer" gefallen, so der langjährige Dauerkarteninhaber vom Kultklub an der Moss-Side. „Es waren sogar Fans aus Thailand, den Arabischen Emiraten und Italien bei der Auktion anwesend", erzählt Maycock. Rund 700 Artikel hat er für die Versteigerung katalogisiert, und nach dem siebenstündigen Auktions-Marathon wirkt er doch ziemlich geschafft.

Tränen bei „Helen, the Bell"

In den ersten Sitzreihen hat Maycock eine echte Legende unter den City-Fans entdeckt: „Helen, the Bell." Die in Ehren ergraute Dame,

die seit den frühen sechziger Jahren die City-Kicker mit lautem Glo-
ckengebimmel nach vorn getrieben hat und mittlerweile im Rollstuhl sitzt, hat an diesem definitiv letzten Tag an der Maine Road
mehr als nur eine Träne in den Augen.

„Helen, the Bell", die auf der Insel einen ähnlichen Kultcha-
rakter hat wie Gladbachs Trommler Manolo, schaut wehmütig zu,
wie „ihr" Stadion verramscht wird. Alle denkbaren und undenk-
baren Stadion-Utensilien werden versteigert. Die Tür des Manager-
Büros bringt umgerechnet mehr als 80 Euro, die himmelblau gestri-
chenen, leicht korrodierten Stadiontore, die bis zur Versteigerung
durch schwere Vorhängeschlösser gesichert wurden, wechseln für
800 Euro den Besitzer.

Nichts bleibt liegen. Die Drehkreuze der Stadioneingänge
werden ebenso versteigert wie Kleiderhaken und die Massagebank
aus dem Umkleideraum. Die Bank stammt noch aus den zwanziger
Jahren und kostet ihren neuen Besitzer 600 Euro. Ein Schnäppchen,
wie Maycock meint: „Wenn man sich vorstellt, dass nahezu jeder
Superstar der Blues mal darauf gelegen hat, ist das Ding weit unter
Wert weggegangen." Allein in der ersten Stunde der Auktion werden
Artikel im Wert von 13.000 Euro vergeben. Mehr als 4.000 Tribünen-
sitze, das Stück für 16 Euro, werden versteigert. Die Fans posieren für
die Fotografen stolz mit ihren „Maine-Road-Memories": Michael
und Angela Dowdall haben sich einen Parkplatzwegweiser und ein
Schild mit der Aufschrift „Block L" gesichert, Andy und Sue Good-
stadt haben sich hellblaue Klappsitze ersteigert, die sie in ihrem
Garten aufstellen. Mit dem Verkauf von Teilen der Tribünen, der
Anzeigentafel und der Flutlichtanlage an die Klubs Preston North
End und Stockport County fließen zusätzliche Einnahmen, sodass
sich der Gesamtgewinn für Manchester City am Ende auf über
520.000 Euro beläuft. Geld kann man immer brauchen.

Bewegender Abschied

Im Jahr 2000 entschließt man sich bei Manchester City, die Maine
Road zum Saisonende 2002/03 zu verlassen. Das letzte Spiel am 11.
Mai 2003 gegen den FC Southampton (0:1) ist eine einzige große
Abschiedsparty mit einem guten Schuss Melancholie. Zahlreiche
Spielergrößen des Europapokal-Siegers von 1970, wie Colin Bell,

Francis Lee oder Mike Summerbee, sind beim „Farewell" mit dabei. Und auch Manchester Citys Trainer Kevin Keegan hat beim letzten Applaus Tränen in den Augen.

„Es war ein trauriges Wochenende", erzählt Neal Beatty. Der City-Fan aus Salford Square hatte ab 1979 seinen Stammplatz auf dem „Kippax", der Fantribüne der „Blues" an der Kippax Street. „Ich habe viele gute Erinnerungen an die Maine Road," sagt er, „der Lärm auf dem Kippax, die Idioten, die auf die Stehplatzstufen pissten, der Bierdunst und das ungenießbare Essen in der Sam Cowan Bar, das alles gehörte irgendwie dazu."

Ein blau-weißer Konfettiregen geht nach dem letzten Auftritt der „Citizens" auf das Spielfeld nieder und legt sich wie ein Schleier der Geschichte auf den Rasen der Maine Road. Bei der anschlie-ßenden Ehrenrunde hat selbst ein abgebrühter Profi wie Nicolas Anelka feuchte Augen. Mit gemischten Gefühlen sieht der ehema-lige City-Kapitän Paul Power, der zwischen 1973 und 1986 über 400 Spiele für die „Blues" bestritt, auf den Umzug ins hochmoderne, 100 Mio. Euro teure City of Manchester Stadium. Das neue Stadion liegt im Osten der Stadt und wurde anlässlich der Commonwealth-Spiele in Manchester 2002 erbaut. Auf dem Gelände der alten Spielstätte sollen dagegen Wohnblocks und ein Supermarkt errichtet werden. „Es ist eine riesige Enttäuschung, dass wir nie wieder an der Maine Road spielen, aber für den Verein und seine Entwicklung war der Umzug in das neue Stadion ein Schritt nach vorn", sagt Power nach dem Abschied.

„Bert" Trautmann, die deutsche Legende

Die Maine Road hat viele Helden gesehen. Doch der Bremer Tor-hüter Bernd Trautmann stellt sie alle in den Schatten. „Hello Fritz, fancy a cup of tea?" – „Hallo Fritz, möchtest du eine Tasse Tee", sollen britische Soldaten dem deutschen Soldaten Trautmann bei seiner Gefangennahme 1945 zugerufen haben. Trautmann landet im „Camp 50", einem Kriegsgefangenenlager in Asthon-in-Makerfield, zwischen Wigan und St. Helens im Nordwesten Englands. Dort steht der gelernte Mittelfeldspieler von TURA Bremen erstmals zwischen den Pfosten. Der Einfachheit halber nennen ihn die Engländer dort „Bert". Ein Freund nimmt ihn schließlich 1948 mit zum Provinzklub

Nur noch Vergangenheit: das Stadion an der Maine Road in Manchester.

FC St. Helens Town, wo er als Torhüter auf 43 Liga-Einsätze kommt und bei einem Freundschaftsspiel den Verantwortlichen von Manchester City auffällt. Die nehmen ihn im Oktober 1949 unter Vertrag. Die englische Boulevardpresse schäumt: „City nimmt Nazi unter Vertrag", titelt eine Zeitung, eine Welle der Empörung bricht los. Mehrere zehntausend Fans gehen in Manchester auf die Straße und protestieren mit Plakaten wie „Off with the German!" („Raus mit dem Deutschen!") gegen Trautmanns Verpflichtung. Schließlich ist es ausgerechnet der jüdische Rabbi Dr. Alexander Altmann, der in einem offenen Brief an die Bürger von Manchester um Fairness gegenüber dem Deutschen bittet.

Bei seinem ersten Spiel, 1950 in Fulham, wird Trautmann zuerst von den Fans beider Seiten ausgebuht, doch mit einer engagierten Leistung und tollen Paraden erobert der Deutsche die Herzen der Engländer im Sturm. Als er im gleichen Jahr gegen den FC Sunderland vier Elfmeter hält, ist das Eis gebrochen. „Ich habe nie etwas Feindseliges in den Augen der Fans gesehen", resümiert Bernd Trautmann später in einem Fernsehinterview. Er steht 1955 und 1956 mit Manchester City im FA-Cup-Finale von Wembley. Im Finale 1956 wird Trautmann zur Legende. In der 75. Minute rasselt er mit Birminghams Peter Murphy zusammen, der ihn unglücklich im Nacken trifft. Trautmann hält durch („Ich habe nur im Unterbewusstsein weitergespielt") und führt Manchester City mit einem angebrochenen Halswirbel zum 3:1-Triumph über Birmingham City. Nur ein orthopädisches Wunder – ein Wirbel hat sich über den gebrochenen Wirbel geschoben und diesen stabilisiert – hat ihn gerettet.

Am Ende des Jahres wird Trautmann als erster Ausländer „Fußballer des Jahres" in England. Bis 1964 steht er 639-mal im Tor von Manchester City (davon 508 Liga-Spiele), 1960 repräsentiert er England als Kapitän einer Ligaauswahl, 1966 ist er DFB-Attaché bei der Weltmeisterschaft. Als er seinen Abschied gibt, platzt die Maine Road aus allen Nähten: Mehr als 60.000 Zuschauer sind in dem überfüllten Stadion dabei, um den „Teutonic Titan" noch einmal spielen zu sehen.

1995, als die neue, dreistöckige Kippax-Tribüne an der Maine Road eingeweiht wird, ist Trautmann dabei und erntet tosenden Applaus. Er hat Tränen in den Augen. „Er hat nicht den materiellen Lohn bekommen, den er sich gewünscht hätte", sagt Steve Fleet, der zu Trautmanns aktiver Zeit als zweiter Torhüter bei den „Citizens" beinahe ausnahmslos zum Zuschauen verdammt war. „Aber er wird immer die spirituelle Belohnung in Form der Liebe und Bewunderung des englischen Volkes behalten. Bert Trautmann wird immer zu Manchester gehören und ein Teil des Volkes sein."

Der „Klub der Deutschen"

Manchester City und die Maine Road besitzen eine untrennbare Geschichte. „Der Verein, die Fans und das Stadion an der Maine Road haben in England eine absolute Sonderstellung", weiß Ex-Bundesligaprofi Maurizio Gaudino. Der frühere Frankfurter ist neben Bernd Trautmann, Ex-Nationaltorhüter Eike Immel, Dietmar Hamann, Steffen „Eisen" Karl, Uwe Rösler, Michael Tarnat und dem im Reserveteam eingesetzten Dino Toppmöller einer von vielen deutschen Profis bei Manchester City. Er ist 1994/95 maßgeblich an der Rettung vor dem Abstieg aus der Premier League beteiligt. Gegen den FC Liverpool legt er dem ehemaligen Lauterer Uwe Rösler das entscheidende 2:1 vor. „Die Fans in Manchester sind sehr begeisterungsfähig, sehr fair und sehr offen", sagt Gaudino, „und ihre Helden vergessen sie nie."

So wie Uwe Rösler. Zwischen 1994 und 1998 spielt er für Manchester City in der Premier League. In 180 Spielen gelingen dem bulligen Stürmer aus Leipzig 65 Tore. Kult-Status erwirbt sich der fünffache DDR-Nationalspieler an der Maine Road in der Saison 1994/95. Rösler hat großen Anteil am Liga-Erhalt der Blau-Weißen. Im Jahr 1996 dreht das Goethe-Institut Manchester sogar einen Film über Rösler („Anstoß auf Deutsch"). Rösler, der in der Bundesliga u. a. für Dynamo Dresden und den 1. FC Kaiserslautern spielt, erkrankt Anfang 2003 an Krebs. Kaum hat sich die Erkrankung von „Uwe, the Bomber" in Manchester herumgesprochen, skandieren die Fans an der Maine Road seinen Namen. „Das war für mich die beste Medizin. Wenn dich die Fans in so guter Erinnerung behalten, dann ist das die schönste Belohnung, die du als Spieler überhaupt bekommen kannst", erzählt er der Tageszeitung *Die Rheinpfalz*. Rösler kann die Krankheit besiegen und setzt Ende 2003 im neuen City of Manchester Stadium den ersten emotionalen Höhepunkt. Minutenlang genießt er vor der Partie gegen Middlesbrough (0:1) die stehenden Ovationen des Publikums, ist den Tränen nahe. „Ich habe über 1.000 E-Mails, Briefe und Faxe der City-Fans erhalten und habe jede einzelne Nachricht aufgehoben. Das alles hat mich sehr gerührt, dafür wollte ich mich an diesem Sonntag bedanken."

Manchmal treibt die Liebe der City-Fans zu ihrem Klub aber auch seltsame Blüten. So erscheint 1995, als Uwe Rösler für die

Blauen spielt, ein T-Shirt mit der hämischen Aufschrift „Roesler's father bombed Old Trafford". Eine merkwürdige Reminiszenz an die vier Jahre, in denen Erzrivale ManU zwischen 1946 und 1950 an der Maine Road spielen musste, weil deutsche Bomben das berühmte United-Stadion schwer beschädigt hatten.

Schalkes Untergang an der Maine Road

In der ersten Saison nach Kriegsende muss das damals noch 80.000 Zuschauern Platz bietende „Wembley des Nordens" einen Gesamtbesuch von fast drei Millionen Menschen stemmen. Nach der Umwandlung des „Kippax" in eine schmucke, dreistöckige Sitztribüne (1995) bietet die Maine Road 48.000 Zuschauern Platz und garantiert eine nahezu einmalige Fußball-Atmosphäre.

Unzählige Spiele haben an der Maine Road stattgefunden. Für viele Fans ist der 5:1-Triumph über den Erzrivalen von Manchester United im Jahr 1989 das beste Spiel, das je zwischen Maine Road und Platt Lane stattgefunden hat. Unvergessen auch das 5:1 über Charlton, mit dem sich die „Boyz" am letzten Spieltag der Second Division 1985 dank der besseren Tordifferenz den Aufstieg sichern. Auch der FC Schalke 04 kommt 1970 im Europacup-Halbfinale an der Maine Road mit 1:5 unter die Räder. „Die besten Zeiten", schwadroniert City-Fan Mark Burns aus Whitefield bei Manchester, „waren die Siebziger, als wir so ziemlich jedes Spiel mit 4:0 gewonnen haben. Und der Kippax hat gerockt."

Gerockt haben auch noch andere an der Maine Road: Jon Bon Jovi und Guns N'Roses gastierten Anfang der Neunziger ebenso an der Maine Road wie die Krawallbrüder Liam und Noel Gallagher von Oasis, die bekennende City-Fans sind.

Seit dem 13. Juli 2003 ist die Maine Road mit ihren zahllosen Events Geschichte. Die Fans von Manchester City haben ihr Stadion so sehr geliebt, dass einige sich nach der Versteigerung sogar mit einem Waschbecken aus den Toilettenräumen oder einer Mülltonne aus den Stadionkatakomben auf den Heimweg machten.

„Nur einen Artikel konnten wir nicht loswerden", lacht Auktionator Ian Maycock und verweist auf ein großes, verrostetes Schild, das immer noch übrig ist: „Ab hier Alkoholverbot."

Turbulenzen in der Firma
Cass Pennant, die Hool-Legende

Der Mann mit der Narbe grüßt höflich. Es regnet heftig und deshalb bittet er den großen Farbigen mit der dunklen Brille und dem Anorak herein. Der untersetzte Türsteher im Queen's-Pub am Londoner Green Street Market, unweit der U-Bahn-Station Upton Park in West Ham gelegen, legt nervös sein Notizbrett aus der Hand, um dem Gast die Hand zu schütteln. Er rechnete an diesem verregneten Samstag Ende November 2006 nicht mit derart hohem Besuch. Der große Mann, dessen Silhouette sich nun mächtig vor dem gedämpften Licht im Eingangsbereich des Queen's abzeichnet, ist kein anderer als Carol Lindo Powell Pennant, besser bekannt als Cass Pennant, geboren am 3. März 1958, aufgewachsen bei Pflegeeltern in Barkingside/Essex. Besonderes Kennzeichen: eine lebende Legende, nicht nur in West Ham.

I. C. F. – drei Buchstaben, eine zweifelhafte Legende

Cass Pennant steht in Verbindung mit drei Buchstaben, die in Englands Fußballszene ein Synonym für Angst und Schrecken waren: I. C. F. – *Inter City Firm*. Die berühmt-berüchtigte Hooligan-Gruppierung von West Ham United, zu deren führenden Köpfen Cass Pennant gehörte, sorgt zwischen in den siebziger und neunziger Jahren europaweit für Schlagzeilen. Ab 1972 ist Pennant fast 20 Jahre lang mittendrin.

„Ich habe nicht viel Zeit", sagt Cass. Heute ist Spieltag, es geht gegen den Aufsteiger Sheffield United, und er muss seinem 19-jährigen Sohn Marcus helfen. Der betreibt ein paar hundert Meter weiter unten auf der Green Street, direkt am Stadion Upton Park, einen kleinen Fanartikel-Stand, um sich so sein Studium in Bristol zu finanzieren.

Deshalb muss Cass das geplante Interview mit einem deutschen Fußballmagazin verschieben. Nach ein paar Minuten verlässt er daher das Queen's wieder, um doch kurz zu verharren. Denn Pennant hat mitgekriegt, dass man im Queen's Sorgen hat. Die örtlichen

Behörden planen den Abriss der traditionsreichen, mit gerahmten Fotos und Fan-Souvenirs des West Ham United FC vollgestopften, geräumigen Kneipe. Schöner Wohnen im East End? Um dagegen zu protestieren, sammeln sie an diesem Morgen fleißig Unterschriften für das Queen's, eine regionale und eine überregionale Tageszeitung hatten sich für 12.30 Uhr zum Fototermin angekündigt. Ehrensache, dass Cass mit aufs Bild geht und mit den Demonstranten West Hams Hymne *I'm forever blowing bubbles* intoniert.

„Sie jagten uns durch die Stadt"

„Ich war acht Jahre alt, als ich 1966 von einem Nachbarn zum ersten Mal mit zu West Ham genommen wurde. Das war in der größten Zeit von West Ham. Ich hatte die Ehre, Bobby Moore in seiner Glanzzeit spielen zu sehen. Der Upton Park war meine Kirche, Bobby Moore und Trevor Brooking meine Götter," sagt Cass. Als es ab Anfang der siebziger Jahre immer öfter Ärger um West Ham gab, war er ebenfalls mit von der Partie, „lief erste Reihe", wie man im Hooligan-Jargon sagt.

Seinen 18. Geburtstag hat er 1976 im Global Village-Club, einem Nobelschuppen in der Nähe von Charing Cross gefeiert – mit einer zünftigen Schlägerei zwischen West-Ham-Fans und Chelsea-Anhängern. Es ist die Zeit des Punk, der Sex Pistols und des Johnny Rotten. Die Polizei, im Jargon nur „Old Bill" genannt, hat sich Mitte der Siebziger mehr um die Bombenattentate der irischen Terrororganisation IRA zu kümmern als um die aufkeimende Hooligan-Gewalt. Cass Pennant gehört 1976 zum harten Kern der Truppe, zum „inneren Führungskreis" der *Inter City Firm*.

Rückblickend sagt er 2007 im Interview: „Man kommt nicht wirklich zu einer Gruppe hinzu, man muss von ihr akzeptiert werden. Dazugekommen bin ich 1972. Als junger Bursche befand ich mich nur am Rand der Gruppe, aber als ich älter wurde, bin ich rasch in den inneren Führungskreis vorgestoßen." Spätestens nach einem Auswärtsspiel von West Ham bei Sheffield United an der Bramall Lane im Jahr 1975 ist der stämmige Farbige mittendrin statt nur dabei. „Sie warfen mit Backsteinen nach uns, jagten uns durch die Stadt zum Bahnhof. Ich habe damals einer Menge Leute aus ernsten Schwierigkeiten geholfen. Von da an war ich akzeptiert."

Cass Pennant am Upton Park, der Heimat seines West Ham United.

Hooliganismus gleich Rassismus?

Auch und gerade als Farbiger. „Fußball-Hooligans in Großbritannien haben keine politischen Motive", erzählt Cass Pennant. „Sie waren und sind nicht von politischen Organisationen kontrolliert, sondern sind eine homogene, in sich geschlossene Gruppe. Auch, wenn die Medien die Hooligans von West Ham immer als rassistisch hingestellt haben, so hat es sich doch gezeigt, dass politische Gruppierungen, wie die *National Front* kaum Einfluss nehmen konnten." Die Soziologen Les Back, Tim Crabble und John Solomos stützen diese These in einer Studie über Rassismus im britischen Fußball der neunziger Jahre (*The Changing Face of Football*). „Vereine wie West Ham oder Millwall", so die Soziologen 2005 im Wiener *ballesterer-Fußballmagazin*, „erfüllten gerade in der medialen Darstellung des Rassismus-Problems im Fußball die Funktion der ‚rassistischen Klubs', weil dies für viele Medien sehr bequem war, blieb ihnen so doch eine Auseinandersetzung mit subtileren und alltäglicheren Formen des Rassismus erspart."

Cass Pennant, dieser heute so sanfte Riese, spürt diesen latenten Rassismus auch lange nach seinem Ausstieg aus der Szene noch. Er lebt später in der Gegend von Millwall. Erkennen ihn dort Millwall-Fans auf der Straße, stoßen sie schmähende „Affen-Laute" aus. Tätig wird Pennant angesichts solcher Provokationen längst nicht mehr: „Ich bin zu alt für diesen Rummel."

„Dieser Rummel", das ist seine Zeit als Hooligan, aus der er viele Geschichten zu erzählen hat – schockierende, brutale, ergreifende Storys. Gemeinsam mit der *Inter City Firm* hat Cass Pennant eine ganze Epoche englischer Fußball-Subkultur mitgeprägt. Mittlerweile ist es sein Beruf geworden, diese Geschichten zu erzählen und niederzuschreiben. Er hält Lesungen, dazu Vorträge an Universitäten und in Gefängnissen. Er will seine Erfahrungen und seinen Umgang mit Gewalt an andere weitergeben. Der ehemalige Hooligan und Türsteher ist Autor, Literatur-Popstar, Journalist, Psychologe und Sozialarbeiter in einem – „Autor und Hooliologist", wie er selbst sagt. „Ich schreibe meine Bücher heute aus der Sicht eines Grenzgängers", sagt Cass Pennant, „Gewalt gibt es für mich nur noch in meinen Büchern. Ich habe diese Ära er- und überlebt und mich verändert."

Die Vergangenheit des Cass Pennant ist spätestens seit dem Jahr 2000 mehr als begehrter Lesestoff. Seine Bücher schießen in die Spitzenplätze der britischen Bestsellerlisten. Allein seine 2000 erschienene Autobiografie *Cass* schafft es ohne groß angelegte Werbekampagnen auf Rang sechs der Charts. *Cass* ist ein Buch, das sich wie ein Gangsterfilm aus Hollywood liest. „Vorsicht!", warnt *Sunday People* bei Erscheinen, „dieses Buch ist so aufregend, dass man es nicht beiseitelegen kann."

Ein Leben an der Grenze

Es ist eine wahre Geschichte über einen, der am Rande der Legalität gelebt hat. „Die I. C. F. war die Nummer 1 unter den Firms, weil wir physisch die Besten waren", erzählt der 1,95-m-Hüne Cass Pennant. In Spitzenzeiten gehören zwischen 400 und 800 Mann zur I. C. F., bei den Londoner Derbys sind mitunter Tausende von Gewaltbereiten mit dabei. Die Polizei steht dem Mob anfangs ratlos gegenüber. „Undercover-Agenten", erzählt Cass Pennant im Frühjahr 2006 in einem Interview, „haben wir früher schnell enttarnt. Das Londoner East End war sehr überschaubar, und wer nicht aus der Gegend kam, konnte nicht dazugehören. Man erkannte einfach, wer ein ‚local' war und wer nicht – auch ohne Mitgliederliste."

Die ist auch 2001 nicht nötig, als die I. C. F. ein spontanes Comeback in einem Pokalspiel bei Manchester United gibt. „Es waren ungefähr 400 Leute dabei in Manchester", sagt Cass Pennant, „es war beeindruckend, weil ich solch eine Ansammlung nicht mehr gesehen hatte, seit ich 1976 in Frankfurt mit dabei war." West Ham United ist mit fast 10.000 Fans in Manchester vertreten, und jeder weiß sofort Bescheid: Die I. C. F. ist zurück. „Die I. C. F. war davor über ein Jahrzehnt lang nicht aktiv", ergänzt Pennant, „und einer von den alten Jungs meinte, wir sollten ein Wiedersehen feiern. Das war es dann auch – aber ohne Kleinholz. Leute, die sich über ein Jahrzehnt lang nicht gesehen hatten, machten eine Reise in die Vergangenheit."

Für die totgesagte Firm-Szene ist das Blitz-Comeback von Manchester ein Symbol, viele andere Gruppierungen betätigen sich als Trittbrettfahrer und feiern ihrerseits ein Wiedersehen. „Es war massiv", erzählt Cass Pennant, „denn schließlich waren ja Leute dabei, die die jungen West-Ham-Fans nur aus Büchern kannten.

Die Charaktere waren so kraftvoll, die Präsenz war so mächtig, dass es auf den Rängen einfach nur ‚Bang' gemacht hat. Nur wegen der Legende der I. C. F. Die Leute hatten uns nicht vergessen."

Wie konnten sie auch? Die I. C. F. beschert West Ham 1980 beim Europacup-Auswärtsspiel in Madrid gegen den FC Castilla mit ihren Krawallen ein Geisterspiel im Upton Park – unter Ausschluss der Öffentlichkeit.

Bei West Hams ersten Europacupauftritt nach langer Zeit, im Sommer 2006 in Palermo, sind I. C. F-Mitglieder wieder vor Ort. Sie haben drei Maschinen gechartert und sie prügeln sich auch mit den Sizilianern am Abend vor dem Spiel. Ohne Cass Pennant. „Ich war zwar da, aber nicht in die Schlägerei involviert", beteuert er.

Gewalt als Droge?

Zu ihrem Namen kommt die auch als „Green Street Elite" bekannte I. C. F., weil die Jungs, die noch unter 16 sind, mit den Intercity-Zügen zu den Auswärtsspielen von West Ham fahren und sich die Tickets teilweise über Preisausschreiben auf Corn-Flakes-Packungen organisieren. Mitte der Siebziger werden die I. C. F. und die Firms von Manchester United, die berüchtigten *Cockney Reds* und die *Red Army* zu erbitterten Rivalen im Kampf um die Vorherrschaft im Hooligan-Untergrund. Für Manchester United hat Cass Pennant auch weit nach dem Ende seiner Aktivitäten in der I. C. F. kein gutes Wort: „Fan von Manchester United zu sein, bedeutete nicht nur in diesen Zeiten etwas extrem Illoyales", schreibt Pennant, „es war Betrug an deinem lokalen Verein, den du damit zum absoluten Loser-Klub abgestempelt hast."

Im Jahr 1975 kommt es am Rande der Partie West Ham gegen ManU zu einer denkwürdigen Schlacht. Die *Inter City Firm* vertreibt im Upton Park die *Red Army* und die *Cockney Reds* zunächst von den eigenen Fan-Tribünen South Bank und Chicken Run und fegt sie schließlich zum Bahnhof Euston. Auch ein Großaufgebot der Polizei kann die Schlacht nicht stoppen.

Geil auf Gewalt? Cass Pennant beschreibt den Reiz am Hooliganismus in seinem Buch *Cass* auf seine eigene Art: „Ich habe über zehn Jahre lang an jedem Wochenende auf den Tribünen und auf den Straßen gekämpft. Je größer die Gefahr war, desto größer war der Adrenalinschub. Die Kämpfe waren besser als jede Droge. Je größer die Gefahr war, umso besser. Die Sinne gerieten völlig durcheinander und man konnte die Gefahr, die in der Luft lag, regelrecht riechen."

Der Arm der I.C.F. reicht weit – bis hin in die klassischen Urlaubsorte der Briten. So müssen Reisebüros ihre Kunden in den Siebzigern und in den Achtzigern eigens darauf hinweisen, in Playa Las Americas auf Teneriffa einen großen Bogen um bestimmte Diskotheken zu machen, weil dort die Mitglieder der I.C.F. sind. Members only.

Terror in Millwall

Neben der *Inter City Firm* von West Ham, der *Red Army* und den *Cockney Reds* von Manchester United gehören die Firms von Chelsea (*Headhunters*), Liverpool (*The Urchins* / „Die Gassenjungen"), Middlesbrough (*Frontline*) und Newcastle (*Bender Crew*) zu den führenden Gruppierungen – und natürlich die *Bushwhackers* vom FC Millwall. Im Jahr 1985 zertrümmern sie während eines Spiels in Luton nicht nur den kompletten Gästeblock, sondern auch eine an das Stadion Kenilworth Road angrenzende Reihenhaussiedlung und etliche Eisenbahnwaggons. Im Gegensatz zur *Inter City Firm* machen die *Bushwhackers* auch nach der Jahrtausendwende Kleinholz: Im Anschluss an das Play-off-Spiel bei Birmingham City am 2. Mai 2002 schlagen sie zu. Die traurige Bilanz: 47 verletzte Polizisten, 26 in Mitleidenschaft gezogene Polizeipferde. Der ehemalige Stadionordner Raymond Everest wird per Videoaufnahme als Mittäter überführt und zu fünf Jahren Haft verurteilt. Er ist zu diesem Zeitpunkt 56 und damit der bis dahin älteste in Großbritannien verurteilte Hooligan. Auch die berüchtigten *F-Troops*, die sich mitunter mit OP-Masken an der Seitenlinie postieren, verbreiteten im engen Stadion „The Den" in den Londoner Docklands Angst und Schrecken – selbst bei den gewöhnlichen Millwall-Anhängern.

„Schon kleine Gruppen von Millwall-Fans machten einen Furcht erregenden Lärm, der jedem aus dem Norden in die Glieder fuhr, der glaubte, dass die Leute aus dem Süden Weicheier waren. Sie irrten. Das war der falsche Teil Londons", schreibt der irische Ex-Profi und spätere Journalist Eamon Dunphy (spielte u. a. bei Manchester United, Millwall, Charlton Athletic und FC Reading) 1987 in seinem Buch *Only a Game? – Diary of a Professional Footballer* über seine Zeit in Millwall.

„Ich habe mich in Liverpool, in Manchester, in den Midlands in Birmingham, Coventry oder Leicester geprügelt und in London mit unseren Erzrivalen von Arsenal und Chelsea, aber unsere schlimmsten Feinde waren die Typen aus Millwall", so Cass Pennant. Die Schlachten zwischen der I. C. F. und den Hooligans aus Millwall gelten in der Firm-Szene als legendär. „Das Stadion in Millwall, The Den, war die Heimat des kriminellen Wahnsinns", schreibt Pennant weiter. „Allein um dorthin zu gelangen, musste man einen gefährlichen, hundert Yards langen Fußmarsch auf der Cold Blow Lane auf sich nehmen, hundert Yards voller Hass, die dich unter zwei blanken, schwarzen Eisenbahnunterführungen mit Graffiti hindurchführten. Im Stadion selbst war die Atmosphäre einfach nur bösartig."

Die Ursachen in der extremen Rivalität zwischen Millwall und West Ham liegen für Cass Pennant in der Mentalität beider Fangruppen. „Ich wage zu sagen, dass sich beide deshalb so hassen, weil sie die gleiche Sorte Mensch sind – einzig die Themse trennt sie voneinander, Millwall am Südufer, West Ham am Nordufer. Es sind einfach nur Eifersucht und der Kampf um die Vorherrschaft in den Docklands." Obwohl beide Teams aufgrund verschiedener Liga-Zugehörigkeiten lange nicht gegeneinander um Punkte spielen, geht es für die Rabauken darum, sich den Ruf als härteste Firm in London zu sichern, und es kommt zu mehr als einem Dutzend blutiger Aufeinandertreffen.

Stadien, Kneipen, Bahnhöfe, Autobahnraststätten und Parkplätze werden zum Schlachtfeld der Hooligans. So stellen die West-Ham-Leute ihre Rivalen vom FC Millwall auf der Rückfahrt von einem Auswärtsspiel in Leyton Orient sogar auf den Bahnschienen von Whitechapel im Osten Londons. Cass Pennant ist diese, aber auch noch eine andere Begegnung in Erinnerung geblieben. Es sind die späten siebziger Jahre, die Zeit von Barry White, den Bee Gees und John Travoltas *Saturday Night Fever*, als sich der FC Millwall und West Ham am Rande eines „Freundschaftsspiels" einen hasserfüllten Kampf um die Cold Blow Lane liefern. Cass Pennant gerät dabei nicht nur mit „Millwall-Tiny", dem einzigen farbigen Mitglied der Millwall-

Hooligans, aneinander, sondern er wird auch von der Polizei aufgegriffen. Wenig später landet er nach einer Schlägerei in Tottenham, bei der es zwei Schwerverletzte gibt, als erster Fußballfan in Großbritannien im Gefängnis. „Wir waren eine Plage, Abschaum, der die Schlagzeilen schneller machte, als die Zeitungen sie drucken konnten, ein kompletter Industriezweig hat von unseren Taten gelebt", so Cass Pennant. „Wo immer die Hooligans von West Hams Inter City Firm waren, gab es Kontroversen, es hieß immer wieder: ‚Die machen unseren Nationalsport kaputt, benehmen sich wie Tiere und die Behörden tun nichts gegen sie.'" In diesem Fall schon: Cass Pennant bekommt die ganze Härte des Gesetzes zu spüren und wird vom Londoner Old Bailey Central Criminal Court, einem auf Mordfälle spezialisierten Gericht, zu zwei Jahren Gefängnis verurteilt. Hier beginnt er sich zu wandeln, schreibt seine Erlebnisse nieder, denkt nach.

Cass Pennant: der erste Fan im Knast

„Ich war der erste Fußballfan in diesem Land, der wegen Gewalt beim Fußball ins Gefängnis ging", erzählt Cass Pennant, „mein ganzes Leben war ein Kampf gegen das System. Ich war Mitte 20, als ich das erste Mal einsaß, und ich wollte ein Buch schreiben, um damit draußen ein bisschen Geld zu verdienen." Bis sein erstes Buch tatsächlich erscheint, werden 24 Jahre ins Land gehen. „Im Knast", erzählt Cass, „habe ich viele Unterrichtsstunden genommen, auch in Englisch, ich habe die ‚Cass-Story' in Arbeitshefte geschrieben, aber als ich rauskam, wurden die Hefte beschlagnahmt. Damit war alles, was ich täglich 23 Stunden lang aufgeschrieben hatte, vor meinen Augen zerstört worden."

Das Schreiben war für Cass weniger eine Therapie als eine Mission. „Als ich verurteilt wurde, behandelte man mich und auch andere Jungs wie Mörder, weil die Öffentlichkeit das Bild von sehr gefährlichen Leuten entwickelt hatte. Alle dachten, dass wir Rassisten und Skinheads sind, aber alle benutzten Stereotypen waren falsch. Deshalb habe ich mich gefragt, wie ich es ihnen beibringen kann, und das hat mich zum Schreiben gebracht."

Cass wird 1982 nach einer Messerstecherei in Sheffield erneut verhaftet. West-Ham-Fans protestieren gegen seine Verhaftung und starten einen Marsch zur Downing Street Number 10. Seine

zweite und letzte Haftstrafe verbüßt Pennant 1987, ehe er als Türsteher arbeitet und eine der größten Sicherheitsfirmen Londons
aufbaut. „In der Türsteherszene", erzählt er, „genoss ich denselben
Respekt wie zuvor in der Hooligan-Szene. Aber als ich später mit
drei Kugeln niedergestreckt wurde, da hat mich das sehr nachdenk-
lich gemacht."

Hools als Bestseller-Autoren

Auf seiner Internetseite schreibt Cass Pennant deshalb im Zusammenhang mit der *Inter City Firm* auch über „Gewalt aus Notwen-
digkeit": „In den Siebzigern und in den Achtzigern, als wir beim
Fußball waren, gab es kein Gesetz. *Wir* waren das Gesetz und wir
wussten, dass unsere Gegner draußen nur auf uns warten", erzählt
er, „also war es notwendig, zum Fußball zu gehen mit der Absicht
auf Gewalt, denn andersherum wäre die Gewalt zu uns gekommen.
Wenn du also in diesen Zeiten zum Fußball gegangen bist und in
einem Stück wieder nach Hause kommen wolltest, musstest du Teil
der Gang sein."

Doch Cass Pennant will diese Zeit weder negieren noch roman-
tisieren. „Ich schreibe in meinen Büchern über diese Ära, ohne sie
zu glorifizieren", stellt er klar. „In den Achtzigern, als der Hooliganismus auf dem Höhepunkt war, wurden viele Dinge, die in den
Siebzigern noch spontan passierten, immer besser durchorganisiert.
Viele Firms wurden professioneller. In vielen Hooligan-Büchern
werden die Achtziger deshalb auch glorifiziert, so wie das mit alten
Filmen oder alter Musik oft geschieht." Pennant verweist auf den
erfolgreichen Jugendfilm „Quadrophenia" von 1979, der sich mit
den Subkulturen der „Mods" und der „Rocker" befasst. „Wenn man
frühzeitig solch einen Film über die Hooligan-Szene gemacht hätte,
wie dies später mit „Football Factory" oder „Green Street Hooligans"
umgesetzt wurde, hätte das eine immense Wirkung gehabt. Doch
das Establishment hätte einen Film über Hooligans niemals gewollt,
weil der Einfluss dieses Films auf die Jugend aus ihrer Sicht zu groß
gewesen wäre. Sie dachten wohl, die Leute kommen aus dem Kino
und kloppen sich wie im Film."

Während die Firm-Szene seit dem Ende der neunziger Jahre
rapide an Einfluss verlor, u. a. durch eine verschärfte Gesetzgebung,

entsteht in Großbritannien beinahe parallel ein neuer literarischer Trend. Die „Aggro-Literatur" drängt auf den Büchermarkt. Ehemalige Hooligans schreiben ihre Erinnerungen nieder und treffen den Nerv der Zeit. Cass Pennant ist einer der Stars dieses neuen Autoren-Zirkels.

„Großes Entsetzen verursacht großes Interesse", erklärt der Autor Stefan Kraft im *ballesterer*-Magazin die immense Nachfrage, „keine englische Buchhandlung, die nicht in ihrer Bestseller-Abteilung einen Stapel Hooligan-Autobiografien bereit hält. Leute, die jahrelang auf die andere Seite der Straße flüchteten, durchleben jetzt seitenweise den Blutrausch, den Adrenalin-Kick, die Gewaltorgien derjenigen, die sie am nächsten Matchtag lieber nicht sehen würden."

Tribut an eine Ära?

Neben Cass Pennant und seinem ehemaligen West-Ham-Mitstreiter Bill Gardner (*Terrace Legends – Legenden der Stehränge*) greifen auch David Jones und Tony Rivers von der berüchtigten Firm *Cardiff City Soul Crew* (*The most notorious Hooligan Gang*) oder Chelseas Steve Hickmott (*Armed for the Match*) zur Feder.

Der ganz normale Hooligan-Wahnsinn, die Angewohnheit, in 300-Pfund teuren Markenklamotten zur Keilerei zu gehen, dieses penetrante elitäre Bewusstsein der achtziger und neunziger Jahre, macht viele dieser Bücher interessant. Doch es sind vor allem die häufig aufgezeigten Querverbindungen von britischer Musikszene und Firm-Kultur, die beim Publikum ankommen. Paul Heaton war Sänger von Beautiful South, als er bei Schlachten mit der Firm *Blades Business Crew* aus Sheffield mitmischte; die Radaubrüder von Oasis wohnten in einem Hotelzimmer mit den Cardiff- und Wigan-Anführern. Dies zeigt eine tiefe Verzahnung von Jugend, Fußball, Gewalt, Musik, Modetrends und dem Platz der Hooligans in der britischen Gesellschaft als Trendsetter und Außenseiter zugleich.

Cass Pennant sieht noch weitere Gründe für den kommerziellen Erfolg dieser Bücher. „Wir haben diese Branche erfunden", so seine Ansicht. „Als ich mein erstes Buch herausbrachte, gab es vielleicht zehn Titel. Denn wohin stellst du ein Buch über Fußball-Hooligans? Was für eine Kategorie ist das? *Football Factory* von John King öffnete ab 1996 vielen Autoren die Tür. Von da an standen Hooligan-Bücher beim Sport, direkt neben Spielerbiografien und Stadionbüchern. Damit war der Markt in den Regalen eröffnet."

Pennant sieht diese Bücher als eine Mischung aus Dokumentation und melancholischem Rückblick einer vergangenen Ära. „Wir haben Erfahrungen gemacht, die kein anderer Autor je erfinden könnte. Diese Bücher haben auch mit Stereotypen abgerechnet. Sie haben Schluss gemacht mit dem Bullshit, den die Medien und das Establishment der Öffentlichkeit über Fußball-Hooligans eingetrichtert hat. In diesen Büchern geht es um echtes Leben und reale Personen, nicht um Stereotypen und Klischees."

Das Argument, wonach die Faszination von Gewalt auch viele Leser anlockt, will Cass Pennant nicht gelten lassen. „Die Leute kaufen die Bücher, weil sie sich über diese Zeit ein Urteil bilden wollen, Teil der Vergangenheit werden wollen. Es sind die normalen Leute, die meine und auch die Bücher anderer Autoren zu Bestsellern machen – und nicht die Hooligans von einst! Was will ein Hooligan schon über sich selbst lesen? Nichts. Er kennt die Szene, aber die normalen Leute eben nicht."

Als „Rückblick mit Bedauern" sieht Cass Pennant seine Bücher jedoch nicht. „Als ich 1985 die Bilder aus dem Brüsseler Heyselstadion sah, habe ich Bedauern gefühlt", gesteht er, „bei den Sachen, in die ich involviert war, jedoch nie. Immerhin gab es Leute, die mit der Axt auf mich losgingen. Ich tat also, was ich tun musste. Es ist nicht mein Ding, zurückzuschauen, sondern zu reflektieren und mich zu verändern. Mit meinen Büchern und Vorträgen mache ich nun aus den ‚richtigen' Gründen Schlagzeilen. Ich habe lange aus den ‚falschen' Gründen Schlagzeilen gemacht, die jedoch alle ihre Bedeutung hatten. Und das macht mich stolz und meine Mutter macht es glücklich."

Die letzte Mission
Der lange Abstieg des George Best

Der bärtige Mann auf dem Rücksitz des silbergrauen Mercedes verzog im Blitzlichtgewitter der wartenden Fotografen keine Miene. Vielleicht konnte er sich selbst nicht begreifen in diesen Minuten. Der Typ mit dem leeren Blick war George Best, ehemaliger Stürmer-star von Manchester United, der an einem Sommerabend im Jahr 2003 wieder einmal auf der Flucht vor sich selbst war.

Sein Manager Phil Hughes hat danach die traurige Pflicht, einen erneuten Alkoholrückfall des einstigen Weltklassefußballers vor der Presse bestätigen zu müssen. Augenzeugen zufolge hat Best „nach einigen Weinschorlen" in einem Landhotel unweit seines Wohnorts Lower Kingswood, 25 Kilometer südlich von London gelegen, eine handfeste Schlägerei mit einem Fotografen angezettelt und anschlie-ßend mehrere Stunden auf einer Polizeiwache verbracht.

Best bei der Polizei, Best bei wilden Partys, Best sturzbetrunken – Bilder und Meldungen, an die man sich in Großbritannien mit den Jahren beinahe gewöhnt hatte.

Doch diesmal ist es anders. Ernster. Finaler. „Es scheint, als wäre George auf einer letzten Mission Richtung Selbstzerstörung, ich bin verzweifelt", gesteht seine 25 Jahre jüngere Ehefrau Alex mit Tränen in den Augen. Bei den Angehörigen des toten Organspenders, dem der große George Best seit einer komplizierten und öffentlich dis-kutierten Leber-Transplantation im Dezember 2002 überhaupt nur sein Weiterleben zu verdanken hatte, entschuldigt sich Alex Best persönlich.

Dribblings und Eskapaden

George Best, geboren am 22. Mai 1946 – das ewige Enfant terrible und der erste Popstar des britischen Fußballs. Die Eskapaden des tech-nisch hochbegabten Außenstürmers von Manchester United (179 Tore in 470 Spielen) sind so legendär wie seine Dribblings. Freun-dinnen und Nobel-Karossen wechselte Best wie die Handtücher.

Seine Alkoholexzesse machen den „besten Spieler der Welt" (Pelé) zum Dauergast der Klatschspalten, seine Sprüche werden zu Sprichwörtern und zieren die Drei-Euro-Shirts in den Souvenirläden in Spanien und Griechenland. Viel mehr sind sie auch nicht wert: „Ich habe 1969 aufgehört zu trinken und mich mit Weibern zu beschäftigen – es waren die schlimmsten 20 Minuten meines Lebens." Oder: „Den größten Teil meines Geldes habe ich für Schnaps, schnelle Autos und Weiber ausgeben. Den Rest habe ich einfach verprasst."

Die Geschichte des „Belfast Boy", des Wunderknaben aus Belfast, beginnt in den frühen sechziger Jahren. Bob Bishop, der legendäre Chefscout von Manchester United, hat ein Spiel des Cregagh Boys' Club in Belfast besucht und schickt eilig ein Telegramm an die Geschäftsstelle: „Ich denke, ich habe ein Genie für euch entdeckt." Das Genie heißt George Best, ist 15 Jahre alt, Sohn eines Hafenarbeiters und spielt Rechtsaußen. Zwei Jahre später gibt George Best sein Profi-Debüt bei Manchester United, wird 1965 mit ManU englischer Meister. Noch sind seine Haare kurz und seine Wangen glatt rasiert.

Ein Beatle erledigt Benfica

Spätestens ab dem 9. Mai 1966 kennt man Best europaweit. Manchester United fährt mit einem knappen 3:2-Vorsprung zum Viertelfinal-Rückspiel im Europapokal der Meister bei Benfica Lissabon. „Vorsichtig das Ergebnis verwalten und abwarten", hat Trainer Matt Busby vorab angeordnet. Dennoch vermutet Busby zu Recht, dass „irgendwer diesem George Best wohl Watte in die Ohren gestopft" haben musste, denn Best erzielt – gänzlich ungebremst – in den ersten zehn Minuten dieses denkwürdigen Europacupspiels zwei Tore, wobei seinem zweiten Treffer ein unwiderstehliches Dribbling über das halbe Feld vorausgeht. ManU spielt sich unter Bests Regie in einen Rausch, siegt 5:1 und bringt dem großen Benfica die höchste Heimniederlage seiner Europacup-Geschichte bei.

Nach dem Spiel, so erzählt man sich in Manchester, sei ein Fan mit einem Messer auf den Platz gerannt und habe sich eine Locke von Bests dunklem Haar abgeschnitten. Ein früher Tribut an eine Legende. Und Best genießt seinen Auftritt, posiert mit einem riesigen Sombrero für die Fotografen. „El Beatle hat zugeschlagen", titeln die portugiesischen Zeitungen.

Zwei Jahre später heißt es erneut „Best beats Benfica" – im Londoner Wembleystadion bezwingt Manchester United die Portugiesen im Europacup-Finale der Landesmeister mit 4:1 nach Verlängerung und sichert sich den begehrten Pokal. Best hat seinen großen Auftritt, als er mit seinem unnachahmlichen Hüftschwung Torhüter Enrique austanzt und den Ball ins leere Tor schiebt. „Eigentlich", gesteht er hinterher, „wollte ich den Ball noch einmal jonglieren und dann über die Linie köpfen, aber ich habe mich nicht getraut." Am Ende des Jahres 1968 wird Best „Fußballer Europas".

„Best of Best"

Seine sechs Treffer in Manchesters FA-Cup-Spiel beim 8:2 in Northampton bedeuten am 7. Februar 1970 einen Vereinsrekord. Kim Book, der Unglücksrabe im Tor der „Cobblers" von Northampton Town, lernt dabei das gesamte Portfolio von George Bests Fußballkunst kennen: Kopfbälle, trickreiche Lupfer und Abschlüsse nach kraftvollen Dribblings. „Best 6" kritzelt der Rekordschütze vielsagend auf den Spielball, der zum Museumsstück wird.

Das Beste vom Besten folgt am 15. Mai 1971. Länderspiel Nordirland gegen England im legendären Windsor Park in Belfast. Best, inzwischen längst mit wehender Mähne und buschigen Koteletten, düpiert ganz England, indem er den damals besten Torhüter der Welt, Gordon Banks, lächerlich macht. Best überlistet Banks bei einem Abstoß, schlägt ihm den Ball aus der Hand und kickt ihn ins leere Tor. Nur die Tatsache, dass der Schiedsrichter diesen kuriosen Treffer nicht anerkennt, bewahrt Banks, immerhin Weltmeister von 1966, vor einer riesigen Blamage.

„George Best", schreibt BBC-Kolumnist John May 2005 in einem Nachruf, „hat eine ganze Schatztruhe voller fußballerischer Erinnerungen hinterlassen. In Großbritannien hatte beinahe jeder Fan einen ganz besonderen Moment mit ihm, egal, ob es ein Tor war, ein Geniestreich oder ein Spiel, dem er unauslöschlich seinen Stempel aufgedrückt hat."

George Best: ein scheuer Lebemann?

In den frühen siebziger Jahren führt Best längst das Leben eines Jet-Setters und Playboys. Die Klatschpresse fotografiert ihn oft und gerne beim Befüllen der Champagner-Pyramiden oder halbnackt mit den ebenfalls nur leicht bekleideten Starlets auf dem Hotelsofa.

Doch George Best hatte auch andere Seiten. „George kam über ein Jahr lang beinahe an jedem Samstagnachmittag vorbei", erzählt Meg Williams, die einst in Bests Lieblingsbar in London arbeitete. „Er nahm sich für jeden unserer Gäste Zeit, hat unserem Personal bei großem Andrang oft geholfen, leere Gläser einzusammeln und die Aschenbecher auszuleeren."

„George war nicht anders als wir alle", sagt Pat Jennings, der wie Best am 15. April 1964 in Swansea gegen Wales (3:2) sein Länderspiel-Debüt für Nordirland gab und bei allen 37 Länderspielen des George Best mit ihm das Hotelzimmer teilte. „Nur", so glaubt Jennings, „wurde er mit den Jahren immer populärer und konnte schließlich nicht einmal mehr die einfachsten Dinge unbeobachtet tun" – das Los eines Fußball-Popstars. „In diesen Tagen", erzählt Pat Jennings nach dem Tod seines Freundes, „sind wir oft nach dem Training losgezogen, mal in London, mal in Belfast oder anderswo, aber George war oft scheu und saß lieber in seinem Zimmer und hat ferngesehen, weil er genau wusste, dass sie ihn foltern würden, wenn er herauskam. Die Leute haben ihn regelrecht gejagt, um an Autogramme und Fotos zu kommen."

Der Abstieg

Bests langsamer Abstieg beginnt ausgerechnet 1971, dem Jahr, in dem er mit dem irregulären Treffer gegen England einen seinen größten Momente erlebt. ManU suspendiert ihn erstmals, nachdem er nach durchzechter Nacht den Zug zum Auswärtsspiel in London beim FC Chelsea verpasst hat. Spätestens jetzt ist das Leben des George Best täglich ein Thema in den Boulevardmedien. Ein Jahr später verschläft er das Training, wird erneut suspendiert und vom Klub sogar gezwungen, sein Haus in Cheshire zu verlassen und stattdessen mit einer Mietwohnung in der Nähe des Old-Trafford-Stadions vorliebzunehmen.

Von seiner lange geduldeten Trunksucht und seinen ewigen Extravaganzen – zu Auswärtsspielen lässt Best gerne mal seinen Friseur einfliegen – hat man bei Manchester United im Sommer 1974 genug. Als „Bestie" wieder mal mit Alkoholfahne zum Trai-

ning erscheint, wirft ihn Coach Tommy Docherty raus. Im weltberühmten Londoner Wachsfiguren-Kabinett Madame Tussaud's
reagiert man sofort: Die Best-Statue mit dem schmucklosen roten
Trikot von „ManU" wird ausgemustert.

Nach seinem Abschied von Manchester United wechselt Best
auch die Klubs im Jahresrhythmus und spielt bis 1984 bei nicht
weniger als elf Klubs, darunter u. a. Stockport County, FC Fulham,
Fort Lauderdale Strikers (zusammen mit Gerd Müller), Hiber-
nian Edinburgh und AFC Bournemouth. Bests Hoffnung, trotz
des Rauswurfs bei ManU mit Hilfe der nordirischen Nationalelf
weiter auf der großen Bühne mitspielen zu können, erfüllt sich
nicht. Weder 1974 noch 1978 können sich die Nordiren für eine
Weltmeisterschafts-Endrunde qualifizieren. Das letzte Qualifikationsspiel für Argentinien 1978 gegen die Holländer (0:1) am 12.
Oktober 1977 in Belfast ist Bests letztes Länderspiel. Kritisiert nach
der verpassten WM-Teilnahme und entnervt von einer Morddro-
hung der irischen Untergrundorganisation IRA tritt Best aus dem
Nationalteam zurück.

Weihnachten im Knast

Seine gescheiterte erste Ehe und eine Reihe von geschäftlichen Fehl-
schlägen – sein Reisebüro und seine beiden Lokale in Manchester
gehen pleite – zwingen Best jedoch weiterhin dazu, bei zweit- und
drittklassigen Klubs auf der Insel und in den USA zu spielen. „Ich
spiele bei Fulham, weil ich da näher an den Kaufhäusern in der
King's Road wohnen kann", erklärt Best 1976 bei seinem Wechsel
zum seinerzeit völlig bedeutungslosen FC Fulham. Das nötige
Kleingeld zum Einkaufen stellt der FC Fulham, der Best pro Spiel
500 Pfund Auflaufprämie zahlt.

Auf der King's Road hält Best auch später noch den Kontakt
zur Basis. Dean Fraser-Phillips darf sich Ende der neunziger Jahre
beim vorweihnachtlichen Bummel über eine Begegnung mit Best
freuen. „Ich traf ihn in einem kleinen, aber gut besuchten Pub",
erzählt Fraser-Phillips, „Best saß in einer Ecke, und ich stellte ihm
wahrscheinlich die dümmste Frage aller Zeiten: ‚Sind sie George
Best?' – Er antwortete sofort: ‚Als ich das letzte Mal nachgeschaut
habe, war ich es noch', und dann haben wir uns über eine Vier-

telstunde über Fußball unterhalten." Dave Davis trifft George Best kurz nach seinem Absturz 2003 auf einer Weihnachtsparty in Petersfield. „Ich habe für George Best geschwärmt, seit ich ihn einmal in Southampton spielen sah. Ich sprach ihn auf dieses Spiel an, und er erinnerte sich noch gut daran. Als er wegging, lächelte er milde. Das war mein schönstes Weihnachtsfest."

Prügeleien und Entziehungskuren

Best ist tief gefallen. Weihnachten 1984 verbringt er im Knast. Nach einer Trunkenheitsfahrt und einem Angriff auf einen Polizeibeamten landet der einstige Superstar, der sich inzwischen mit der Leitung eines Fußball-Camps verdingt, für drei Monate im Gefängnis von Pentonville in Greater London. Ein Tiefpunkt, aber nicht der letzte. „Ich bin bei meiner Geburt mit einer großartigen Gabe beschenkt worden", beschreibt er später sein Dilemma, „aber mit so einem Talent kommen auch selbst zerstörerische Triebe. So wie ich auf dem Platz alle ausstechen wollte, wollte ich das auch machen, wenn ich abends wegging."

George Best geht auch nach seinem Gefängnisaufenthalt abends weg. Zu oft und zu lange. Im Jahr 1990 schockiert er die britische Öffentlichkeit, als er betrunken in einer Fernsehshow auftritt. Doch seine letzte Mission auf dem Weg zur Selbstzerstörung hat auch zu diesem Zeitpunkt noch nicht begonnen. Acht Monate nach dem TV-Skandal verprügelt Best einen Mann in einem Londoner Pub und muss schließlich 1998 sein Zuhause in Chelsea räumen – Hypothekenzahlungen von mehr als 70.000 Pfund lasten auf der Immobilie.

Einer geregelten Tätigkeit geht George Best erst wieder ab 1995 nach. Bei BBC wird er zum gefragten Fußballexperten, der sich mit markigen Sprüchen profiliert. Über Kevin Keegan fällt Best ein vernichtendes Urteil: „Er hatte großes, großes Glück, denn er war ein durchschnittlicher Spieler, der nach oben kam, als der Fußball arm an Persönlichkeiten war." Das Treiben im Anschluss an das Spitzenspiel zwischen Manchester United und dem FC Arsenal im Oktober 2004, welches als „Schlacht am kalten Buffet" englische Fußballgeschichte schreiben sollte, rügt Best als „kindisch": „Sich mit Lebensmitteln bewerfen, bedeutet nicht kämpfen. Wir waren richtige Männer, wir hätten ihnen einen Kinnhaken verpasst."

Trotz dieser populären Fernsehauftritte wird Best seine Alkoholsucht nicht mehr los. Nach mehreren Entziehungskuren erklärt er
im Jahr 2000 allerdings, er sei „trocken." „Ich trinke nur noch Mine-
ralwasser", versichert er auch bei der Veröffentlichung seiner Autobiografie *Blessed* („Gesegnet") im Sommer 2001.

Vier Wochen Todeskampf

Seinen bizarren Absturz können allerdings auch diese Verspre-
chungen nicht mehr bremsen. Im Sommer 2003 gibt es wieder
einmal etwas über George Best in der Rubrik „Buntes" zu berichten.
Bei einem weltbekannten Internet-Auktionshaus stehen die Tro-
phäen und Auszeichnungen des George Best zur Versteigerung aus.
„Mir liegt nichts mehr daran", kommentiert er knapp. „Ich möchte
mir nur ein Ferienhäuschen in Korfu damit finanzieren."

Im gleichen Sommer folgen dann der Alkoholrückfall und die
Schlägerei mit dem Fotografen. „Es ist ein Albtraum. Ich dachte, mein
Vater hätte seine Dämonen vertrieben", sagt Bests Sohn Callum, der
damals als Fotomodell auf Marbella arbeitete und ebenso zum Jet-
Set gehört wie sein Vater. Auch sein ehemaliger Mitspieler Jimmy
Greaves ist entsetzt. „Diese Sache", kommentiert er den erneuten
Rückfall, „wirft George um Lichtjahre zurück."

Sogar noch weiter. Am 25. November 2005 ist die letzte Mission
des George Best beendet. Nach fast vier Wochen Todeskampf stirbt
er im Cromwell Hospital in London. Kollektives Organversagen.
Nach seinem Tod ist das Echo gewaltig. „Er war ohne Zweifel der
größte Spieler aller Zeiten", sagt ManU-Coach Sir Alex Ferguson,
„es gibt niemanden, der mit ihm vergleichbar wäre." Sein ehemaliger
Mitspieler und Kumpel Denis Law sieht klar: „Er wäre noch besser
gewesen, wenn er die Nachtclubs ähnlich elegant umspielt hätte, wie
er den Ball weitergegeben hat."

Best Beerdigung: Sogar der Himmel weint

Bests Tod lässt die Fußballwelt verharren. In Belfast und Manchester
zieren Tausende von Blumengebinden, persönlichen Trauerkarten
und Schals die Zäune vor dem Old Trafford und dem Windsor Park.
Auch am Upton Park im Londoner East End, wo Manchester United
zwei Tage nach Bests Ableben bei West Ham antritt, haben die Men-

schen „Bestie" nicht vergessen und behängen den Eingang zum Stadion mit Blumen und Traueranzeigen. Sir Bobby Charlton hält vor dem Anpfiff eine bewegende Ansprache. In Edinburgh, an der Easter Road, gedenken die Fans der „Hibs" vor dem Spiel gegen die Glasgow Rangers, im Goodison Park in Everton verharren 40.000 Zuschauer in stiller Trauer vor dem Spiel gegen Newcastle United. Die Welle der Trauer erreicht sogar die ewige Stadt Rom. Vor dem Heimspiel der Roma in der italienischen Serie A gegen den AC Florenz entrollen Zuschauer ein großes Spruchband mit der Aufschrift „Ciao George".

Die Beerdigung in Belfast wird am 3. Dezember 2005, einem verregneten Samstagnachmittag, zum Medienereignis. „Farewell to the Master" – das ist die letzte Titelseite einer britischen Zeitung, die George Best als Aufmacher hat. Der Vorgarten seines Elternhauses in Cregagh im Osten Belfasts, wo sein greiser Vater Dickie noch immer lebt, ist überflutet mit Blumen, Trikots und Flaggen. Mehr als 100.000 Fans säumen die Straßen der nordirischen Hauptstadt. Sie applaudieren. In Manchesters Innenstadt verfolgen die Fans am Exchange Square traurig die Live-Übertragung auf einer Großbildleinwand.

Daheim in Belfast, wo man 2006 den Flughafen nach George Best benennt, verharren die Massen frierend und durchnässt an der Strecke, die der Leichenwagen auf dem Weg zum Friedhof in Stormont zurücklegt. Der 17-jährige Geoffrey Lunn aus Monkstown hat George Best nie selbst spielen sehen, aber er weiß: „Wir trauern heute um einen Belfast Boy, der einfach nur Klasse war." Robert Crossett aus der berühmt-berüchtigten Belfaster Shankill-Area hat seinen Sohn mitgebracht: „Ich habe diesen Mann verehrt, seit ich ihn in den Siebzigern gegen Holland spielen sah", sagt Crossett. „Es ist das erste Mal, das dieses Land jemals vereint war – und das bei einer Beerdigung."

Wandbild für George Best in Belfast.

Verwendete und weiterführende Literatur

Adams, Tony mit Ian Ridley: Addicted. London 1998.

Bender, Tom und Kühne-Hellmessen, Ulrich: Verrückter Europacup. Berlin 1999.

Beckham, David mit Tom Watt. My Side – Mein Leben. London 2003.

Biermann, Christoph: Fast alles über Fußball. Köln 2005.

Brinkbäumer, Klaus und Hüetlin, Thomas: „Kommunismus mit Geld". In: Der Spiegel, Ausgabe 37/2006, S. 112 ff.

Broadbent, Rick: Looking for Eric: In Search of the Leeds Greats. London 2000.

Cloake, Martin und Powley, Adam: We are Tottenham – Voices from White Hart Lane. London 2004.

Conn, David: The beautiful game? Searching the Soul of Football. London 2005.

Edwards, Gary: Paint it white – Following Leeds United everywhere. London 2003.

Edwards, Gary: The Secound Coat. London 2005.

Endemann, Martin, Partecke Ingo und Thesing, Maik: „You're not singing anymore". In: Stadionwelt Magazin, Nr. 17, April/Mai 2006, S. 20 ff.

Farin, Tim und Parth, Christian: „Der Seelenretter von Manchester". In: Kölner Stadt-Anzeiger, 25. Oktober 2005.

Gartenschläger, Lars: „Legenden der Leidenschaft". In: Die Welt, 26. Mai 2005.

Gascoigne, Paul mit Hunter Davis: My Story. London 2004.

Hacke, Detlef: „Vendetta in Manchester". In: Der Spiegel, Ausgabe 35/2002.

Hale, Steve E.: Mr. Tottenham Hotspur – Bill Nicholson OBE – Memories of a Spurs Legend. London 2005.

Herron, Lindsay: „I still regret the day I left Rangers". In: Rangers News Ausgabe 7, Juli 2004, S. 25 ff.

Horn, Michael: Lexikon der internationalen Fußballstars. Göttingen 2004.

Hornby, Nick: Fever Pitch. Ballfieber. London 1992.

Huetlin, Thomas: „Wo Rooney ist, ist immer die Straße". In: Der Spiegel, WM-Special, Juni 2006.

Huetlin, Thomas: „Kommunismus mit Geld". In: Der Spiegel, Ausgabe 37/2006.

Keane, Roy mit Eamonn Dunphy: Roy Keane – The Autobiography. London 2002.

Kielinger, Thomas: „Auf der Flucht vor sich selbst". In: Die Welt, 12. Januar 2005, S. 26.

Kelly, Stephen F. You'll never walk alone – The official illustrated History of Liverpool FC. Liverpool 1987.

Kuper, Simon: „Symbol einer Branche". In: Die Welt, 21. Oktober 2004, S. 24.

Kraft, Stefan und Krennhuber, Reinhard: „Die Dinge müssen schlechter werden" In: ballesterer fm, Ausgabe 26, Februar/ März 2007, S. 10 ff.

Krennhuber, Reinhard: „Der Manchester-Ferl". In: ballesterer fm, Ausgabe 26, Februar/März 2007, S. 26 f.

Marías, Javier: „Die Tränen eines dicken Helden". In: Alle unsere frühen Schlachten. Fußball-Stücke. Madrid 2000. S. 43-45.

Marías, Javier: „Oh, ah, Cantona". In: Alle unsere frühen Schlachten. Fußball-Stücke. Madrid 2000. S. 46-48.

Opelka, Sigfrid: „Asoziale Stehaufmanderl". In: ballesterer fm, Ausgabe 26, Februar/März 2007, S. 16 f.

Owen, Michael mit Paul Hayward: Off the Record. London 2004.

Pennant, Cass: Cass. London 2000.

Pfeil, Gerhard: „Popstars auf Abwegen". In: Der Spiegel, Ausgabe 52/2001.

Reng, Roland: Der Traumhüter. Köln 2002.

Watt, Tom: The End. London 1993.

Westbrook, Hugh und Ian: Factfile Liverpool – Packed with Information on the Reds. London 1998.

Wulzinger, Michael: „Kalinka an der Stamford Bridge". In: Der Spiegel, Ausgabe 40/2003.

Der Autor

Carsten Germann, Jahrgang 1972, studierte Anglistik und berichtet als freier Journalist seit Jahren aus erster Hand über den englischen Fußball, u. a. für *Die Welt*, *Bild am Sonntag* und *Sport-Bild* sowie für verschiedene Fußballmagazine und das Portal *focus.de*. Im Jahr 2003 veröffentlichte er die Chronik *Die Klub – 100 Jahre FK Pirmasens;* 2006 erstellte er für die Edition „Die Bild am Sonntag WM-Klassikersammlung" ein Lexikon über die 150 besten WM-Spieler aller Zeiten.

Fotonachweis

S. 28/29, 47, 61, 96/97, 141, 179, 190, 213, 237, Umschlag: Getty Images
S. 10: Alexander Mirsch
S. 101: Andy McIntyre
S. 117, 156/157: Denis Blanck
S. 149: Sportimage
S. 175: Christoph Symann
S. 219, 240: Dominik Gigler